港航运输规划与管理优化

主编 郑建风 郭力铭 褚艳玲 孙卓 邢根

大连海事大学出版社
DALIAN MARITIME UNIVERSITY PRESS

ⓒ 郑建风　郭力铭　褚艳玲　孙卓　邢根　2025

图书在版编目(CIP)数据

港航运输规划与管理优化／郑建风等主编. —大连：
大连海事大学出版社，2025.9. — ISBN 978-7-5632
-4748-6

Ⅰ. U692
中国国家版本馆 CIP 数据核字第 2025VV4098 号

大连海事大学出版社出版

地址:大连市黄浦路523号　邮编:116026　电话:0411-84729665(营销部)　84729480(总编室)
http://press.dlmu.edu.cn　E-mail:dmupress@dlmu.edu.cn

大连天骄彩色印刷有限公司印装　　　　　　　大连海事大学出版社发行

2025 年 9 月第 1 版　　　　　　　　　　　　2025 年 9 月第 1 次印刷

幅面尺寸:184 mm×260 mm　　　　　　　　　　　　　印张:11.25

字数:288 千　　　　　　　　　　　　　　　　印数:1~500 册

出版人:余锡荣

责任编辑:王　琴　　　　　　　　　　　　　责任校对:董洪英
封面设计:张爱妮　　　　　　　　　　　　　版式设计:张爱妮

ISBN 978-7-5632-4748-6　　　　定价:28.00 元

内容提要

  本书是一本系统阐述港航运输领域规划与管理优化理论和实践的专业教材。全书共分为八章，全面覆盖了港航运输的基本概念、管理优化、港口资源分配及调度优化、枢纽港选址、船队规划与航线配船、船舶调度与航线设计、数学规划求解器，以及地理信息系统软件及其应用等内容。

  本书面向交通运输、交通管理、物流工程、物流管理等专业的学生，港航运输行业的从业者，以及对港航运输规划感兴趣的读者。为了更好地理解和掌握本书内容，读者须具备一定的数学基础，包括线性代数、运筹学和概率论等，以便理解数学规划模型和优化算法。同时，读者还应具备一定的港航运输基础知识，了解港口、船舶、航线等基本概念和相关运作流程。

  读者通过学习本书，能够深入了解港航运输系统的运作机制，掌握港航运输规划与管理优化的知识体系，学会运用数学规划求解器和地理信息系统软件来解决实际问题，提升在港航运输领域的专业素养和实践能力。

前　言

　　港航运输是全球贸易体系中不可或缺的重要环节。港口作为国际运输与物流的核心节点,连接着海运与陆运,为全球经济的发展提供了重要支撑。为了满足技术革新、产业升级以及可持续发展的要求,港航运输正经历深刻的变革与重塑。近年来,港航运输的外部环境愈发复杂与多变。一方面,数字经济蓬勃发展,大数据、人工智能、区块链等技术为港航运输提供了全新的优化路径与决策依据。比如,智能调度系统的应用可以显著提高港口的作业效率,降低运营成本。另一方面,全球供应链的不确定性日益增强,地缘政治冲突、极端天气等因素对港航运输的稳定性提出了严峻挑战。在此背景下,传统的规划与管理方式已难以满足新形势下的需求,亟须通过创新的理论模型与实践工具,实现港航运输的升级转型。

　　本书立足于港航运输中的核心理念,紧扣行业变革的脉搏,全面分析并系统探讨了新形势下港航运输规划与管理的关键问题。从理论到实践,从宏观到微观,本书力求搭建一个内容全面、体系完整的知识框架。本书不仅涵盖了港口资源优化配置、枢纽港选址优化、船队规划与航线配船、船舶调度与航线设计等经典议题,还重点介绍了智能优化算法、港航运输规划与管理优化软件等前沿方法。同时,本书还通过案例研究与实际应用的结合,为读者提供了将理论应用于实践的多维视角。

　　在编写本书时,编者力图使本书具有以下特色:

　　(1)内容覆盖全面:本书从港航运输的基础理论入手,逐步引入行业发展中的关键问题,并深入探讨当前面临的主要挑战与解决思路。本书涵盖的内容包括港口资源优化配置、航线设计、智能调度等,既注重理论知识的系统性,又关注应用案例的实用性。从事港航运输研究和实践的不同群体都能从书中找到对应的学习内容。

　　(2)注重理论与实践的结合:本书在每一章中都配有与实际问题相关的案例分析,帮助读者将理论知识与行业实践有机结合。例如,本书提供了具体的港口作业调度案例,以及智能优化算法在实际操作中的应用效果。同时,通过总结行业中的经验与教训,为读者提供直接可用的实战指导。

　　(3)前沿性与创新性:本书紧跟港航运输领域的技术发展趋势,深入探讨了数学优化技术和地理信息系统软件的功能、分类,以及在港航领域的应用。此外,本书还结合当前学术研究与行业动态,提出了多种创新的解决方案,推动理论研究和实践的双向提升。

　　(4)多层次适用性:本书适合多个层次的读者需求。对于本科生和研究生,本书提供了系统的知识框架和学习路径;对于行业从业者,本书提供了具体的操作指导和案例参考。通过这种多层次设计,读者可以根据自身需求灵活使用本书。

(5)国际化视野:本书精选了来自不同地区和国家的典型案例,通过这些案例的对比与分析,帮助读者了解全球不同物流体系的特点与经验,培养读者的国际化思维,助力读者从全球视角分析港航运输问题。

(6)跨学科融合:港航运输的规划与管理涉及多学科交叉内容,本书在编写过程中充分融入了管理科学、经济学、工程技术等领域的理论与方法。本书通过跨学科的深度融合,帮助读者从不同的视角理解港航运输问题,提升综合分析与解决问题的能力。

在本书的编写过程中,编者深刻体会到行业发展的复杂性与快速变化性,这促使编者不断更新内容,以保证内容的时代性与适用性。在此,衷心感谢参与本书编写的所有作者及审校专家,他们的专业知识与严谨态度为本书的顺利完成提供了有力支持。同时,也要感谢港航领域的从业者,他们的实际经验为本书注入了宝贵的实践智慧。

展望未来,港航运输的发展道路依然充满挑战与机遇。希望本书的出版,能为行业的理论创新与实践改进提供参考,也为致力于港航运输研究的学者与从业者带来启发。期待在新形态的指引下,港航运输行业能够实现更加智能化、高效化与可持续化的发展,共同助力全球经济繁荣与社会进步。

需要说明的是,本书为新形态教材,读者可登录云书·云教材平台 https://yunshu.zgxzsj.com 或下载云教材 APP 免费浏览配套的数字教材内容,获得更好的交互学习体验。首次登录该网站或云教材 APP 并注册成功后,在首页搜索框内搜索本书,搜到书后点击并打开页面,选择"使用下载码"选项,刮开本书封底的下载码涂膜(本书为一书一码,每本图书只对应一个下载码),输入 8 位下载码就可以使用本书配套的数字教材。

由于编者水平有限,本书难免有不足或偏颇之处,敬请读者批评指正。

编　者

2025 年 3 月

目 录

第一章

港航运输概述

第一节　港航运输的基本概念

一、港口、航道与船舶

（一）港口与港口设施

港口是水运客、货的集散地，是水陆运输的衔接点，是沿海或内河水域的人工设施，用于装卸货物、停靠和修理船舶、提供船舶服务以及进行其他与海上交通相关的活动。港口设施是为了支持这些活动而建设的各种设施和设备的总称。港口设施可以分为港口水域设施和港口陆域设施。港口水域和陆域示意图如图 1-1 所示。

1.港口水域设施

港口水域设施是指港口内的水域内设置的各种设施。这些设施旨在支持港口的航运活动、船舶进出港口、货物装卸和船舶停泊等功能，一般包括进港航道、港池、岛堤、突堤、码头、铁路等，如图 1-2 所示。

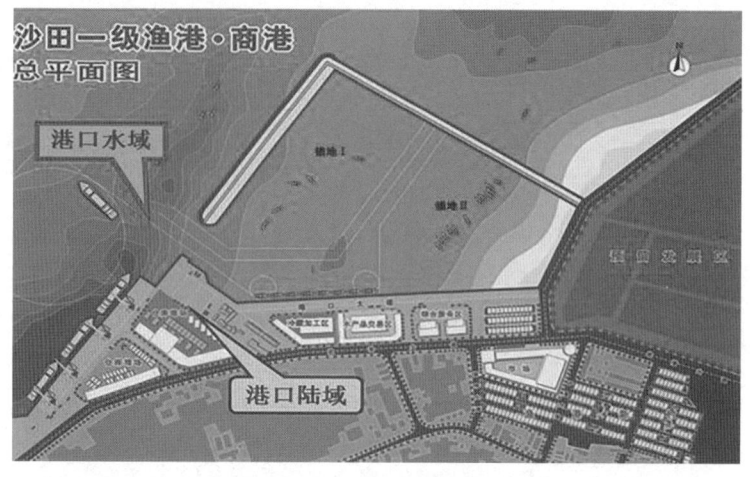

图 1-1　港口水域和陆域示意图

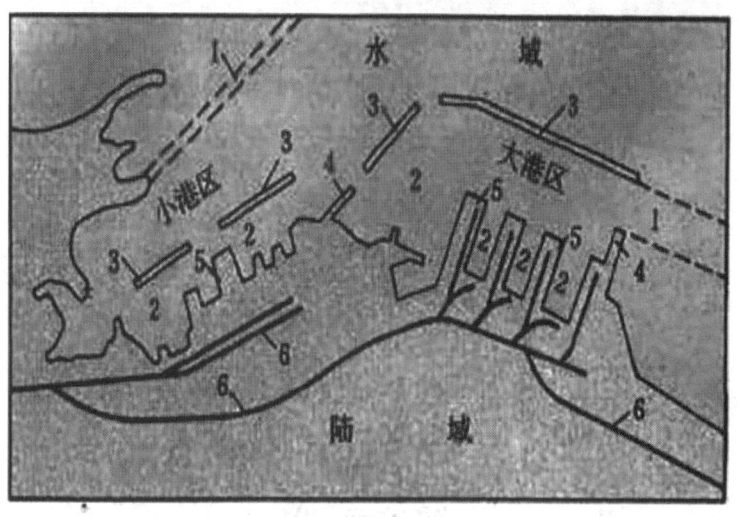

图 1-2　港口水域设施示意图

1—进港航道；2—港池；3—岛堤；4—突堤；5—码头；6—铁路

（1）进港航道

进港航道是指船舶从海上或内河进入港口时所航行的通道。它是连接外海或河流与港口水域的重要航道，确保船舶安全进出港口。一般在其一侧或两侧设置导堤，以使进港船舶有良好的掩护条件。在天然水深不足必须人工浚深的情况下，航道轴线应选择在回淤最小的地段。其深度要保持最大设计船型在航行期间能随时通过。

（2）港池

港池是指港口区域内的人工水池或人工水域，用于船舶停靠、作业、驶离、转头等操作。港池按构造形式分，有开敞式港池、封闭式港池和挖入式港池。开敞式港池内不设闸门或船闸，水面随水位变化而升降。封闭式港池内设有闸门或船闸，用以控制水位，适用于潮差较大的地区。挖入式港池在岸地上开挖而成，多用于岸线长度不足、地形条件适宜的地方。

对于河港或与海相连的河港，一般不需要修筑防浪堤坝，如上海黄浦江内的各港区和天津海河口的港口。对于开敞式海岸港口，如烟台、青岛、大连等，为阻挡海上风浪与泥沙，保持港内水面的平静与水深,必须修筑防波堤。港池在建造时要保持足够的水深和足够宽广的水域,以保证船舶吃水靠泊作业。

（3）锚地

锚地是指供船舶在水域停泊抛锚的区域,通常位于港口进出口或附近的海域。船舶可以在锚地内进行安全停泊、避风防台、等待检验引航、水上过驳、编解船队及其他作业。按位置不同,锚地可划分为港外锚地和港内锚地,常以港口防护建筑物为界限。港外锚地一般采用锚泊,供船舶候潮、待泊、联检及避风使用,有时也进行水上装卸作业。港内锚地供船舶待泊或装卸作业使用,一般采用锚泊或设置系船浮筒、船簇桩等。

（4）防波堤

防波堤是一种人工建筑物,通常位于海岸线或河口入口处,用于减缓波浪冲击和阻挡沙土淤积,起到防护、引导和导流的作用,保护港口、海港、船舶码头、沿海建筑和岸线等免受海浪和潮汐的影响。

2.港口陆域设施

港口陆域设施是指港界线以内陆域面积中作业的设施和辅助作业的设施,如装卸作业地带布置的仓库、货场、铁路、道路、站场、通道等,辅助作业地带布置的车库、工具房、变(配)电站、作业区办公室、消防站等。

（1）码头

码头是指供船舶停泊、装卸货物和旅客上下船的岸边设施,通常位于海岸线或河岸边,用于船舶在港口或内河停靠。码头是港口的核心设施之一,它是港口水域设施与陆域设施的连接点。

码头有多种类别,按平面布置分,有顺岸式、突堤式、挖入式等,其中挖入式码头又分为挖入式港池或半挖入式港池,突堤式码头又分为窄突堤(突堤是一个整体结构)和宽突堤(两侧为码头结构,当中用填土构成码头地面);按断面形式分,有直立式、斜坡式、半直立式和半斜坡式;按结构形式分,有重力式、板桩式、高桩式、墩柱式和浮码头式等;按用途分,有件杂货码头、专用码头(渔码头、油码头、煤码头、矿石码头、集装箱码头、游艇码头等)、客运码头、供港内工作船使用的工作船码头,以及为修船和造船工作而专设的修船码头、舾装码头。

（2）集疏运设施

集疏运设施是指港口内部用于集散、转运货物的设施。它们的功能是将货物从陆上或水上运输工具(如货车、火车、船舶)转移到其他运输工具,或者将货物从其他运输工具转移到陆上或水上运输工具,实现货物的快速、高效运输和转运。集疏运设施包括港区道路、港口铁路和各种流动机械、运输车辆,以及用于货物装卸、转运的设备。

（3）仓库与货场

仓库是专供进出港口的货物临时或短期存放保管的建筑,是港口的重要组成部分。仓库的主要作用是便利货物储存、集运,加速车、船周转,提高港口通过能力,保证货运质量。仓库按存放货物的种类分为件货仓库、散货仓库、危险品仓库及冷藏库等;按位置分为前方仓库和后方仓库;按特点分为专用仓库、通用仓库、单层仓库与多层仓库等。

货场是在港内堆存货物用的露天场地。它的性质和作用与仓库相同。凡不需要进仓库的货物一般在货场存放。货场有件杂货场和散杂货场两类。件杂货场一般都需要进行铺砌,所用材料视货物种类和装卸设备类型而异,有混凝土、沥青混凝土、块石、碎石等多种。专门堆放集装箱的货场也被称为集装箱堆场。

（4）港口装卸机械

港口装卸机械是完成港口货物装卸的重要手段,用于完成船舶与车辆的装卸、货物的堆码、拆垛与转运等。流动装卸机械有较大型的轮胎起重机、履带式起重机、浮式起重机和各种装卸搬运机械,如叉式装卸车、单斗车、牵引车等;固定装卸机械有门座式起重机、岸边起重机、集装箱起重机和各种连续输送机械,如带式输送机、斗式提升机、气力输送机、螺旋输送机和油气管道等。随着水上交通运输的发展,适应船舶与码头的大型专业化发展的需要,港口机械的大型化、高速专业化是一个发展方向。但有时为了克服单一效能的专用码头和设备不能充分发挥其作用的缺点,也出现了以集装箱作业为主的多用途门座式起重机、多用途装卸桥等。

（5）港口给排水与供电

港口给水系统为船舶和港口的生产、生活、环境保护与消防提供用水。根据不同用途提供不同的水量、水压和水质。港口排水系统的任务是及时地排出港区的生产水、生活污水及地面雨水,对有害的污水进行净化处理,达到环境保护的要求后再排放,以防止对环境水域的污染。港口供电对象主要是装卸机械、维修设备、港口作业辅助设施、照明、通信与导航设施等。

（6）辅助船舶和船舶基地

为保证港口生产与安全,需要配备各种辅助船舶,如拖船、供水船、燃料供应船、起重船、垃圾船、巡逻艇、搜救船等。船舶基地用于港区各种辅助船舶的停泊与维护。

（二）航道与航道设施

航道是水域内供船舶安全航行的通道。为了能够指引船舶航行、提供导航信息、确保船舶安全、预防事故,相关部门会在航道中设置相应的航道设施。航道设施是指为船舶航行和导航提供支持和服务的设施,它们通常设置在航道中,用于标示航道的方向、深度、宽度和安全区域,确保船舶安全通航。航道设施主要包括通航设施、助航设施、航道整治设施和其他设施。

1.通航设施

通航设施是指为帮助船舶克服航道上下游水位落差,顺利通过河道上的闸、坝而修建的通航建筑。通航设施常见于内河航道,主要有船闸和升船机两类。运河通道如巴拿马运河以及我国长江三峡都具有各级船闸和升船机。

（1）船闸

天然河流和运河的水面坡度限制形成阶梯形的纵断面会造成水面落差,必须借助专门的通航建筑使船舶通过落差。船闸是一种箱形结构的设施,由上、下游引航道与上、下游闸首连闸室组成。借助室内灌水或泄水来调整闸室中的水位,使船舶在上、下游水位之间做垂直升降。船闸按照所处位置可分为海船闸、河船闸和运河船闸;根据沿船闸轴线方向的闸室数目可分为单级船闸、双级船闸和多级船闸,其中单级船闸平面如图1-3所示。中国长江三峡大坝的五级船闸是全球最大的船闸,由两个相邻的五级连续船闸组成,如图1-4所示。

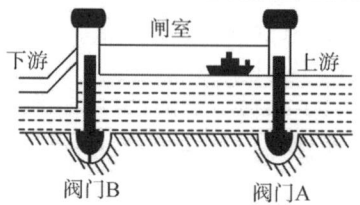

图1-3　单级船闸平面图

图 1-4 长江三峡大坝的五级船闸

（2）升船机

升船机是一种用于提升或降低船舶的装置,帮助船舶克服地形的高度差,使船舶从一个水位移动到另一个水位。升船机构造主要包括:承船厢、斜坡道或垂直构架、连接建筑、机械传动机构和电气控制系统。升船机的使用可以大大降低建设船闸的成本和缩短建设船闸的时间,同时也可以大大提高船舶通过障碍的速度。当今世界上最大的升船机是中国长江三峡升船机,可以提升超过 3 000 吨的船舶。

2.助航设施

助航设施通常指的就是航道标志,以特定的标志、灯光、音响或无线电信号等,供船舶确定船位、航向,避离危险,使船舶沿航道或预定航线安全航行,如图 1-5 所示。内河航标一般分为三等,而海区航标主要有视觉航标、音响航标和无线电航标三种。

图 1-5 助航设施

3.航道整治设施

为改善航道航行条件,政府和相关企业常采取炸礁、疏浚和构筑整治设施(如图 1-6 所示)等措施。航道整治设施是指起整治航道、导流、导沙、固滩和护岸等作用的设施。航道整治设施种类繁多、形式多样,其结构和建筑材料均有不同,常用的有丁坝、锁坝、顺坝、潜坝、护岸、格坝、底墙、转流物等。其作用是通过固定边滩、束窄河床、加大水流速度,来冲深和稳定航道,并调整岸线、导引水流。

图 1-6　构筑整治设施

(三)船舶与船舶设施

船舶是用于在水上运输货物和人员的交通工具。船舶种类繁多,按照不同的标准可以进行多种分类。船舶,按船舶航行能力以及作业区域分为内河船舶、近海船、远洋船以及极区船;按用途分为货船、客船等。

1. 货船

货船是专门运输货物的船舶,占全球船舶数量 90% 以上。按照服务对象和运输货物不同,货船可以细分为件杂货船、集装箱船、干散货船、液体散货船、滚装船和其他专业船舶。

(1)件杂货船

件杂货船是指主要运载成包、成箱、成捆杂件货的船,运载的货物通常不能集装箱化,如图 1-7 所示。件杂货船定期航行于货运繁忙的航线,多用于班轮运输。船舶航行速度较快,船上配有足够的起吊设备,船舶构造中有多层甲板把船舱分隔成多层货柜以满足装载不同货物的需要。近年来,新建件杂货船往往是多用途的,因为其对各种货物的适应性强,能载运大件货、集装箱、件杂货,以及某些散货。

图 1-7　件杂货船

（2）集装箱船

集装箱船是一种专门用于运输国际标准集装箱的货船,是现代国际贸易和物流运输中最重要的船舶类型之一,起着连接全球货物运输网络的关键作用,如图 1-8 所示。集装箱船诞生于 1957 年,由于装卸效率极高,停港时间大为缩短,并减少了运输装卸中的货损,因此得到迅速发展。

图 1-8　集装箱船

集装箱船的容量通常用标准集装箱(TEU)的数量来衡量,表示运载 20 英尺标准集装箱的能力。集装箱船,按装卸方式分为吊装式、滚装式、载驳式;按专用程度分为全集装箱船、部分集装箱船、可变换集装箱船;按载箱量分为灵便型、次巴拿马型、巴拿马型、超巴拿马型和马六甲型等,如表 1-1 所示。

表 1-1　不同类型船舶载重量

序号	船舶类型	集装箱量(TEU)
1	灵便型集装箱船	2 000 以下
2	次巴拿马型集装箱船	2 000~3 000
3	巴拿马型集装箱船	3 000~5 000
4	超巴拿马型集装箱船	5 000~11 000
5	马六甲型集装箱船	11 000 以上

（3）干散货船

干散货船是装载运输谷物、煤、矿砂、盐、水泥等大宗干散货物的船舶的统称,如图 1-9 所示。因为干散货船运输的货种单一,不需要进行包装成捆、成包、成箱的装载运输,货物不怕挤压,便于装卸,所以都是单甲板船。干散货船的特点是:单层甲板,尾机型,船体肥胖,航速较低,因常有专用码头装卸,船上一般不设装卸货设备。

干散货船,按照运输用途,可分为普通干散货船、专用干散货船、兼用干散货船、特种干散货船;按照吨位,可分为灵便型(6 万载重吨以下)、巴拿马型(6 万~10 万载重吨)、好望角型(超过 10 万载重吨)。其中,灵便型细分为极灵便型(Ultramax)、超灵便型(Supramax)、大灵便型(Handymax)、小灵便型(Handysize)四种船型。

图 1-9　干散货船

（4）液体散货船

液体散货船是指专门载运散装液态货物的运输船舶。液体散货船,按照运载货物分为油船、液化天然气船(如图 1-10 所示)和液体化学品船;按照载重船型分为通用型(1 万载重吨以下)、灵便型(1 万~6 万载重吨)、巴拿马型(6 万~8 万载重吨)、阿芙拉型(8 万~12 万载重吨)、苏伊士型(12 万~20 万载重吨)、VLCC(20 万~30 万载重吨)、ULCC(30 万载重吨以上)。

图 1-10　液化天然气船

（5）滚装船

滚装船是专门设计用于运输车辆和其他可滚动货物的船舶,如图 1-11 所示。在货物装卸过程中,车辆可以自行驶上船舶,也可以自行驶下船舶。

2.客船与客货船

客船是一类专门用于运载乘客进行船上旅行和娱乐的船舶,如图 1-12 所示。客船根据其设计、用途和服务等方面分为邮轮、旅游船、汽车客船、滚装客货船等类型。

图 1-11　滚装船

图 1-12　客船

（1）邮轮

邮轮,又称游船、旅游船,是一种定期或不定期沿一定水上旅游线路航行的船舶,通常会在一个或数个观光地停泊,供游客参观游览。邮轮广义上还包括航行于大洋的班轮、邮船,尽管其原始功能主要是运载邮件和移民,但现代邮轮更侧重于旅游和休闲。邮轮旅游起源于 19 世纪初,已有 100 多年的历史,当时飞行技术尚未成熟,人们依赖邮轮进行长途旅行。然而,随着飞行技术的普及,邮轮逐渐转型为以旅游为主的服务。邮轮通常设施豪华,提供丰富的娱乐活动和餐饮服务,是高端旅游市场的重要组成部分。

（2）旅游船

旅游船是指在风景秀丽的水域周游巡航或环球定线旅游航行的客船。它主要用于搭载乘客从事旅行、参观、游览活动。旅游船的舱室布置满足旅游者的要求,卧室一般布置在首部,公共场所多种多样,都有广阔的视野。同时,旅游船吃水较浅,续航力较大,有防摇装置以确保航行平稳和舒适。

（3）汽车客船

汽车客船是指除载客外能同时载运一定数量的旅客自备汽车的船舶。它是 20 世纪 60 年代初发展起来的一种沿海客船。汽车客船吃水较浅，船宽较大，采用双桨单舵设计。汽车多由单尾大开门经过码头的活动桥上下船，并放置于特殊的甲板上。这种设计是为了适应国际汽车运输量的增加。

（4）滚装客货船

滚装客货船是一种具有滚装装货处所或装车处所的船舶，它既可以载运乘客，也可以载运货物。其中，滚装客船特指具有乘客定额证书且核定乘客定额（包括车辆驾驶员）在 12 人以上的滚装船舶。滚装客货船在航行中遭遇大风浪等恶劣气候和海况时，需要谨慎操纵和作业，加强巡查，加固货物、车辆，以防止货物、车辆位移或碰撞。

二、货主、船舶承运人与航运模式

（一）货主

货主是指货物的所有权拥有者，通常是发货人，可以是个人、生产型企业或贸易企业。他们为履行贸易合同，需要组织办理进出口商品的运输，是国际货物运输工作中的托运人或收货人。货主负责将货物交付给承运人进行运输，并支付相应的运费。

（二）船舶承运人

船舶承运人是指专门经营水上货物运输业务的交通运输部门，包括有船承运人（如航运公司）和无船承运人（如船舶管理公司）。这里的船舶承运人不区分有船承运人和无船承运人，他们接受货主的委托，按照货物运输合同约定的时间、地点和方式，将货物从起运地运送到目的地。船舶承运人在运输过程中负责货物的安全、完整和准时送达，并对货物运输期间发生的货物灭失、损坏或迟延交付等承担责任。他们通常拥有并管理船舶，具备专业的运输能力和丰富的运输经验。

在货物运输过程中，货主与船舶承运人之间通过货物运输合同建立法律关系，双方各自承担相应的权利和义务。货主需要按照合同的约定支付运费，并提供必要的货物信息和文件；船舶承运人则需要按照合同的约定履行运输义务，确保货物安全、完整和准时送达。

（三）航运模式

根据船舶承运人和货主之间的关系，可以将航运模式分为：工业船运输、不定期船运输、班轮运输、半班轮运输。

1. 工业船运输

在工业船运输中，承运人和货主是同一个主体，即承运人为自己提供运输服务，类似于城市交通系统中的私家车模式。

2. 不定期船运输

在不定期船运输中，承运人根据运输需求的分布情况提供相应的运输服务，即哪里有货承运人就去哪里提供运输服务,类似于城市交通系统中的出租车模式。

3.班轮运输

班轮运输,是指托运人将一定数量的货物交由作为承运人的航运公司,航运公司按固定航线,沿线停靠固定的港口,按固定船期(船舶时刻表)、固定运费所进行的国际海上货物运输。班轮运输多用于运输量少、货价高、交接港分散的货物,是海上货物运输中使用最为广泛的一种方式。在班轮运输中,承运人根据事先公布的船舶时刻表提供运输服务,其中船舶时刻表在一定时期内(一般是3~6个月)不会随着运输需求的变化而发生变化,类似于城市交通系统中的公交车模式。

4.半班轮运输

半班轮运输介于不定期船运输和班轮运输之间,半班轮运输、班轮运输与不定期船运输之间的比较如表1-2所示。

表 1-2　半班轮运输、班轮运输与不定期船运输的对比

分类	班轮运输	半班轮运输	不定期船运输
航线	固定航线	预先发布部分航线,进行运输服务时根据实际情况进行调整	不固定航线
挂靠频率	定期挂靠固定港口	定期挂靠部分港口(无严格时间窗),实际航行中会临时增加/减少部分挂靠港	不固定挂靠港
船舶类型	集装箱船	多用途船	散货船
货物类型	集装箱	各种货物,如集装箱、散货、杂货等	主要是散货
运输需求	数量和运费都比较稳定	金额和运费是浮动的	金额和运费是浮动的

第二节　港航运输的发展

一、港口发展历程

(一)恢复发展阶段

从20世纪50年代到70年代初是港口恢复发展阶段。全国港口完成生产资料所有制改造,建立了"集中统一、分级管理、政企合一"的水运管理体制,由国家为主导,有计划、有重点地建设和管理港口,使中国港口获得了新生。港口吞吐量从中华人民共和国成立之初的1 000万吨,到20世纪70年代初首次突破1亿吨。

(二)起步发展阶段

20世纪70年代初到70年代末是港口起步发展阶段。这一阶段以大力建设新码头、努力

提高港口吞吐能力为主要特征。当时,我国对外关系取得重大突破,对外贸易迅速扩大,沿海港口货物通过能力不足,港口的船舶压港、压货、压车情况日趋严重。我国于1973年年初发出了"三年改变港口面貌"的号召,开始了中华人民共和国成立后的第一次港口建设高潮,到1978年港口新增吞吐能力1亿多吨,吞吐量达到近3亿吨,成为中国港口发展史上的重要里程碑。

(三)快速发展阶段

20世纪80年代到90年代末是港口快速发展阶段。随着改革开放政策的实施,国民经济迅速增长,我国迎来了第二次港口建设热潮,全国新增港口吞吐能力6亿吨,是起步发展阶段的6倍,港口吞吐量达到22亿吨。

(四)建设港口强国阶段

21世纪至今是建设港口强国阶段。2001年,我国正式加入世界贸易组织,启动了新一轮港口管理体制改革,2003年《中华人民共和国港口法》颁布实施,2006年《全国沿海港口布局规划》出台,第三轮港口建设迎来高潮。努力建设港口强国,成为这一阶段的主旋律。2001—2008年,我国港口货物吐量从28亿吨增加到70亿吨,集装箱吞吐量从3 700万标准箱增加到1.2亿标准箱,实现了从千万标准箱到亿标准箱的大跨越。截至2020年年底,全国沿海港口共有生产性泊位5 461个,其中万吨级及以上泊位2 138个,沿海港口货物吞吐量达到94.8亿吨,分别是1978年的18倍、16倍和48倍,在世界港口货物吞吐量排名和集装箱吞吐量排名前10位中分别占据8席和7席。

二、船舶发展历程

(一)初步改造与国产化阶段

中华人民共和国成立初期至20世纪60年代末是船舶初步改造与国产化阶段。中国船舶工业在艰难中起步,通过引进苏联技术、消化吸收与自主创新,逐步实现了船舶设计、建造和修理的国产化。我国重点发展沿海和内河运输所需的客货船、货船及部分军用舰艇,初步建立了较为完整的船舶工业体系。船舶建造能力显著提升,从仅能建造小型木质船舶,发展到能够批量建造钢质、机械化、半自动化的中大型船舶,为后续的快速发展奠定了坚实基础。

(二)技术引进与产业升级阶段

20世纪70年代初至90年代初是船舶技术引进与产业升级阶段。随着改革开放,中国船舶工业迎来了技术引进的黄金时期。通过国际合作,国内船舶企业引进了国外先进设计理念和建造技术,特别是大型油船、集装箱船、液化气船等高技术、高附加值船型的建造技术,显著提升了我国船舶工业的国际竞争力。同时,国内船舶企业也加大了自主研发力度,实现了从"引进、消化、吸收"到"再创新"的跨越,船舶产品种类更加丰富,质量和技术水平大幅提高。

（三）高速扩张与国际化战略阶段

20 世纪 90 年代至 21 世纪初是船舶高速扩张与国际化战略阶段。中国船舶工业抓住全球经济一体化的机遇,实施"走出去"战略,积极参与国际竞争与合作,通过并购海外优质资产、建立海外研发中心和销售网络,不断拓展国际市场。同时,国内船舶建造能力实现爆发式增长,成为全球重要的船舶制造基地之一。这一时期,中国船舶工业在散货船、油船、集装箱船等传统船型领域继续保持优势,同时在海洋工程装备、特种船舶等高端领域也取得重大突破。

（四）智能化与绿色化转型阶段

21 世纪至今是船舶智能化与绿色化转型阶段。面对全球气候变化和海洋资源开发的挑战,中国船舶工业加速向智能化、绿色化方向转型;推动智能船舶技术研发与应用,提高船舶自动化、远程操控和自主航行能力;积极响应国际海事组织关于节能减排的号召,大力发展低碳、环保型船舶,如 LNG 动力船、电动船、太阳能辅助动力船等;还加大海洋工程装备、深海探测与开采技术等前沿领域的研发力度,致力于成为全球船舶与海洋工程装备领域的领军者。

三、航线网络发展历程

（一）初创与基础构建阶段

中华人民共和国成立初期至 20 世纪 70 年代末是航线网络初创与基础构建阶段。在中华人民共和国成立初期,面对国际封锁和薄弱的国内交通基础设施,中国航线网络的发展举步维艰。然而,随着国家经济的逐步恢复和对外贸易的初步开展,航线网络开始缓慢构建。这一时期,主要航线集中在沿海及内河地区,服务于国内物资调配和少量国际贸易。通过政府主导和计划经济模式,航线网络逐渐成形,为后续的快速发展奠定了基础。到 20 世纪 70 年代末,随着国际关系的缓和与对外贸易的扩大,中国航线网络开始与国际接轨,初步形成了连接亚洲、欧洲等地区的国际航线雏形。

（二）扩张与优化阶段

20 世纪 80 年代到 90 年代末是航线网络扩张与优化阶段。改革开放的春风为航线网络的发展注入了新的活力。随着国民经济的快速增长和对外贸易的迅猛扩大,中国航线网络迎来了前所未有的发展机遇。这一时期,航线数量大幅增加,覆盖范围不断扩展,从亚洲周边国家逐步延伸至欧洲、美洲、非洲等全球各大洲;航线结构不断优化,通过引入先进的航线规划和管理技术,提高了航线的运营效率和服务质量;加强了与国际航运组织和其他国家的合作,推动了航线网络的国际化进程。

（三）全球化与网络化阶段

21 世纪初至 2010 年是航线网络全球化与网络化阶段。进入 21 世纪,随着全球化的深入发展和信息技术的广泛应用,中国航线网络步入了全球化与网络化发展的新阶段。这一时期,中国航运公司积极开拓国际市场,参与国际竞争与合作,航线网络覆盖全球多个国家和地区;加强了与国际航运联盟和航运公司的合作,实现了航线资源共享和优势互补;还充分利用互联网和大数据技术,构建了智能化的航线网络管理系统,提高了航线运营的智能化和精细化水平。这一阶段的航线网络不仅规模宏大、覆盖面广,而且运行高效、服务优质,成为中国交通运输业的重要支柱和对外开放的窗口。

(四)高质量发展与智慧化转型阶段

2010 年至今是航线网络高质量发展与智慧化转型阶段。中国航线网络正处于高质量发展与智慧化转型的关键时期。面对全球经济的新常态和航运业的新挑战,中国航线网络更加注重提升服务质量和运营效率,推动绿色发展和可持续发展;通过引入新技术、新装备和新模式,推动航线网络的智慧化转型和产业升级;加强与国际航运组织的合作与交流,积极参与全球航运治理和规则制定,提升中国在国际航运领域的话语权和影响力。未来,中国航线网络将继续保持稳健发展的态势,为构建开放型经济新体制和推动全球航运业繁荣发展做出更大贡献。

第二章

港航运输中的管理优化问题

第一节 港航运输中的管理优化问题概述

在港航运输领域,管理优化问题是指通过科学的方法和工具,对港口和航运活动中的资源进行合理配置和调度,以提高效率、降低成本、增强竞争力。本节内容将围绕港航运输中的管理优化问题展开,详细介绍问题分类和解决方法。

一、问题分类

1.港口资源配置、分配与调度问题

(1)港口资源配置与分配:包括港口设施、设备、人力等资源配置,泊位、岸桥、场桥等资源分配。

(2)港口资源调度:包括静态和动态调度、战略和运营调度、确定和不确定调度等。

2.枢纽港选址问题

(1)p-枢纽中位模型:考虑 p 个枢纽港的中位选址问题。

(2)p-枢纽中心模型:考虑 p 个枢纽港的中心选址问题。

(3)枢纽覆盖模型:考虑枢纽港的覆盖范围和服务质量。

(4)有枢纽港建设费的枢纽港选址模型:考虑建设费用的枢纽港选址问题。

3.船队分配与航线优化问题

(1)船队分配:包括战术、战略、运营的战术和运营的船队分配。

(2)航线优化:包括航速优化和航路决策。

4.航线网络设计问题

(1)船舶调度:在给定的运输需求和船舶资源的条件下,确定每艘船的运行计划,可分为班轮、半班轮、工业船、不定期船。

(2)航线设计:规划和确定船舶从出发港口到目的港口的航行路线。

二、解决方法

(1)数学规划求解器:利用线性规划、整数规划、混合整数规划等数学规划方法,求解优化问题。

(2)地理信息系统软件及其应用:利用 GIS 软件进行空间分析和决策支持,提高优化问题的求解效率和准确性。

(3)混合整数规划:结合整数规划和连续规划,求解优化问题。

(4)静态和动态调度:根据运输需求的变化,进行静态和动态调度,提高运输效率。

(5)战略和运营调度:从战略层面和运营层面进行调度,提高运输服务的可靠性和及时性。

第二节　港口资源配置与分配及调度概述

一、背景与概念

(一)研究背景

1.政策背景

2019 年 11 月 13 日,交通运输部联合国家发展改革委、财政部、自然资源部、生态环境部、应急管理部、海关总署、市场监督管理总局和中国国家铁路集团有限公司印发了《关于建设世界一流港口的指导意见》(以下简称《意见》),深入贯彻习近平总书记关于港口发展的重要指示精神,落实《交通强国建设纲要》,加快建设安全便捷、智慧绿色、经济高效、支撑有力、世界先进的世界一流港口,更好地服务人民群众、服务国家重大战略,为社会主义现代化强国建设提供重要支撑,谱写交通强国建设港口篇章。

《意见》以交通强国建设为统领,坚持市场主导、政府引导,目标导向、改革创新,坚持整体推进、重点突破,坚持因港制宜、分类指导。《意见》明确了 3 个阶段发展目标,即到 2025 年,世界一流港口建设取得重要进展;到 2035 年,全国港口发展水平整体跃升,主要港口总体达到世界一流水平,若干个枢纽港口建成世界一流港口;到2050年,全面建成世界一流港口。《意见》聚焦关键领域和薄弱环节,提出了着力提升港口综合服务能力、加快绿色港口建设、加快智慧港口建设、加快推进开放融合发展、加快平安港口建设、推进港口治理体系现代化6个方面的19项重点任务,其中有多项任务涉及港口现有资源的灵活配置及分配调度,可见,要想建设世界一流港口,良好的港口资源配置与分配调度是必不可少的。

2.现实需求

除了政策的加持,港口运营实践也时刻推动着港口资源配置与分配调度的发展。具体可以概括为以下几个方面:

(1)全球经济一体化的推动

随着全球经济一体化的不断深入,国际贸易和区域经济合作日益频繁。港口作为连接内陆与海洋的重要节点,在全球经济中扮演着至关重要的角色。为了满足日益增长的国际贸易需求,港口需要不断优化资源配置,提高分配调度的效率,以应对日益繁忙的货物运输任务。

(2)港口行业的快速发展

近年来,港口行业迎来了快速发展的黄金时期。全球港口货物吞吐量呈现稳步上升的趋势,特别是在新兴市场和发展中国家,港口建设步伐加快,吞吐量迅速增长。中国作为港口大国,其港口货物吞吐量连续多年位居全球前列。这种快速发展对港口资源配置与分配调度提出了更高的要求,需要港口不断提升自身的管理水平和运营效率。

(3)港口群的形成与协作

为了提升港口竞争力,各地纷纷加强港口群的建设和协作。通过资源整合和区域协作,港口群内的港口企业能够实现资源共享和优势互补,提高整体竞争力。这种协作模式给港口资源配置与分配调度带来了新的机遇和挑战,需要港口在协作中不断优化资源配置,提高调度效率。

(4)数字化转型的驱动

随着科技的进步,数字化转型已成为港口行业的重要趋势。港口企业纷纷利用数字化手段构建综合调度系统,实现船舶靠离泊计划的线上申报、审批以及调度计划的生成和确认等功能。这些系统的应用大大提高了港口调度效率,降低了运营成本。同时,数字化转型也为港口资源配置与分配调度提供了更多的可能性和创新空间。

(5)环保和智能化要求的提高

随着环保意识的增强和智能化技术的发展,绿色港口和智能港口成为未来港口发展的重要方向。港口企业在资源配置与分配调度中需要更加注重环保和智能化技术的应用,以减少碳排放和污染,提高港口运营的智能化水平。这既是对港口企业的挑战,也是推动港口行业转型升级的重要机遇。

(6)供应链协同的需求

在全球化背景下,港口作为供应链的重要节点,需要更加注重与上下游企业的协同合作。港口在资源配置与分配调度中需要充分考虑供应链的整体效益和协同效应,以实现供应链的高效运作和可持续发展。

在港口运营实践中,我们也能看到很多有关港口资源配置的实例,全球第一大集装箱港——上海港的"空箱调运中心"就是一个很好的例子。空箱设备供应紧张是港口经常会面对的问题,如何尽快让海外的空箱回流国内并在满足国内需求的同时实现全球化配置始终是港口运营的一大难题。为此,上海港在洋山港和外高桥港设立了"空箱调运中心",在上海港内部形成空箱"蓄水池",使得更多的空箱可通过水、公、铁等多种路径调运到长三角区域以及长江流域和其他沿海港口,这不仅缓解了季节性缺箱的问题、减少了出口波动幅度、提高了船舶靠泊接卸效率,还支撑了各项创新服务和多式联运产品推进提速并持续扩大上海港作为国际集装箱枢纽港的辐射能级。

海上运输是全球贸易运输的主要方式之一,为全球经济的发展贡献了重要力量,是世界经济发展的关键动力。随着改革开放的深入推进,中国港口的发展取得了长足的进步,具有集约化、多样化、规模化的特点,为国家经济社会发展做出了重要贡献。这不仅是港口发展战略的重要选择,更是实现港口转型升级的有效途径。港口年鉴数据显示,截至 2019 年,我国生产性泊位由中华人民共和国成立初期的 100 多个泊位快速增长至 2 289 个泊位,其中万吨级以上的泊位达 2 520 个。我国港口货物吞吐量和集装箱吞吐量在世界港口的排名中也占据着大量的席位,2020 年全球集装箱货物吞吐量前 20 的港口中,近一半为中国港口。随着全球经济贸易的复苏,港口货运量将会迎来更大的挑战,这也意味着港口和航运公司必须以更好的服务来应对这些变化。随着全球贸易的不断发展,船舶在港等待时间也越来越长,逐渐造成拥堵状况,这已成为影响港口作业效率的一大障碍。VesselsValue 的数据显示,截至 2021 年,全球共有 334 艘集装箱船停泊在各个港口,这给港口的交通带来了极大的压力。港口拥堵导致班轮在港排队时间延长,这不仅增加了船公司的作业成本,也降低了港口的运营效率,对于港口、船公司、货主等都会造成不同程度的损失。泊位的有效利用对于提高货物海陆转运效率至关重要,不仅可以有效减少港口拥堵,还能够为货物安全、高效转运提供有力的支撑。目前,很多港口企业注入大量的资金建设泊位,从供给侧提高港口竞争实力,缓解拥堵现状。但需要注意的是,在拥有众多港口且位置相邻的地区,大规模建设泊位将会导致泊位资源的极大浪费,从而引发港口之间的恶性竞争。

改革开放以来,我国不断加强对多港口区域的资源整合,实现对港口基础设施、信息资源等的合理规划与优化,区域港口一体化已成为区域经济进步的先决条件。其中,行政规范和市场调控是推动港口资源整合、提高港口资源利用率的重要手段。站在市场角度,利用市场调控等手段,在区域港口密切合作的前提下,以最少的泊位数为区域内所有靠泊的班轮提供服务,从而实现资源的合理配置,缩短班轮在港时长也是港口资源配置与分配调度的重要课题之一。

(二)港口资源简介

港口资源主要包括港池、航道、锚地等区域,如图 2-1 所示,包括泊位、堆场、岸桥(Quay Crane,QC)、集装箱卡车、场桥(Yard Crane,YC)、自动导引车(Automated Guided Vehicle,AGV)等资源。其中,泊位、岸桥、堆场是港口最重要的资源之一,本节侧重介绍港口泊位、岸桥、堆场资源的配置与调度相关问题。

1.泊位

泊位是指港口内用于停靠船舶、装卸货物和进行乘客上下船的场所。它是港口基础设施的重要组成部分,直接关系到港口的吞吐能力和服务效率。泊位的数量与大小是衡量一个港口或码头规模的重要标志。泊位利用率直接影响到港口的运营效率和经济效益。合理的泊位布局和管理对于提升港口整体竞争力具有重要意义。泊位可以按照多种方式进行分类:

(1)根据停靠的船舶类型,可以分为散货船泊位、油船泊位等。

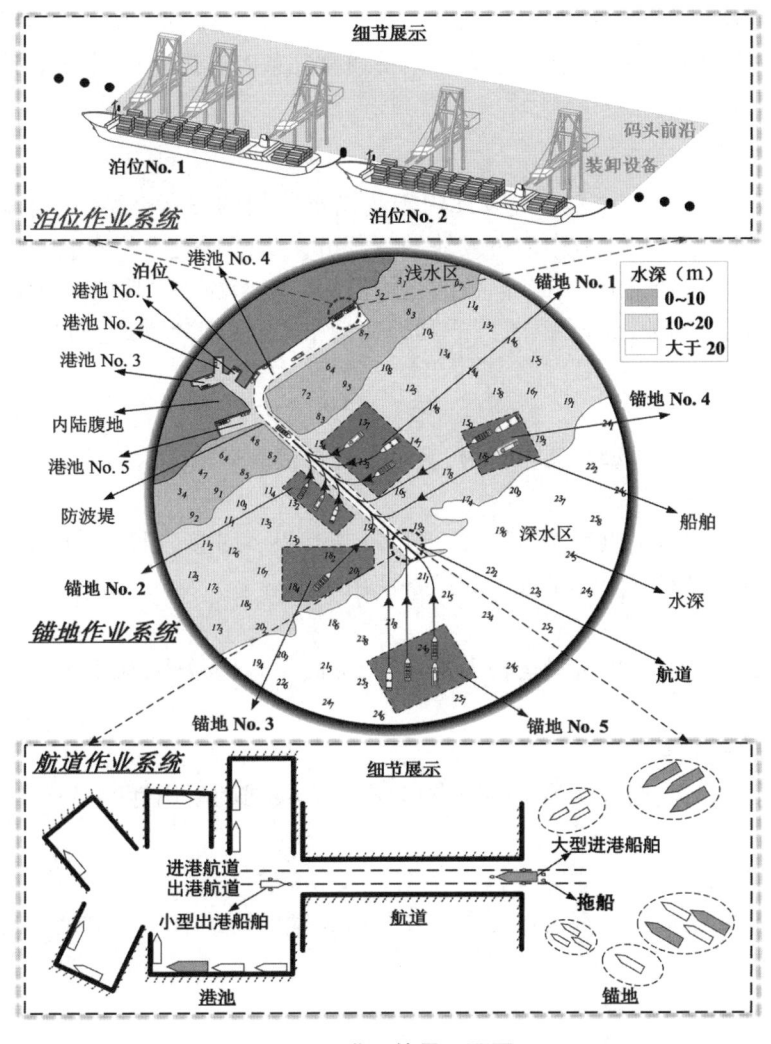

图 2-1　港口简易平面图

（2）根据码头设施，可以分为普通泊位、多用途泊位（可停靠多种类型的船舶）以及深水岸线泊位等。

（3）此外，还可以分为客运泊位和货运泊位，前者主要用于载客上下船，后者则主要用于装卸货物。

2.堆场

港口堆场是港区内用于堆存货物的露天场地。它是港口物流系统中的重要环节，承担着货物暂存、中转和分拣等任务。堆场面积大，能够容纳大量货物，配备有完善的装卸设备和仓储设施，以满足不同货物的存储和转运需求。堆场管理严格，确保货物能安全、有序地堆放和转运。在集装箱港口中，堆场用于集装箱的临时存放。有些大规模港口还在堆场内提供装箱、拆箱以及空箱处理等增值服务。堆场的规模和布局直接影响到港口的集装箱吞吐能力和作业效率。

3.岸桥

岸桥，又名桥吊、岸吊，是集装箱码头最重要的装卸设备之一，主要用于集装箱船舶的装卸作业。岸桥是集装箱码头最昂贵的设备之一,技术含量高,操作复杂。它具有高效、快速的装卸能力,能够大幅度提高码头的作业效率。岸桥通常配备有先进的控制系统和通信设备,以实现自动化和智能化操作。

4.集装箱卡车

集装箱卡车(简称集卡),是专门设计用于运输集装箱的货车类型,在物流运输领域发挥着至关重要的作用,是港口物流中不可或缺的一部分。集卡通过平板车、拖挂车、低底板车等形式装载集装箱,以达到安全、快捷、高效的运输目的。集卡的主要功能是将集装箱从码头、港口等起运地运输到目的地,如仓库、工厂或其他物流节点,实现货物的空间位移。集卡具有以下特点:

(1)载重量大

集卡能够承载大型、重型集装箱货物,满足各种规模的运输需求。

(2)装卸方便

在运输过程中,集卡可以直接与码头、港口等交互设备对接,通过起重机将货物直接放入集装箱或从集装箱中取出,降低了人工和设备使用成本。

(3)运输效率高

集卡的装载容量大,可以批量运输大量货物,提高了运输效率,减少了道路拥堵和交通事故的发生。

(4)耐用性和轻量化

集卡通常采用钢包、铝合金等材料制作车身,具有较强的耐用性和轻量化特点,有助于节省燃油和减少污染。

(5)直接对接海关

在国际贸易中,集卡可以直接将货物运输至海关检验区或其他目的地,减少了交接环节,降低了物流成本。

5.场桥

场桥,也称为轮胎式集装箱门座式起重机或门座式起重机,是集装箱码头堆场中重要的装卸设备,主要负责将集卡运送的进口集装箱堆码到集装箱码头堆场的指定箱区,以及从箱区特定的位置从集装箱中取出并装到集卡上。它是堆场内唯一与集卡连接的装卸设备,其装卸效率直接影响码头整体作业效率。场桥按照不同的分类标准可以分成多种类型,每种类型都有其独特的特点和适用场景:

(1)按移动方式分类

轮胎式起重机:在底部装有轮胎,可以在作业场区内自由移动,灵活性较强。

轨道式起重机:只能在铺设好的轨道上移动,对场地面积需求小,但不能脱离轨道进行装卸作业,移动范围较小,灵活性较弱。

(2)按结构形式分类

悬臂式场桥:由悬臂和支撑结构组成,悬臂部分用于搬运货物,操作简便、安全稳定。

桁架式场桥:由桁架和支撑结构组成,桁架部分具有良好的强度和稳定性,适用于大型货物的装卸,还可以进行高度的调整。

浮式场桥:一种可以在水上浮动的场桥,一般用于码头和港口等水运场所,具有灵活性强、移动方便等特点。

（3）按起重量和跨度分类

单梁场桥：一般适用于起重量较小、跨度较短的场合。

双梁场桥：适用于起重量较大、跨度较长的场合。

6.自动导引车

自动导引车（AGV）是一种无人驾驶的自动化车辆，它利用电子技术、计算机技术和自动控制技术实现短途运输任务。AGV是一种由电池驱动并配备非接触式导引装置的物料载体，能够在计算机的控制下自动完成运输任务。它广泛应用于工业生产、物流运输等领域，具有提高工作效率、降低人工成本、保障工作安全等优点。

（1）AGV组成

车架：承载整个导引车的结构基础。

电池：提供导引车运行所需的电力。

充电装置：用于自动或手动为电池充电。

电气系统：包括控制系统、通信单元等，负责导引车的运行控制和信息交互。

驱动装置：驱动导引车前进、后退和转向。

转向装置：实现导引车的转向。

自动地址识别和精确停车托盘装卸系统：确保导引车能够准确识别地址，精确停车并进行装卸作业。

转运机构：用于搬运和转运货物。

安全系统：包括报警信号灯、扬声器、急停按钮、消防安全联锁等，确保运输安全。

（2）AGV工作原理

供电系统：为导引车提供稳定电力，确保导引车能够持续运行。

控制系统：实时控制导引车的运行，包括速度、方向、停车等。

引导系统：通过不同方式（如磁条、激光、视觉等）提供行驶指令和导航信息，引导导引车按照预定路径行驶。

驱动系统：根据控制系统的指令，驱动导引车前进、后退和转向。

通信系统：与其他设备（如控制计算机、导航设备等）交互，实现远程控制和任务调度。

负载系统：搭载不同负载，实现物料搬运等功能。

（3）AGV类型

磁性感应式：通过地面磁性线条引导，具有安装简单、运行稳定的特点。

激光感应式：通过激光扫描建立实时地图，实现精确导航，具有高定位精度和适应性。

视觉感应式：通过摄像头捕捉特定标记导航，能识别二维码等，环境适应性好。

电磁感应式：利用电磁场变化获取行驶指令，抗干扰能力强。

超声波感应式：通过超声波检测障碍物，实现安全导航，适用于避障场合。

（三）港口资源配置问题

港口资源配置是一个复杂而关键的过程，它涉及劳动、资本、土地等多种生产要素在港口生产中的科学分配与利用。通过合理的资源配置，可以提高港口的配置效率，优化经济效益结构，进而满足人们生产和生活的需要。

1.泊位资源分配

当集装箱船到港后,需要给其安排码头泊位以便进行装卸作业。由于岸桥资源分布在泊位岸线上,而且每台岸桥都有一个作业的物理范围,因此在泊位配置过程中总会涉及岸桥配置问题。泊位和岸桥资源是港口的两种稀缺资源,其成本都非常高,因此泊位和岸桥的配置问题是提高集装箱港口的利用率,尤其是亚洲集装箱港口的利用效率的关键点之一。

合理的泊位资源配置可以缩短船舶的等待时间,提高泊位的利用率,从而加快货物的周转速度,提升港口的运营效率。通过优化泊位资源配置,可以缩短船舶在港口的停留时间,降低船舶的燃油消耗和碳排放,进而降低港口的运营成本。高效的泊位资源配置能够提升港口的整体服务水平,吸引更多的船舶和货物选择该港口进行停靠和运输,从而增强港口的竞争力。

2.岸桥资源分配

港口岸桥分配问题(Quay Crane Assignment Problem,QCAP)指为满足泊位上的船舶离港时间要求,为船舶分配处于合理位置的适当数量的岸桥进行装卸作业的过程。它直接关系到船舶的装卸效率、在港时间以及港口的整体运营效益。

合理的岸桥分配可以确保船舶的装卸作业高效进行,缩短船舶的在港时间,提高港口的吞吐量。通过优化岸桥分配,可以缩短岸桥的闲置时间和减少不必要的移动,从而降低港口的运营成本。高效的岸桥分配能够提升港口的整体服务水平,吸引更多的船舶和货物选择该港口进行停靠和运输,从而增强港口的竞争力。

3.堆场资源分配

在集装箱港口的装卸作业过程中,除了配置一定岸桥资源和水平运输设备外,还需要在堆场上配置合适数量的堆场机械,以便与岸桥资源和水平运输设备配合共同顺利完成船舶的装卸作业。堆场作为集装箱进行装卸、交易、转移、保存等工作的主要场所,其资源分配是否合理直接影响到港口的运营效率和服务质量。合理的堆场资源分配能够缩短集装箱的等待时间,提高堆场的利用率,降低堆存成本,从而提升港口的竞争力。

二、研究目的

具体来讲,研究港口资源配置与分配调度问题的目的主要体现在以下几个方面。

1.提升港口的运营效率

研究港口资源配置与分配及调度问题,旨在通过科学合理的资源配置和高效的调度策略,提升港口的运营效率。这包括优化港口的空间布局、设备配置、人力资源分配等,以确保港口能够高效、有序地处理各种货物和集装箱的装卸、堆存和转运工作。

2.降低运营成本

深入研究港口资源配置与分配及调度问题,可以发现并消除资源浪费和效率瓶颈,从而降低港口的运营成本。例如,优化设备使用计划、缩短设备闲置时间、提高设备利用率等,可以有效降低设备维护成本和能源消耗成本。同时,合理的人力资源配置和激励机制,可以提高员工的工作效率和积极性,进一步降低人力成本。

3.增强港口竞争力

在全球化背景下,港口之间的竞争日益激烈。研究港口资源配置与分配及调度问题,有助于港口管理者更好地了解自身运营状况和市场环境,从而制定更具竞争力的运营策略。通过优化资源配置和调度,港口可以提高服务质量和客户满意度,吸引更多的货源和航运公司合作,进而增强港口的竞争力和增加港口的市场份额。

4.推动港口可持续发展

随着全球对环保和可持续发展的关注度不断提高,港口作为重要的物流节点,也面临着环保和可持续发展的压力。研究港口资源配置、分配及调度问题,有助于港口管理者在保障运营效率的同时,更加注重环保和可持续发展。例如,优化资源配置和调度策略,可以减少能源消耗和排放,降低对环境的污染和破坏;同时,引进和应用新技术、新工艺和新材料,可以推动港口的绿色发展和转型升级。

5.促进国际贸易和经济发展

港口作为国际贸易的重要门户,其资源配置与分配及调度问题的优化对于促进国际贸易和经济的具有重要作用。优化港口资源配置和调度,可以提高港口的服务质量和效率,降低物流成本,从而推动国际贸易的发展。同时,港口的优化运营还可以促进区域经济的繁荣和发展,为国家和地区的经济增长做出贡献。

三、当前挑战与未来趋势

(一)当前挑战

关于港口资源配置与分配及调度问题的研究会遇到以下挑战:

1.环保要求的提高

随着全球对环境保护意识的增强,港口行业面临着越来越严格的环保要求。传统的港口作业方式往往伴随着大量的碳排放和污染,这不符合当前的绿色、低碳发展趋势。因此,港口需要采用更加环保的装卸设备、运输工具和能源,降低能耗和排放,同时注重生态环境保护和恢复。这不仅需要大量的资金投入,还需要港口企业具备先进的技术和管理能力。例如在港口资源配置方面,大多数研究以成本最小化为目标来优化资源分配和调度问题。然而,当考虑环境目标时,传统的分配方式就要发生改变,不仅要考虑港口的经济效益,还要考虑温室气体排放等问题。此外,采用岸电、电气化等技术措施也对港口资源的配置与分配及调度提出了一些新的挑战。

2.技术创新的压力

港口资源配置与分配及调度问题的优化离不开技术的支持。然而,目前部分港口企业在技术创新方面投入不足,导致技术水平相对落后。未来,随着物联网、大数据、人工智能等技术的快速发展,港口物流行业将逐步向自动化、智能化方向演进。港口企业需要加强技术创新投入,提升自身技术水平,以适应市场变化和发展需求。

3.市场竞争的加剧

港口作为连接内陆与海洋的重要节点,在全球经济一体化进程中扮演着至关重要的角色。然而,随着全球贸易格局的调整和区域经济的发展,港口之间的竞争也日趋激烈。如何在激烈的市场竞争中保持自身优势和领先地位,成为港口企业需要面对的重要问题。这要求港口企业不仅要提升服务质量和运营效率,还要不断拓展业务领域,加强与周边地区的生态合作和区域协作。

4.全球贸易环境的不确定性

全球贸易环境的不确定性给港口的发展带来了挑战。国际贸易的波动直接影响港口经营,当经济处于扩张期时,运输需求增加,港口业务量可能上升;而当经济处于低潮期时,运输需求减少,港口业务量可能降低。此外,国际贸易格局的调整和全球供应链的重组也对港口在全球供应链中的地位产生了影响。港口企业需要密切关注全球贸易动态,及时调整发展战略,以适应市场变化。

5.基础设施建设的滞后

部分港口存在基础设施建设滞后的问题,如泊位不足、航道狭窄等。这些问题限制了港口运输能力的提升和运输效率的提高。未来,港口企业需要加大基础设施建设投入力度,以满足日益增长的运输需求。这不仅需要大量的资金投入,还需要政府和相关部门的支持和配合。

(二)未来趋势

随着港口设施的不断完善和港口资源的不断整合,港口的未来发展也呈现着一种向好的趋势,具体有以下几个方面。

1.信息化、自动化和智能化发展

随着信息技术的不断进步,港口物流管理将更加精确和高效。自动化技术的推广应用将降低人力成本和提高操作效率。智能化设备的使用将进一步提高港口的安全性和资源利用效率。未来,港口将实现更高效、更精准的货物处理和运输,提高整个物流链的运作效率。这要求港口企业加强信息化建设,提升信息化水平,以适应信息化时代的发展需求。

2.绿色港口建设

绿色港口建设将成为未来港口发展的重要趋势。港口企业需要积极采用环保技术和设备,减少碳排放和污染。同时,注重生态环境保护和恢复,推动港口的绿色发展和转型升级。这不仅可以满足当前的环保要求,还可以提升港口的竞争力和可持续发展能力。

3.区域合作与资源整合

未来,港口行业将更加注重区域合作与资源整合。通过加强与周边港口、物流企业和相关产业的合作,共同打造区域物流枢纽。这不仅可以实现资源共享和优势互补,还可以提高整个物流链的运作效率和竞争力。同时,港口企业还需要加强资源整合能力,提升资源利用效率,以适应市场竞争的需求。

4.全球化布局与国际化发展

中国企业将加强在全球范围内的港口投资与布局,以提升国际竞争力。通过海外投资和合作,中国企业将推动全球港口行业的发展和繁荣。这不仅可以拓展中国企业的海外市场,还可以提升中国港口在全球供应链中的地位和影响力。未来,中国港口将更加注重全球化布局和国际化发展,以适应全球经济一体化的趋势。

5.供应链整合与优化

港口行业将更加注重供应链的整合和优化,加强与物流企业和相关产业的合作,共同打造高效、协同的供应链体系。这不仅可以提高整个物流链的运作效率,还可以降低物流成本,提升港口服务的竞争力。同时,港口企业还需要提高供应链风险管理能力,以应对全球贸易环境的不确定性。

6.服务创新与多元化发展

未来,港口企业需要在提供基本装卸服务的基础上,不断拓展物流、金融、贸易等延伸服务;通过引入新技术和创新服务模式,提升服务水平和服务质量;同时,还需要加强与其他行业的合作与联动,推动港口经济的多元化发展。这不仅可以增加港口的收入来源,还可以提升港口的综合竞争力和可持续发展能力。

7.智能化综合调度系统的应用

随着物联网、大数据、人工智能等技术的快速发展,港口群综合调度系统将逐步实现智能化。通过应用智能化综合调度系统,港口可以实现对船舶进出港作业的精确调度和实时监控。这不仅可以提高船舶进出港作业的效率和安全性,还可以降低运营成本和提高资源利用效率。未来,智能化综合调度系统将成为港口发展的重要支撑和保障。

随着信息化、自动化和智能化技术的发展以及绿色港口建设、区域合作与资源整合、全球化布局与国际化发展等趋势的推动,港口行业将迎来新的发展机遇和变革。未来,港口企业需要加强技术创新和信息化建设,提升服务质量和运营效率;需要注重环保和可持续发展,加强与周边地区的生态合作和区域协作;还需要积极拓展海外市场和多元化业务领域,以适应全球经济一体化的趋势和市场竞争的需求。

第三节　枢纽港选址概述

一、背景与概念

(一)研究背景

1.政策背景

枢纽港作为国家和地区经济发展的重要支撑,具有重要的战略意义。近年来,随着全球化和区域一体化的加速推进,枢纽港的发展迎来了前所未有的机遇和挑战。以下是对枢纽港政策背景的详细分析。

(1)国家政策支持

在国家层面,政府高度重视枢纽港的发展,并出台了一系列政策措施以推动其建设和发展。这些政策涵盖了港口基础设施建设、物流产业发展、对外开放合作等多个方面。

例如,中国政府为了提升港口的国际竞争力,制定了一系列港口发展规划和行动计划。这些规划和计划旨在优化港口布局、提升港口设施水平、加强港口与内陆地区的联系,以及推动港口与周边国家和地区的合作。通过这些措施,中国政府致力于将中国的港口打造成国际一流的综合交通枢纽。

（2）区域协调发展战略

在区域层面，枢纽港的发展也受益于区域协调发展战略的推动。许多国家和地区将枢纽港作为区域经济发展的重要引擎，通过加强区域合作和资源整合，推动枢纽港与周边地区的协同发展。

例如，在中国，长三角地区、珠三角地区等经济发达区域都积极推动枢纽港的发展。近年来，我国的各个港口城市也在为建成区域性核心枢纽港而努力。

2021年，上海市政府印发了《上海国际航运中心建设"十四五"规划》。规划中提到：加快构建长三角世界级港口群一体化治理体系，推动港政、航政、口岸管理协同，协同建立长三角水上大交管一体化工作机制，构建统一的长三角港航标准体系，提升长三角口岸通关一体化水平，加快与长三角共建辐射全球的航运枢纽。

2022年，深圳市交通运输局发布的《深圳市综合交通"十四五"规划》中也提到：在深圳水运交通方面，坚持港口与现代航运服务业并重的发展原则，实现深圳市由贸易大港向"贸易、能源、邮轮、航运"综合性强港转型升级，率先建设成为引领亚太、辐射全球、绿色低碳、智慧高效的全球湾区核心枢纽海港。到2025年，港口集装箱吞吐量达到3 300万标准箱，LNG接收规模达到1 600万吨，邮轮旅客吞吐量达到60万人次。"十四五"期间，深圳市将从建设世界一流的集装箱枢纽港、打造全球领先的国际LNG枢纽港等方面着手，打造全球湾区核心枢纽海港。

这些地区通过加强港口间的合作与联动，形成了较为完善的港口群和物流网络。同时，这些地区还积极推动港口与内陆城市的合作，通过铁路、公路等交通方式将港口与内陆地区紧密连接起来，形成了便捷、高效的物流通道。

（3）对外开放政策

对外开放政策也是推动枢纽港发展的重要因素之一。随着全球化的深入发展，各国之间的贸易往来日益频繁，枢纽港作为国际贸易的重要节点，其地位和作用日益凸显。

为了提升枢纽港的国际竞争力，各国政府纷纷出台了一系列对外开放政策。这些政策包括放宽外资准入、优化营商环境、提升通关效率等。通过这些措施，各国政府致力于吸引更多的国际航运公司和物流企业入驻枢纽港，推动港口经济的国际化发展。

（4）创新驱动发展战略

创新驱动发展战略也是推动枢纽港发展的重要动力之一。随着科技的进步和产业的升级，枢纽港的发展也需要不断注入新的活力和动力。

为了推动枢纽港的创新发展，各国政府纷纷出台了相关政策措施。这些措施包括支持港口企业加大科技研发投入、推动港口智能化和信息化建设、鼓励港口企业拓展新的业务领域等。通过这些措施，各国政府致力于提升枢纽港的创新能力和核心竞争力。

以上这些政策措施的出台和实施为枢纽港的发展提供了有力的支持和保障。未来，随着全球化和区域一体化的深入推进以及科技的不断发展，枢纽港的发展将面临更多的机遇和挑战。因此，各国政府需要继续加强政策支持和引导，推动枢纽港实现质量更高、可持续的发展。

2.现实需求

枢纽港的发展与建设也基于一系列现实需求背景，主要分为以下几点：

（1）综合运输体系的发展

枢纽港作为综合运输系统的主要组成部分，其发展和建设是构建现代化综合运输体系的重要一环。随着全球经济一体化和国际贸易的不断发展,货物和人员的流动日益频繁,对运输效率、安全性和便捷性的要求也越来越高。枢纽港通过整合多种运输方式(如海运、河运、铁路、公路等),实现货物的快速集散和转运,从而满足综合运输体系的发展需求。

(2)城市化进程的加速推进

随着城市化进程的加速推进,城市人口和经济活动不断增加,对交通基础设施的需求也日益增长。枢纽港作为城市交通网络的重要节点,其发展和建设对于缓解城市交通压力、提升城市交通效率具有重要作用。同时,枢纽港还能促进周边地区的经济发展和产业集聚,进一步推动城市化进程。

(3)国际贸易和区域经济的协同发展

枢纽港不仅是货物运输的重要通道,也是国际贸易和区域经济协同发展的重要平台。通过枢纽港,不同国家和地区之间的货物可以便捷地进行交换和流通,从而推动国际贸易的发展。同时,枢纽港还能促进周边地区的产业升级和经济结构调整,提升区域经济的整体竞争力。

(4)绿色交通和可持续发展

在全球环保意识不断增强的背景下,绿色交通和可持续发展已成为交通运输领域的重要趋势。枢纽港在发展和建设过程中,需要充分考虑环保和节能的要求,采用先进的环保技术和设备,减少对环境的影响。同时,枢纽港还需要优化运输组织方式,提高运输效率,降低能源消耗和排放,以实现绿色交通和可持续发展的目标。

(5)科技创新和智能交通系统的应用

随着科技创新的不断发展,智能交通系统已成为提升交通运输效率、安全性和便捷性的重要手段。枢纽港在发展和建设过程中,需要积极引入智能交通系统,如智能调度、智能监控、智能安全等,以提高运输效率和管理水平。同时,枢纽港还需要加强与科研机构、高校等的合作,共同推动科技创新在交通运输领域的应用和发展。

综上所述,枢纽港的发展与建设基于综合运输体系的发展、城市化进程的加速推进、国际贸易和区域经济的协同发展、绿色交通和可持续发展,以及科技创新和智能交通系统的应用等现实需求背景。这些背景因素共同促使枢纽港在现代交通运输体系中占有重要地位。

(二)枢纽港介绍

枢纽是在多对多配送系统中充当交换、转运以及分拣点的特殊设施。枢纽并不直接服务于每个OD(Origin-Destination)对,其主要作用在于集中流量以产生规模经济。枢纽既实现了来自相同起点但终点不同的流量集中,又实现了来自不同起点但终点相同的流量集中。流量的集中发生在始发地到枢纽、枢纽到目的地以及枢纽之间的路径上。

枢纽港是指在航线网络内具有中转、集散的作用的港口,可以发挥辐射周围经济和带动腹地及周边港口发展的作用。枢纽港大多具有优越的地理条件,能够衔接国际国内航线,集疏运能力强;港口泊位水深和气象条件良好;港口的服务质量和水平较高,港口的经济支持较高,即能够获得充足的投资,腹地经济能够为港口发展提供支撑。因此,枢纽港是航运网络中的关键节点。枢纽港根据不同分类标准可分为不同的类型,根据其形成及发展模式可分为中转型枢纽港、腹地型枢纽港、复合型枢纽港;根据其所处地理位置可分为流域型枢纽港、海湾型枢纽港;根据功能可分为国际型枢纽港、区域型枢纽港。

与枢纽港相配的还有支线港,相对于枢纽港而言,支线港的客货运输量较小、地理位置可能缺乏竞争力、腹地狭小。在国际集装箱货物运输中,众多中小港口将本地区和其他邻近地区装有进出口货物的集装箱运往或集中于相对大的港口,这些港口就被称为支线港或喂给港。

枢纽港与支线港相互依存如图 2-2 所示。支线港是枢纽港形成的重要因素。没有支线港就没有枢纽港,因为枢纽港需要支线港提供货源支持,形成规模化的中转服务。同时,枢纽港也是支线港发展的重要依托。枢纽港的中转功能和服务能力,为支线港提供了更多的发展机会和市场空间。

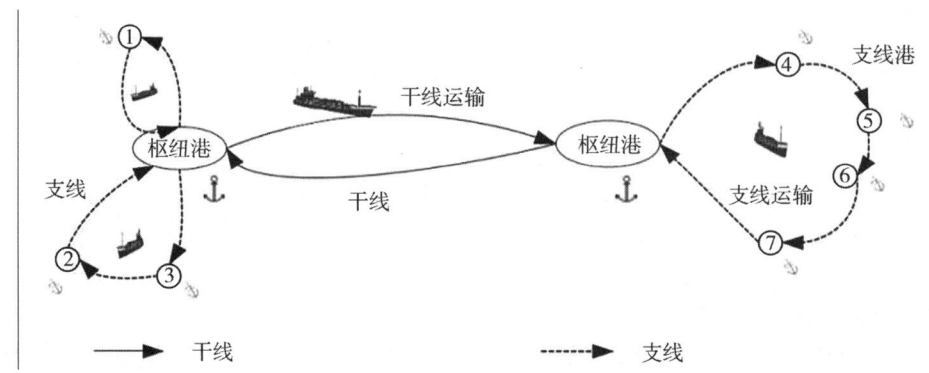

图 2-2　枢纽港和支线港相互依存

枢纽港与支线港功能互补。枢纽港主要提供国际集装箱中转服务,涵盖整个最经济的运输腹地,具有强大的辐射作用。支线港则作为国际货运的起始港或目的港,是海运货物的源头或终点。它们将货物从周边地区集中起来,通过枢纽港进行中转,再运往目的地。

枢纽港与支线港经济利益共生。枢纽港和支线港的经济利益是相互关联的。枢纽港通过提供中转服务,实现货物的高效流转,从而获得经济效益。支线港则通过为枢纽港提供货源支持,间接分享到枢纽港的经济效益。这种共生关系促使双方加强合作,共同提升服务质量,实现双赢。

枢纽港与支线港发展动态相互影响。枢纽港的发展状况会直接影响到支线港的发展。例如,枢纽港的吞吐能力、服务水平等都会影响到支线港的货源量和运输效率。同时,支线港的发展也会对枢纽港产生一定影响。随着支线港服务能力的提升和运输网络的完善,它们可能会吸引更多的货源,从而减轻对枢纽港的依赖程度。

(三)枢纽港选址问题

选址问题一般可以分为设施选址问题和枢纽港选址问题,其中枢纽港选址问题是在设施选址问题的基础上发展起来的。本书侧重枢纽港选址问题,这里只对传统的枢纽港选址问题进行简单的介绍。枢纽港选址问题属于离散选址问题,主要涉及枢纽港的选址和需求点与枢纽港之间的分配,从而实现始发地与目的地之间的流量运输。由于需求点与枢纽港之间的最优分配受枢纽港位置的影响,而最优的枢纽港位置又受需求点与枢纽港之间的分配决策的影响,因此在设计枢纽港网络时,需要将选址和分配问题一同进行考虑。

二、研究目的

枢纽港选址问题作为一个经典的运筹学问题,被广泛应用于生产、运输、通信以及物流等多个领域。枢纽港选址是航运公司非常重要的长期决策,选址结果对服务的质量、效率和成本等都会产生影响,进而关系到航运公司的利润与市场竞争力。因此,研究枢纽港选址问题对于经济社会的发展具有十分重要的作用,受到了越来越多学者的重视。

研究枢纽港选址问题的目的主要体现在以下几个方面。

1.优化航运网络

枢纽港作为集装箱运输网络的重要组成部分,其选址直接关系到航运网络的结构和效率。科学合理的选址能够使货物的中转运输有效地进行,促进物流系统运转的有序化和正常化。

2.降低运输成本

枢纽港选址问题通常会考虑规模经济效益,通过合理的选址,可以将流量集中起来运输,从而降低单位运输成本,达到降低总运输成本的目的。这对于航运公司和整个物流行业来说,都是提高经济效益的重要途径。

3.提升区域经济发展

枢纽港选址不仅影响航运公司的经营效益,还会对区域经济的发展产生深远影响。一个科学合理的枢纽港选址,能够带动周边地区的产业发展,促进就业,提高地区经济水平。

4.适应国际贸易需求

随着国际贸易的不断发展,集装箱运输的需求也在持续增长。研究枢纽港选址问题,可以更好地适应国际贸易的需求,确保集装箱运输的顺畅和高效。

5.推动航运业技术创新

枢纽港选址问题的研究往往涉及复杂的数学模型和算法,如 p-枢纽中位选址模型等。这些研究不仅推动了航运业的技术创新,还提高了航运业的管理水平和运营效率。

6.增强国际竞争力

在全球化的今天,国际贸易的竞争日益激烈。一个选址合理的枢纽港,凭借其高效、便捷的服务,能够吸引更多的国际航运业务,从而提升国家在国际贸易中的竞争力。同时,这也能够为国家带来更多的外汇收入,增强国家的经济实力。

7.促进港口集群的形成

枢纽港选址往往需要考虑与周边港口的协同关系,通过合理的选址,可以形成港口集群效应,实现资源共享、优势互补。这种集群效应不仅能够提升港口群的整体竞争力,还能够促进港口之间的良性竞争,推动港口行业的持续、健康发展。

8.推动区域一体化进程

枢纽港选址对于推动区域一体化进程具有重要意义。一个选址合理的枢纽港,能够加强区域间的联系和合作,促进区域经济的协同发展。同时,它还能够为区域一体化提供重要的交通支撑,推动区域经济的深度融合和共同发展。

9.提高物流服务质量

枢纽港选址对于物流服务质量有着直接的影响。一个选址合理的枢纽港,能够减少货物的中转次数,缩短运输时间,提高物流服务的效率和质量。这对于提升客户满意度、增强企业竞争力具有重要意义。

10.促进可持续发展

在研究枢纽港选址问题时,需要充分考虑环保和可持续发展因素。科学合理的选址和规划可以减少对环境的破坏和污染,实现港口与环境的和谐共生。这对于推动绿色港口建设、促进可持续发展具有重要意义。

三、当前挑战与未来趋势

(一)当前挑战

枢纽港选址问题作为物流、运输和城市规划领域的重要课题,其研究在当前面临着一系列复杂而多维的挑战。

1.理论与实践的脱节

尽管枢纽港选址问题在理论上已经形成了较为完善的模型和方法体系,但在实际应用中,理论模型往往难以完全适应复杂的现实环境。这主要体现在以下几个方面:

(1)模型假设的局限性

现有的选址模型往往基于一系列假设条件,如交通流量的稳定性、成本的线性关系等。然而,在实际情况中,这些假设条件往往难以成立,导致模型结果与实际情况存在偏差。

(2)数据获取与处理的难度

枢纽港选址需要大量的数据支持,包括交通流量、成本、环境影响等方面的数据。然而,这些数据往往难以获取或处理,尤其是在一些发展中国家或地区,数据的质量和可用性往往较低,给选址工作带来了很大的困难。

2.利益相关者的协调与冲突

枢纽港选址涉及多个利益相关者,包括政府、企业、居民等。这些利益相关者的利益往往存在冲突,给选址工作带来了很大的挑战。

(1)政府利益

政府可能关注公共利益、环境保护和城市规划等方面的利益。在选址过程中,政府需要平衡各方利益,确保选址方案符合城市规划和环境保护的要求。

(2)企业利益

企业可能关注经济效益、市场份额和运营成本等方面的利益。在选址过程中,企业需要权衡不同选址方案的成本和效益,选择最优的选址方案。

(3)居民利益

居民可能关注生活质量、交通便利性和环境影响等方面的利益。在选址过程中,居民对选址方案的接受程度往往会影响选址工作的顺利进行。

3.环境与可持续发展挑战

随着全球对环境保护和可持续发展的重视程度不断提高,枢纽港选址也面临着越来越大的环境和可持续发展挑战。

(1)环境影响评估

在选址过程中,需要对选址方案进行环境影响评估,包括噪声、空气污染、水污染等方面的评估。这要求选址工作具备较强的环境科学和技术水平。

(2)可持续发展策略

在选址过程中,需要制定可持续发展策略,包括节能减排、资源循环利用等方面的策略。

这要求选址工作具备较强的创新能力和技术实力。

4.技术与信息化挑战

随着信息技术的不断发展,枢纽港选址也面临着技术与信息化挑战。

(1)数据处理与分析能力

在选址过程中,需要处理大量的数据和信息,包括交通流量、成本、环境影响等方面的数据和信息。这要求选址工作具备较高的数据处理和分析能力。

(2)智能决策支持系统

随着人工智能和大数据技术的不断发展,智能决策支持系统已经成为选址工作的重要工具。然而,这些系统的开发和应用需要较高的技术水平和资金投入。

5.法规与政策的不确定性

枢纽港选址还面临着法规与政策的不确定性挑战。这主要体现在以下两个方面:

(1)法规的变化

随着法规的不断完善和调整,选址工作可能面临法规变化的风险。这要求选址工作具备较强的法规意识和应变能力。

(2)政策的不确定性

政策的不确定性也可能对选址工作产生影响。例如,政府可能出台新的环保政策或交通规划政策,导致选址方案需要调整或重新评估。

(二)未来趋势

枢纽港选址问题的研究在未来将呈现出多元化、智能化和综合化的趋势。以下是对这些未来趋势的详细分析。

1.多元化选址因素的综合考量

未来,枢纽港选址将不再仅仅局限于传统的地理位置、交通流量和运营成本等因素,而是会综合考虑更多元化的因素。

(1)环境影响

随着全球对环境保护意识的提高,枢纽港选址将更加注重环境影响评估。这包括评估选址方案对当地空气、水质、土壤和生态系统的影响,以及可能的噪声和光污染等问题。在选址过程中,需要制定严格的环保标准,并采取相应的环保措施,以减少对环境的负面影响。

(2)可持续发展

可持续发展是未来枢纽港选址的重要考量因素之一。在选址过程中,需要关注资源的有效利用、能源的节约和排放的减少等方面,采用先进的环保技术和设备,实现节能减排和资源循环利用,以推动枢纽港的可持续发展。

(3)政策与法规

政策与法规的变化也将对枢纽港选址产生重要影响。未来,随着国际贸易和物流的不断发展,各国政府可能会出台新的政策和法规,以规范枢纽港的建设和运营。因此,在选址过程中,需要密切关注政策与法规的变化,以确保选址方案符合相关要求。

2.智能化选址技术的应用与发展

随着信息技术的不断发展,智能化选址技术将成为未来枢纽港选址的重要手段。

（1）大数据分析技术

大数据分析技术可以处理和分析大量的数据和信息，包括交通流量、运营成本、环境影响等方面的数据。运用大数据分析技术，可以更准确地评估不同选址方案的优劣，为决策提供更可靠的数据支持。

（2）人工智能技术

人工智能技术可以模拟人类的思维和行为，实现自动化和智能化的决策过程。在枢纽港选址过程中，运用人工智能技术来优化选址方案，可以提高选址的效率和准确性。例如，利用人工智能算法来预测未来的交通流量和运营成本，从而制定更合理的选址方案。

（3）虚拟现实与仿真技术

虚拟现实与仿真技术可以模拟真实的场景和环境，帮助决策者更直观地了解不同选址方案的效果和影响。运用这些技术，可以在选址过程中进行虚拟仿真和模拟分析，以评估不同方案的可行性和优劣。

3.综合选址模型与方法的发展与创新

未来，枢纽港选址将更加注重综合选址模型与方法的发展与创新。

（1）多目标优化模型

传统的选址模型往往只关注单一目标，如最小化运营成本或最大化交通流量。然而，在实际应用中，往往需要同时考虑多个目标。因此，未来将发展多目标优化模型，以综合考虑不同目标的权衡和协调。

（2）动态选址模型

随着国际贸易和物流的不断发展，枢纽港的功能和定位可能会发生变化。因此，未来将发展动态选址模型，以适应枢纽港功能和定位的变化。这些模型将考虑时间因素和不确定性因素，以制定更灵活的选址方案。

（3）跨学科融合

未来，枢纽港选址将更加注重跨学科融合。结合地理学、交通工程学、环境科学、经济学等多个学科的知识和方法，可以更全面地评估不同选址方案的优劣和影响。这将有助于制定更科学、更合理的选址方案。

4.国际化与区域化选址趋势的加强

随着全球化的不断深入和区域经济的不断发展，未来枢纽港选址将呈现国际化与区域化的趋势。

（1）国际化选址

随着国际贸易的不断扩大和全球物流网络的不断完善，未来将有更多的跨国公司和物流企业参与枢纽港的建设和运营。因此，在选址过程中，需要关注国际市场的需求和变化，以制定更符合国际市场需求的选址方案。

（2）区域化选址

随着区域经济的不断发展，未来将形成更多的区域经济圈和物流网络。在这些区域经济圈中，枢纽港将发挥更加重要的作用。因此，在选址过程中，需要关注区域经济的特点和发展趋势，以制定更符合区域经济需求的选址方案。

综合考量多元化选址因素、应用与发展智能化选址技术、发展与创新综合选址模型与方法以及加强国际化与区域化选址趋势，可以制定更科学、更合理的选址方案，以推动枢纽港的建设和发展。

第四节 船队规划与航线配船概述

一、背景与概念

(一)研究背景

1.政策背景

(1)航运业发展的需求

随着全球贸易的日益增长和航运技术的不断进步,航运业对船队规划和航线配船的要求也越来越高。为了满足国际贸易的需求,船队需要不断优化结构,提高运营效率,降低运营成本。同时,随着船舶大型化、专业化、智能化的发展,船队规划也需要考虑新技术、新设备的应用,以及环保、安全等方面的要求。

(2)国家政策的支持

国家出台了一系列政策措施,以推动航运业的健康发展。这些政策不仅涵盖了船队建设和航线配船方面,还包括船舶配套自动化、航运安全、环保等多个领域。例如,设立专项资金和税收优惠,支持企业开展船舶自动化关键技术和设备的研发;制定严格的技术标准和认证体系,确保船舶配套自动化产品的质量和安全性;推动绿色航运的发展,降低航运业对环境的影响等。

(3)国际标准的遵循

在船队规划与航线配船方面,国际海事组织(IMO)及其下属机构制定了一系列国际标准,如国际电工委员会(IEC)关于电气设备和系统的标准,国际标准化组织(ISO)关于质量管理和环境管理的标准等。这些标准确保船舶配套自动化设备的全球兼容性和互操作性,同时也为船队规划和航线配船提供了重要的参考依据。

(4)国内航运政策的完善

为了完善我国航运政策体系,必须充分考虑我国航运业的整体利益和服务于本国贸易发展的原则。在制定船队建设方面的航运政策时,需要综合考虑国际经济金融形势的发展情况、国内经济形势以及航运业的发展等因素。同时,还需要借鉴国际先进经验,结合我国实际情况,制定适合我国航运业持续健康发展的航运政策。

(5)船队规划与航线配船的重要性

船队规划与航线配船是航运公司运营管理的关键环节。合理的船队规划和航线配船不仅可以提高船舶的运营效率,降低运营成本,还可以增强航运公司的市场竞争力。同时,这也是实现航运业可持续发展、推动绿色航运和智能化航运发展的必然要求。

综上所述,船队规划与航线配船的政策背景涉及航运业发展的需求、国家政策的支持、国际标准的遵循、国内航运政策的完善以及船队规划与航线配船的重要性等多个方面。这些背景因素共同构成了船队规划与航线配船的政策环境,为航运业的健康发展提供了有力的支撑。

2.现实需求

(1)国际贸易量的不断增加

随着经济全球化的发展,国际贸易量不断增长,推动了航运业的快速发展。为了满足日益增长的货物运输需求,航运公司需不断优化船队结构,提高船舶的运载能力和运营效率。同时,由于国际贸易的多样性和复杂性,不同货物对船舶类型、航线和运输时间的要求也不同,因此船队规划和航线配船需要更加精细化和多样化。

(2)船舶大型化和专业化的趋势

随着船舶制造技术的不断进步,船舶大型化和专业化成为航运业的发展趋势。大型船舶能够装载更多的货物,提高了运输效率,降低了运营成本;专业化船舶则能够针对特定货物提供更为专业的运输服务,如油船、散货船、冷藏船、集装箱船等。这些趋势对船队规划和航线配船提出了更高的要求,需要航运公司根据市场需求和船舶特性进行合理配置。

(3)环保和安全标准的提高

近年来,环保和安全问题日益受到全球关注,航运业也不例外。国际海事组织(IMO)等机构制定了一系列严格的环保和安全标准,要求航运公司减少排放、提高能效、保障航行安全。这些标准的实施对船队规划和航线配船产生了重要影响,航运公司需要选择符合标准的船舶,并合理规划航线以降低能耗和排放。

(4)航运市场的竞争压力

航运市场竞争激烈,航运公司需要不断提高自身的竞争力以应对市场变化。船队规划和航线配船是提高竞争力的关键手段之一。通过优化船队结构、提高运营效率、降低运营成本等措施,航运公司可以在市场中占据更有利的地位。

(5)技术进步和智能化发展

随着信息技术的不断进步和智能化技术的发展,航运业也迎来了智能化转型的机遇。通过应用大数据、物联网、人工智能等技术手段,航运公司可以实现对船舶的实时监控、智能调度和远程管理等功能。这些技术的应用为船队规划和航线配船提供了更多的可能性和手段,有助于实现更高效、更环保、更安全的航运服务。

综上所述,船队规划与航线配船的现实需求背景涉及多个方面,包括国际贸易量的不断增加、船舶大型化和专业化的趋势、环保和安全标准的提高、航运市场的竞争压力以及技术进步和智能化发展等。这些背景因素共同推动了航运公司不断优化船队结构和航线配置,以提高运营效率和服务质量。

(二)相关概念

1.船队

船队,顾名思义,是指由多艘船组成的集合体。这些船舶可能以某种特定的方式编结在一起,共同执行某项任务或实现某种目标。从广义上讲,船队可以指结伴同行的或属同一行业的一组船舶,也可以指一个国家或一位船主所拥有的船舶,甚至可以是一次集合所集中的船舶。在航运、渔业、旅游等多个领域,船队都扮演着重要的角色。

2.船队规划

船队规划问题是航运公司或船队战略层面的主要决策问题之一,它涉及多个方面,包括船舶路径问题、班期问题以及航线配船问题等。根据航运界普遍认可的划分方式,船舶运营方式主要分为三大类:班轮运输、不定期船运输以及工业船运输。

3.航线配船

航线配船是指航运公司在制订运输计划时,根据船舶的特点、航线的运输需求、货物的种类和数量等因素,同时兼顾技术的可行性和经济的效益性,科学合理地将不同类型和吨位的船舶分配到各运营航线上,从而在满足航线的技术和运营等方面要求的同时,提高航运公司的经济效益和服务水平。

二、研究目的

1.优化船队结构

船队规划的研究旨在通过对船舶类型、数量、规模等要素的合理配置实现船队结构的优化。这不仅可以提高船舶的利用率和运营效率,还可以降低运营成本,增强航运公司的市场竞争力。

2.提高航线运营效率

航线配船的研究则关注如何根据货物的特性、运输需求以及航线条件等因素,为不同的航线配置最合适的船舶。合理的航线配船,可以缩短船舶在航线和港口的等待时间,提高航线的运营效率,从而缩短货物的运输时间,降低运输成本。

3.保障航运安全

船队规划与航线配船的研究还需要考虑航运安全的问题。合理的船队规划和航线配船,可以确保船舶在航行过程中具备良好的适航性能和载货性能,从而保障航运安全,减少事故发生的可能性。

4.推动航运业可持续发展

随着环保意识的不断提高,航运业的可持续发展也日益受到关注。船队规划与航线配船的研究需要关注船舶的环保性能和能效水平,通过选择环保、高效的船舶和合理的航线配置,降低航运业对环境的影响,推动航运业的可持续发展。

5.提供科学决策支持

船队规划与航线配船的研究还可以为航运公司的管理层提供科学的决策支持。通过建立数学模型、仿真模拟等手段,航运公司可以对不同的船队规划和航线配船方案进行评估和比较,从而选择出最优的方案,为企业的战略规划和运营决策提供依据。

综上所述,船队规划与航线配船的研究目的涵盖了优化船队结构、提高航线运营效率、保障航运安全、推动航运业可持续发展以及提供科学决策支持等多个方面。这些研究目的的实现,将有助于航运公司提高运营效率、降低成本、增强市场竞争力,从而实现可持续发展。

三、当前挑战与未来趋势

(一)当前挑战

1.挑战分析

(1)全球经济波动

全球经济周期性波动直接影响航运需求。经济繁荣时,航运需求增加,船队规划和航线配船需要满足更高的运输要求;经济衰退时,航运需求减少,可能导致运力过剩和船舶闲置。

(2)政策法规变化

各国政府和国际组织制定的环保、安全法规不断升级,要求航运公司采用更环保、更安全的船舶和运营方式。这提高了船队规划和航线配船的复杂性,需要企业在满足法规要求的同时,兼顾经济效益。

(3)技术进步与智能化

信息技术、物联网、大数据等技术的应用推动了航运业的智能化发展。然而,这些技术的应用也带来了新的挑战,如数据安全、系统稳定性等问题,需要航运公司在船队规划和航线配船中充分考虑。

(4)市场竞争与价格波动

航运市场竞争激烈,价格波动频繁。船队规划和航线配船需要灵活应对市场变化,以降低成本、提高竞争力。

(5)供应链风险

供应链中断、港口拥堵等风险事件频发对船队规划和航线配船提出了更高要求。航运公司需要建立有效的风险预警和应对机制,确保供应链的稳定和畅通。

2.具体实例

以地中海航运公司(MSC)为例,该公司在面对船队规划与航线配船的挑战时,采取了以下策略:

(1)优化船队结构

地中海航运公司根据市场需求和船舶特性,不断优化船队结构。例如,将大型船舶部署在长途航线上,以提高运输效率;中小型船舶则用于短途航线和支线运输,以满足多样化的运输需求。

(2)灵活调整航线

地中海航运公司密切关注全球贸易动态和港口拥堵情况,灵活调整航线以避开拥堵区域。例如,当某个港口出现拥堵时,公司可能会选择绕航其他港口或调整航线以缩短运输时间。

(3)应用智能化技术

地中海航运公司积极应用信息技术、物联网和大数据等技术手段,提高船队规划和航线配船的智能化水平。例如,公司利用大数据分析预测市场需求和价格波动,为船队规划和航线配船提供科学依据;通过物联网技术实现对船舶的实时监控和远程管理,提高运营效率。

(4)建立风险预警机制

地中海航运公司建立了完善的风险预警机制,密切关注供应链中断、港口拥堵等风险事件。一旦出现风险事件,公司能够迅速响应并采取措施降低损失。

综上所述,船队规划与航线配船当前所面对的挑战复杂多样,需要航运公司综合考虑全球经济环境、政策法规、技术进步等多方面因素。通过优化船队结构、灵活调整航线、应用智能化技术以及建立风险预警机制等措施,航运企业可以应对这些挑战并实现可持续发展。

(二)未来趋势

1.船队规划的未来趋势

(1)环保与节能

随着全球环保意识的提高和环保法规的加强,航运业将更加注重环保与节能。船队规划将更多地考虑使用低排放、高效能的船舶,以减少对环境的污染。新能源和替代燃料的应用也将成为船队规划的重要方向,如使用液化天然气(LNG)、甲醇、氢等清洁能源的船舶将逐渐增多。

(2)智能化与自动化

智能化和自动化技术的发展将推动船队规划的变革。通过应用大数据、物联网、人工智能等技术,航运公司可以实现对船舶的实时监控、智能调度和远程管理。未来,智能船舶将逐渐普及,这些船舶将具备自主导航、自主避碰、远程监控等功能,从而大大提高船舶的运营效率和安全性。

(3)多样化与专业化

随着全球贸易的多样化和专业化发展,船队规划也将更加注重多样化和专业化。航运公司将根据货物的特性和运输需求配置不同类型的船舶,以满足市场的多样化需求。同时,专业化船舶如冷藏船、化学品船、油船等将逐渐增多,以满足特定货物的运输需求。

(4)规模化与集约化

为了提高运营效率、降低成本,航运公司将更加注重船队的规模化和集约化。通过合并重组、扩大船队规模等方式,航运公司可以形成规模效应,提高市场竞争力。

2.航线配船的未来趋势

(1)优化航线与提高效率

航运公司将更加注重优化航线,以提高运输效率。通过应用大数据和人工智能技术,航运公司可以分析历史数据、预测未来需求,从而规划出更加高效的航线。同时,航运公司还将通过提高船舶的航速、缩短船舶在港口的停留时间等方式,进一步提高运输效率。

(2)灵活性与多样性

面对市场需求的快速变化和不确定性,航线配船将更加注重灵活性和多样性。航运公司将根据市场需求和船舶特性,灵活调整航线配船方案,以满足市场的多样化需求。同时,航运公司还将通过与其他航运公司的合作与联盟,实现资源共享和优势互补,提高航线配船的灵活性和多样性。

(3)环保与可持续发展

环保与可持续发展将成为航线配船的重要考量因素。航运公司将在航线规划中选择更加环保的航线,以减少对环境的污染。同时,航运公司还将通过优化船舶运营模式、减少能源消耗等方式,实现可持续发展。

第五节　船舶调度与航线设计概述

一、背景与概念

(一)研究背景

1.政策背景

(1)国家政策的支持与推动

国家层面出台了一系列关于航运业发展的专项规划,旨在优化航运业的发展环境,提高安全标准,并促进绿色可持续发展。这些政策不仅为船舶调度和航线设计提供了保障,还推动了相关技术的创新与应用。

自"一带一路"倡议提出以来,中国与全球多个沿海国家和地区加强了经济合作,推动了国际贸易的增长,也促进了中国港务船舶调度的发展。这一倡议为船舶调度与航线设计带来了新的发展机遇,促进了国际航线的优化和拓展。

政府还通过提供资金支持、税收减免等优惠政策,鼓励航运公司加大研发投入,提升技术水平和服务质量。这些政策为船舶调度与航线设计的创新提供了有力保障。

(2)行业规范与标准的制定

随着航运业的不断发展,国家相关部门不断完善行业标准和技术规范,以确保船舶调度与航线设计的安全性和高效性。这些标准涵盖了船舶设计、建造、运营、维护等多个方面,为行业的健康发展提供了有力支撑。

在环保政策方面,国家积极推动绿色航运的发展,鼓励使用清洁能源和环保技术,减少船舶排放对环境的影响。这要求船舶调度与航线设计在规划时充分考虑环保因素,实现经济效益与环境保护的双赢。

(3)市场需求与国际贸易的推动

随着全球贸易的快速增长和区域经济一体化的深入发展,航运市场需求呈现出多样化、个性化的特点。这要求船舶调度与航线设计必须紧密关注市场需求的变化,提供灵活、高效的运输服务。

国际贸易的繁荣为航运业提供了广阔的发展空间。船舶调度与航线设计作为航运业的重要组成部分,其发展水平直接影响国际贸易的效率和成本。因此,国家层面高度重视船舶调度与航线设计的优化和创新。

2.现实需求

(1)航运业快速发展的需求

随着全球贸易的持续增长,航运业作为国际贸易的主要运输方式之一,其重要性日益凸显。船舶调度和航线设计作为航运管理的关键环节,对于提高航运效率、降低运营成本、保障航行安全具有重要意义。因此,随着航运业的快速发展,对船舶调度和航线设计的需求也日益迫切。

(2)船舶交通系统智能化的推动

现代海上船舶交通系统已经集成了全球定位系统(GPS)、船舶自动识别系统(AIS)、船舶交通管理系统(VTS)等一系列高科技装备,显著提高了船舶定位的精确度、航行信息的实时性和交通监管的效率。智能船舶技术的研发与应用,如自主航行、远程操控等,正逐步成为行业发展的新趋势。这种智能化的发展不仅提高了船舶调度的精准性和效率,也为航线设计提供了更多可能性和优化空间。

(3)环保与可持续发展的要求

随着全球温室气体排放的不断增加,航运业被认为是产生温室气体的主要作业之一。因此,未来船舶设计将更加注重环境保护和可持续发展。这要求船舶调度和航线设计必须考虑环保因素,如采用更加节能环保的动力系统、优化船体设计以减少废水和废气的排放等;还需要关注船舶在航行过程中的碳排放量,积极采取节能减排措施,推动航运业的绿色可持续发展。

(4)船舶安全与航行效率的需求

船舶调度和航线设计直接关系到船舶的安全和航行效率。合理的船舶调度和优化的航线设计,可以避免船舶在航行过程中发生碰撞、搁浅等安全事故,同时提高航行速度、缩短航行时间、降低运营成本。此外,随着智能化技术的不断发展,船舶调度和航线设计还可以实现远程监控和智能控制,进一步提高航行的安全性和效率。

(5)多样化航运需求的变化

随着全球经济的不断发展和国际贸易的日益繁荣,航运需求也呈现出多样化的趋势。不同类型的货物、不同的运输距离和不同的运输要求都需要相应的船舶调度和航线设计来满足。因此,船舶调度和航线设计需要根据市场需求的变化进行灵活调整和优化,以适应多样化航运需求的变化。

综上所述,船舶调度与航线设计的现实需求背景是多方面的,包括航运业快速发展的需求、船舶交通系统智能化的推动、环保与可持续发展的要求、船舶安全与航行效率的需求以及多样化航运需求的变化等。这些需求背景共同推动了船舶调度与航线设计的不断发展和优化。

(二)相关概念

1.船期

班轮有固定的航线、固定的停靠港口、固定的船期以及相对固定的运费率,这被称为"四固定"。这种固定的安排使得班轮运输非常适合那些需要定期、可靠运输服务的货物。船期是班轮运输中的一个核心概念,它指的是船公司对船舶使用的具体安排计划,即什么类型的船舶在什么时间从起始港到目的港的时间安排。这也可以理解为货物海运出货的时间,包括货物装船的出港日期以及在海运途中的时间。船期不仅影响着货物的运输时效性和效率,还对整个物流运输链产生重要影响。

2.船期表

班轮船期表在组织运营班轮工作中具有重要的作用,与不定期船不同,航运公司提前公布每个挂靠港的到达时间和离开时间,以吸引潜在客户。船期表和挂靠港被公布在官方网站上,客户可以根据货物在始发港的可用日期和预期到达目的港的日期安排发货。班轮运输业务类似于公共交通服务,班轮服务的船期设计是每3~6个月做出的战术层面的规划决策。航运公司按照提前公布的船期表运营船舶。对外公布的班轮船期表主要包括以下内容:航线,船名,航次编号,始发港、中途港、终点港的港名,到达和驶离各港口的时间,其他有关注意事项等。表2-1所示为COSCO在2024年对外公布的东南亚及南亚航线CIX.3的集装箱班轮船期表。

表2-1　航线 CIX.3 的集装箱班轮船期表

PORT	TERMINAL	ETA	TIME	ETD	TIME
Xingang	Tianjin Port AllianceInternational Container Terminal Co.,Ltd.	Tue.	0	Wed.	1
Dalian	Dalian Container Terminal Co.,Ltd.	Thu.	2	Thu.	2
Busan	Busan Container Terminal	Sat.	4	Sun.	5
Shanghai	Shanghai Port Container Co.,Ltd.(Waigaoqiao)	Mon.	6	Tue.	7
Xiamen	Hai Tian Phase 2 Terminal	Thu.	9	Fri.	10
Hong Kong	HIT.Hong Kong International Terminals	Sat.	11	Sun.	12
Shekou	Shenzhen Mawan Terminals Co.,Ltd.	Sun.	12	Sun.	12
Singapore	PSA Corporation Limited	Fri.	17	Sat.	18
Colombo	Colombo International Container Terminals Ltd.	Thu.	23	Thu.	23
Nhava Sheva	Gateway Terminals India Pvt Ltd.	Mon.	27	Tue.	28
Pipavav	Port Pipavav	Thu.	30	Fri.	31
Port Kelang	Port Kelang(West Port)	Thu.	37	Fri.	38
Singapore	PSA Corporation Limited	Sat.	39	Sun.	40
Hong Kong	HIT.Hong Kong International Terminals	Thu.	44	Fri.	45
Xingang	Tianjin Port AllianceInternational Container Terminal Co.,Ltd.	Tue.	49	Wed.	50

3.航线

航线是指船舶在两个或多个港口之间,按照一定的路线和计划进行海上运输的通道。它是海上运输的基础设施之一,对于促进国际贸易、加强地区间经济联系具有重要意义。航线可以根据不同的分类标准进行划分,以下是一些常见的分类方式:

(1)根据航行水域分类

①远洋航线

远洋航线又称为大洋航线,是指国与国之间或地区间经过一个或数个大洋的国际海上运输。这类航线通常距离较长,跨越多个大洋,如中国至美国、欧洲等的航线。

②近洋航线

近洋航线是指一国各海港至邻近国家海港的海上运输航线。这类航线通常距离较短,航行时间也相对较短,如中国至日本、韩国等国家的航线。

③沿海航线

沿海航线是指一国沿海区域各港口间的运输线。这类航线主要服务于国内沿海地区的货物运输和旅客往来,如中国沿海的上海港至大连港航线。

④环球航线

环球航线是指将太平洋、大西洋和印度洋连接起来进行航行的航线。这类航线通常覆盖全球多个海域,是国际贸易中最为重要和繁忙的航线之一。

（2）根据航线有效时间分类

①季节性航线

季节性航线是指随季节的改变而改变的航线。由于船舶航行受自然条件特别是大洋洋流、季风等因素的影响,船舶通常在不同的季节航行于不同的航线以节省运力和提高航速。

②常年航线

常年航线是指不随季节的改变而改变的航线。这类航线通常具有较为稳定的货物运输需求。

（3）根据运力、运程和运量分类

①主干航线

主干航线又称干线,是指连接枢纽港口或中心港口的海上航线。这类航线通常适合大型集装箱船舶航行,全球集装箱运输的三大主干航线分别是远东/北美、远东/欧洲、欧洲/北美航线。

②中转航线

中转航线是指在水运范围内,船舶从始发港至终点港,在中途挂靠港口、装卸货物或使用驳船的运输航线。这类航线通常为主干航线提供服务,连接的港口多为地方枢纽港或分流港口。

（4）根据发船时间分类

①定期航线

定期航线又称班轮航线,是指船舶定线、定点、定期的航线。这类航线通常具有固定的船期表和停靠港口,以相对固定的运价经营客货运输业务。定期航线按照航线形态又可分为:两端港航线（Point to Point）、枢纽-辐射式航线（Hub-and-Spoke）、钟摆式航线（Pendulum）、环绕式航线（Go-Around）,分别如图 2-3、图 2-4、图 2-5、图 2-6 所示。

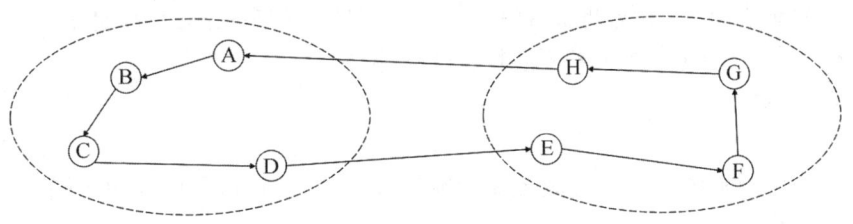

图 2-3 两端港航线示意图

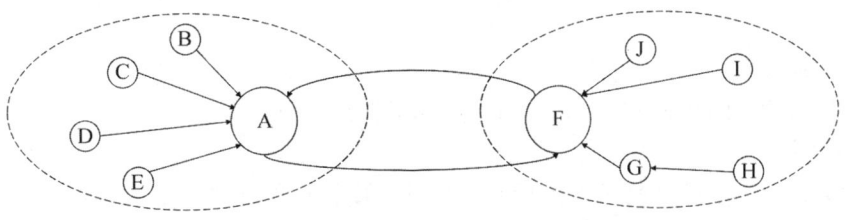

图 2-4 枢纽-辐射式航线示意图

41

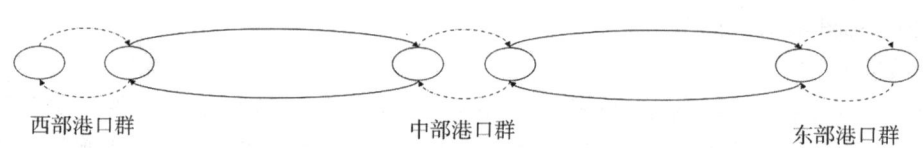

图 2-5　钟摆式航线示意图

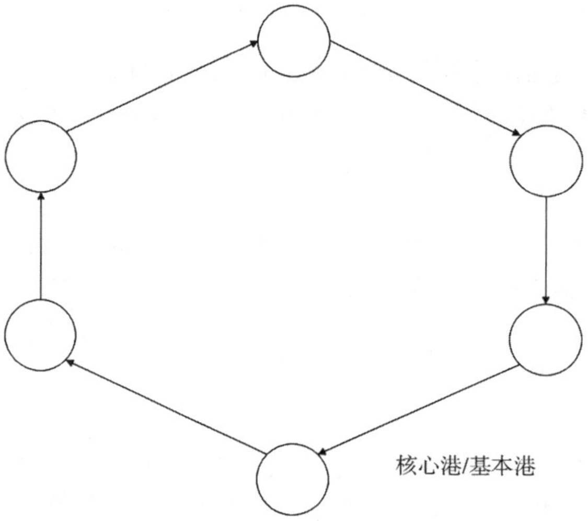

图 2-6　环绕式航线示意图

②不定期航线

相对于定期航线而言,不定期航线没有固定的船期表和停靠港口,而是根据货运需求灵活安排船舶航行。这类航线通常从事大宗货物的运输。

（5）根据航海技术分类

①大圆航线

大圆航线是地球圆体上两点之间最短的航程线,但在航行过程中需要不断改变航向。

②恒向线航线

恒向线航线不是两点之间的最短航程线,但在低纬度或航向接近南北时,与大圆航线的航程相差不大。

③等纬圈航线

等纬圈航线是指两地在同一纬度,沿纬度圈航行的航线。

④混合航线

混合航线是指为了避开高纬度的航行危险区,采用大圆航线与等纬圈航线相结合的最短航程航线。

（6）根据气候、气象条件分类

①气候航线

气候航线是指在最短航程航线的基础上，考虑航行季节的气候条件和其他因素而设计的航线。

②气象航线

气象航线是指气象定线公司在航线的基础上，根据中短期天气预报和气象条件推荐的航线。

4.船舶调度

船舶调度并没有一个确切的定义，是指航运公司对现有管理的多艘船运力运输进行系统的组织，通过合理制订详细的运输计划（包括挂靠的港口和时间表）来满足运输需求。在船舶运营过程中，航运公司要时刻监测船舶运输动态，掌握船舶设备状态、地理位置等，在遇到问题时及时提出方案应对处理。科学的船舶调度意味着，通过合理规划，可以有效提高船舶运营效率，解决实时船舶的运输组织问题，提高公司运营效益，实现利润最大化。一般来说，船舶调度的内容包括航线设计、航线配船和船期表规划等，这些内容不是各自独立的，而是互相制约的。航线设计是确认既定航线上所安排的港口也就是船舶的海上航行路线，以及这些既定港口的先后顺序。航线配船是指为所确定的每条航线配置合理的船舶资源以及每艘船的货物运载量、具体装卸量等。船期表规划是指确定到离港时间，制订合理的时间表。船舶调度属于运筹学中的组织优化问题，目前用来模拟与解决这类问题的研究方法主要有线性规划、整数规划、非线性规划、计算机编程和现代优化技术等。

5.航线设计

航线设计，也称作航线规划，是指船舶在开航前，以海图上的岛屿、陆地、障碍物等要素作为参考依据，人工设计出一条从出发点到目的地的最佳航行路线。这里的"最佳"是一个较为宽泛的概念，通常指的是航程短、安全性较高、搁浅概率低等。航线设计的目的是确保船舶能够安全、经济、快速地抵达目的地，同时提高航运效率并降低运营成本。

二、研究目的

1.利用航运资源

科学的船舶调度和合理的航线设计，可以充分利用现有的航运资源，包括船舶、港口、航道等。这有助于避免资源的浪费和闲置，提高整个航运系统的运行效率。

2.提高运输效率

船舶调度和航线设计的研究旨在通过优化船舶的航行路径和停靠港口，缩短航行时间，减少等待和延误，从而提高运输效率。这不仅可以满足市场需求，还可以提升航运公司的竞争力。

3.降低运营成本

合理的船舶调度和航线设计有助于降低燃油消耗、减少船舶磨损、降低维修成本，从而降低整个运输过程的运营成本。这对于航运公司来说，意味着更高的利润率和更好的经济效益。

4.确保航行安全

航线设计需要充分考虑航道条件、天气状况、海况等因素，以确保船舶在航行过程中的安全。同时,船舶调度也需要关注船舶的适航性和船员的操作能力,以避免安全事故的发生。

5.满足多样化航运需求

随着全球贸易的不断发展,航运需求也呈现出多样化的趋势。船舶调度和航线设计的研究需要适应这种变化,提供灵活多样的运输方案,以满足不同客户和不同货物的运输需求。

三、当前挑战与未来趋势

(一)当前挑战

1.挑战分析

(1)复杂多变的航行环境

航行环境包括航道条件、天气状况、海况等多种因素,这些因素的变化都会对船舶调度和航线设计产生影响。例如,航道狭窄、水深不足、潮汐变化等都可能限制船舶的通行;恶劣的天气和海况则可能导致航行延误或安全事故。

(2)环保与可持续发展压力

随着全球环保意识的增强,航运业也面临着越来越大的环保压力。船舶调度和航线设计需要充分考虑环保因素,如减少燃油消耗、降低碳排放等。然而,这往往需要在提高运输效率和降低成本之间进行权衡,增加了调度的难度。

(3)船舶智能化技术的快速发展

随着智能化技术的不断发展,船舶调度和航线设计也面临着新的挑战。例如,如何充分利用智能导航、自动驾驶等技术来提高航行的安全性和效率;如何确保船舶在智能化条件下的适航性和可靠性等。

(4)国际贸易格局的变化

国际贸易格局的变化也会对船舶调度和航线设计产生影响。例如,贸易路线的转移、贸易量的增减等都可能导致船舶调度的调整;而新的贸易伙伴和贸易方式的出现也可能对航线设计提出新的要求。

(5)法律法规的约束

各国对于航运业的法律法规不尽相同,船舶调度和航线设计需要充分考虑这些法律法规的约束。例如,船舶在特定区域的航行可能受到严格的限制;而某些货物的运输也可能需要遵守特定的规定和标准。

2.具体实例

随着全球气候变暖,北极地区的海冰融化速度加快,使得北极航线逐渐变得可行。北极航线作为连接亚、欧两大洲的最短航线,具有巨大的经济潜力和战略价值。然而,北极航线的开发也面临着诸多挑战,其中船舶调度与航线设计是核心难题之一。

(1)极端天气与海况

北极地区气候恶劣,极端天气和海况频发,如暴风雪、海冰、大雾等,这些都对船舶的航行安全构成了严重威胁。船舶调度需要充分考虑这些极端天气和海况的影响,制订合理的航行计划和应急预案。

（2）船舶性能与适航性

北极航线对船舶的性能和适航性提出了极高的要求。船舶需要具备强大的破冰能力、稳定的航行性能和先进的导航设备。航线设计需要充分考虑船舶的性能特点,确保船舶能够在极端环境下安全航行。

（3）环保与法规要求

北极地区是地球上生态环境最为脆弱的地区之一,船舶航行需要严格遵守环保法规,防止对当地生态环境造成破坏。船舶调度和航线设计需要充分考虑环保因素,选择对生态环境影响最小的航行路线和停靠港口。

（4）基础设施与保障能力

北极地区的基础设施相对落后,如港口、航道、救援设施等,这些都给船舶调度和航线设计带来了极大的挑战。航运公司需要加强与当地政府和机构的合作,共同提高完善基础设施和提高保障能力,确保船舶在北极航线的安全航行。

假设一艘大型货船计划从东亚出发,经过北极航线前往欧洲。在船舶调度与航线设计过程中,航运公司需要充分考虑上述挑战。首先,企业需要收集和分析北极地区的天气和海况数据,制订详细的航行计划和应急预案。其次,企业需要选择具备破冰能力和稳定航行性能的船舶,并配备先进的导航设备和救援设施。在航线设计方面,企业需要充分考虑环保因素,选择对生态环境影响最小的航行路线和停靠港口。最后,企业需要加强与当地政府和机构的合作,确保在航行过程中能够得到及时、有效的支持和保障。

（二）未来趋势

1.船舶调度的未来趋势

（1）智能化与自动化

随着人工智能、大数据、物联网等技术的不断发展,船舶调度将向着更加智能化、自动化的方向发展。智能调度系统可以实时收集和分析船舶、港口、航道等多方面的数据,实现船舶调度的精准决策和高效执行。

（2）协同化与集成化

未来,船舶调度将更加注重与港口、航运公司、物流链上下游等各方面的协同合作,实现信息的实时共享和资源的优化配置。集成化的调度平台可以打破信息孤岛,提高调度效率和服务水平。

（3）绿色化与环保化

环保要求的不断提高将推动船舶调度向更加绿色化、环保化的方向发展。船舶调度需要考虑船舶的能耗、排放等因素,优化航行路线和停靠港口,降低对环境的影响。

（4）定制化与个性化

随着航运市场的不断发展,客户需求将呈现多样化、个性化的趋势。船舶调度需要根据客户的需求和偏好,提供定制化的调度方案和服务,提高客户的满意度和忠诚度。

2.航线设计的未来趋势

（1）智能化与精细化

航线设计将借助智能化技术,实现更加精细化、个性化的设计。通过收集和分析船舶性能、航道条件、天气海况等多方面的数据,航运公司可以设计出更加符合船舶特点和航行需求的航线。

（2）绿色化与低碳化

环保要求的提高将推动航线设计向着更加绿色化、低碳化的方向发展。航线设计需要考虑船舶的能耗和排放，选择更加环保、低碳的航行路线，降低对环境的影响。

（3）多样化与灵活性

随着航运市场的不断变化和客户需求的多样化，航线设计需要具备更强的灵活性和多样性。航线设计需要根据市场需求和客户偏好，提供多样化的航行方案和选择。

（4）安全化与可靠性

航线设计将更加注重安全性和可靠性。收集和分析航道条件、天气海况等方面的数据，航运公司可以评估航线的安全性和可靠性，确保船舶在航行过程中的安全。

第三章

港口资源分配及调度优化

第一节　相关概念与理论基础

一、问题分类

　　港口资源分配与调度是指港口依据运营需求和经济效益目标,将有限的港口资源(如泊位、堆场、设备、人力等)按照一定的规则和策略进行合理分配,并进行合理安排、协调与监督的过程。从海运货物贸易的视角来看,港口资源分配与调度涉及的研究问题广泛且复杂。无论是运输、装卸还是存储,每一个步骤都伴随着不同港口资源的参与,这也就构成了多种类型的资源分配问题。

　　港口资源配置主要包括:

　　(1)生产要素配置

　　生产要素配置包括劳动力、资本、土地等生产要素在港口生产中的合理分配。这要求港口管理者根据港口的发展规划和实际运营情况,科学预测并合理配置各种生产要素,以确保港口生产活动的顺利进行。

　　(2)设施与设备配置

　　港口需要配置先进的设施和设备(包括泊位、码头、堆场、仓库、起重机械、运输车辆等)来支持其运营活动。合理配置这些设施和设备,可以提高港口的作业效率和吞吐量,降低运营成本。

（3）航线与航班配置

港口的航线与航班配置直接影响到其货物的集散能力和市场竞争力。港口管理者需要根据市场需求和港口资源条件,合理规划航线与航班,以满足货主的运输需求,提高港口的运营效率。

（4）拖船与航道调度

随着陆侧港口资源运作效率的提升以及海运需求量的持续增长,海侧的港口资源也逐渐产生紧缺。港口管理者需要根据到港船舶信息,合理规划船舶的进港流程,为船舶分配对应的拖船,避免航道拥堵和锚地的过饱和,确保船舶进出港的安全与高效。

本章主要介绍港口资源配置中的设施与设备的配置,包括泊位分配问题、岸桥分配与调度问题、堆场空间资源分配问题、堆场(场桥)分配与调度问题,以及 AGV 的配置与调度问题。泊位分配问题是港口资源配置中的首要问题,本章将以介绍泊位分配问题为主,对其进行详细阐述,同时引出其他相关问题。

二、影响因素与优化策略

（一）影响港口资源分配与调度的因素

港口资源分配与调度问题的影响因素众多,这些因素相互交织,共同影响着港口运营的效率和服务水平。港口资源分配的重要性不言而喻,它直接关系到港口的运营效率、经济效益,以及区域经济的繁荣与发展。研究港口资源分配与调度问题的目的主要受到以下几个因素的影响:

1.港口资源特性

港口资源的分配与调度问题的产生直接源自港口资源的稀缺性,这也是影响资源分配与调度问题最根本的因素。

（1）泊位资源

泊位是港口的核心资源,其数量、长度、配置的设备等直接影响船舶的停靠和装卸作业。泊位资源的稀缺性使得其分配成为关键问题,需要最小化船舶等待时间,同时最大化泊位和岸桥设备的利用率。

（2）装卸设备

集装箱装卸设备如岸桥、场桥、叉车等,以及智能化的堆场管理系统,对作业效率和安全性至关重要。设备数量不足、老化、更新滞后或布局不合理,都可能导致作业效率下降。

2.船舶与货物特性

（1）船舶信息

不同类型的船舶(如集装箱船、散货船、油船等)具有不同的装卸需求和作业方式,这直接影响港口资源的分配。例如,集装箱船需要配备专业的集装箱装卸设备,散货船则需要适应散货的装卸流程。此外,船舶的长度、装卸箱量、到达时间、服务时间等,都是影响泊位分配的重要因素。例如,大型船舶需要更大的泊位和更高效的装卸设备,小型船舶则可能更适合在较小的泊位进行作业。

（2）货物种类与运输方式

不同类型的货物（如危险品、冷藏品、大件货物等）具有不同的装卸、储存和运输要求。这些要求会影响港口资源的分配和调度，以确保货物的安全和高效处理。货物的属性（如重量、体积、易腐性等）也会影响港口资源的调度。例如，易腐货物需要快速装卸和储存，以减少损耗；而大件货物可能需要特殊的装卸设备和运输方式。这些因素都要求港口调整资源配置。

3.港口运营与管理水平

（1）人力资源

港口作业需要大量的人力资源，包括管理人员、技术人员和操作人员等。人员数量与技能不足、岗位设置与职责不清、缺乏有效的激励机制和员工工作积极性不高，以及部门间沟通协调不畅，都可能影响作业质量和效率。

（2）信息化水平

港口的信息化建设对提升作业效率至关重要。现有信息系统可能无法满足集装箱作业全流程管理的需求，存在信息孤岛和数据不一致的问题。智能化技术应用有限也会影响作业效率的提升。

4.外部环境与法规要求

（1）市场需求与国际贸易政策

客户需求个性化和多样化对港口服务提出了更高的要求，同时国际贸易政策的变动也会影响港口集装箱吞吐量，这些需求的不确定性和政策的变动都会影响资源分配与调度。

（2）环保与安全生产法规

环保法规的加强推动了港口绿色的发展，要求优化资源配置以降低污染排放。安全生产法规则要求港口加强安全管理，投入更多资源保障作业安全。

5.技术因素

（1）自动化与智能化技术

自动化与智能化技术的应用能够提升集装箱作业效率，但也需要港口更新升级设备设施，并引入先进的技术手段和管理制度。

（2）数据分析与决策支持

如果缺乏对作业数据的深入挖掘和分析，则无法为优化资源配置提供有力支持。利用大数据和人工智能技术，对港口集装箱作业进行智能调度和优化，是提升港口运营效率的关键。

综上所述，港口资源分配与调度问题的影响因素涉及多个方面，包括港口资源特性、船舶与货物特性、港口运营与管理、外部环境与法规要求以及技术因素等。为了提升港口运营效率和服务水平，需要综合考虑这些因素，并采取相应的措施进行优化和调整。

（二）港口资源分配与调度问题的优化策略

上文介绍了影响港口资源分配与调度问题的因素，针对这些影响因素，港口运营者可以从以下几个方面进行考虑和实施，进行优化策略的制定：

1.优化港口资源配置

（1）合理规划泊位与设备资源

港口资源涵盖泊位、堆场、起重设备以及人力资源等多个方面，这些资源的合理分配对于显著提升港口的运营效率至关重要。具体而言,科学的泊位分配能够确保到港船舶及时靠泊作业,有效缩短船舶的等待时间,从而提高泊位的周转率。与此同时,合理的堆场资源分配则能确保货物有序存放与快速周转,显著降低货物搬运成本,并减少积压现象的出现。

(2)实施动态调度与优先级策略

实时监控作业现场的状态变化,根据实际情况动态调整调度计划,以应对突发事件和高峰期的作业需求。根据货物的紧急程度、类型、目的地等不同属性,为不同的作业任务赋予相应的优先级,确保高优先级的任务能够及时得到处理。

2.提升港口运营效率

(1)引进自动化与智能化技术

引进自动化堆高机、无人集卡等智能化设备,降低人工成本,提升作业安全性。利用人工智能和机器学习技术,通过大数据分析和历史作业数据分析,对设备进行科学、合理的调度安排。

(2)优化作业流程与标准化操作

最大化地利用现有资源,有效避免资源浪费和重复建设。简化流程、减少冗余环节,提高作业效率。制定标准化的操作流程,确保所有维护操作都遵循标准流程,提高作业质量。举例来说,根据货物种类和流向对堆场区域进行合理划分,可以显著提升堆场的利用率,并大幅度减少不必要的搬运和装卸作业。此外,优化人力资源的配置,可以确保各作业环节人员配备充足,且能够实现高效协作,从而有效降低人工成本。

3.加强港口安全管理

(1)完善安全制度与应急预案

港口运作效率固然重要,但安全是进行一切生产活动的前提,为可能存在的风险准备应急预案至关重要。加强安全生产管理,完善安全制度,增强员工安全意识;制定应急预案,应对突发事件和不可抗力因素,确保港口稳定运营。

(2)实施定期检查与维护

为了保证港口设施设备能最大限度地正常运行,港口运营者应该建立设备检查制度,规定检查内容、周期和责任人。定期对设备进行维护和保养,确保设备处于良好运行状态。

4.加强港口环保与绿色发展

(1)推广绿色港口理念

在整个港口行业内部普及绿色港口的发展理念,让员工意识到环保和可持续发展的重要性。定期为员工提供环保培训和教育,增强员工的环保意识和技能。积极响应国家环保政策,制定并实施一系列环保规章制度,确保港口运营符合环保要求。

(2)实施节能减排措施

优化装卸作业流程,减少能源消耗和排放。例如,采用节能设备、提高设备利用率、合理安排作业时间等;鼓励在港口运营中使用清洁能源(如太阳能、风能等),替代传统的化石燃料;实时监测港口各环节的能耗情况,及时发现并处理能耗异常问题。

5.提升港口信息化水平

(1)建设集成化的港口业务信息系统

引进先进的信息管理系统和技术手段,如物联网、大数据、云计算等,实现对港口作业的实时监控和智能化管理,实现船舶靠离泊计划线上申报、审批,调度计划生成、确认等功能,提高作业效率。

（2）加强信息共享与互通

与海关、船公司等相关部门实现信息共享，提高整个物流链的运作效率。利用数据集成平台，实现不同系统间的实时数据同步，优化系统间交互流程；引进自动化、智能化的技术手段和管理制度，更新升级设备设施；采用大数据和人工智能技术，对港口集装箱作业进行智能调度和优化。

综上所述，针对港口资源分配与调度问题的优化策略需要从多个方面入手，包括优化港口资源配置、提升港口运营效率、加强港口安全管理、加强港口环保与绿色发展，以及提升港口信息化水平等。这些策略的实施将有助于提升港口的整体运营效率和服务水平，推动港口可持续发展。

三、规划原则与基本假设

（一）港口资源分配与调度问题的规划原则

港口资源分配与调度问题的基本优化原则是指在进行港口资源管理和调度时，应遵循的一系列指导性原则。这些原则可以确保港口资源的高效、安全和可持续利用。下文将介绍泊位分配问题、岸桥分配与调度问题以及堆场资源分配问题的基本优化原则。

1.泊位分配问题的基本优化原则

（1）船舶选择挂靠的泊位应满足其作业需求，例如大型船舶对泊位水深和长度的需求，大吞吐量船舶对作业岸桥数量的需求，特种船对泊位类型的需求等。

（2）挂靠船舶之间不能在时空上同时发生冲突，通常船舶在规划期内陆续靠港装卸，码头无法利用同一空间位置（同一泊位），同时为多艘船服务，因此泊位分配优化的靠泊计划结果需满足时空限制。

2.岸桥分配与调度问题的基本优化原则

（1）满足船舶的装卸需求，确保在规定时间内完成装卸作业。港口运营者须根据已知的船舶装卸量和岸桥装卸效率，为每艘船分配足够的岸桥，以便于船舶按时离港，最大限度地避免延误的发生。

（2）平衡各泊位的岸桥资源，避免资源闲置或过度集中。岸桥在岸边通常不能交叉移动，过于集中的岸桥分配方式会导致其前后时间段的岸桥需整体进行移动，不仅使得作业效率降低，产生延误与额外成本，还存在一定的安全隐患。

3.堆场资源分配问题的基本优化原则

（1）需求匹配：根据集装箱的到港数量、类型、尺寸等因素，合理分配堆场资源，确保有足够的堆存空间满足需求。

（2）效率优先：优化堆场布局和作业流程，提高集装箱的装卸效率和堆存效率，缩短作业时间和降低作业成本。

（3）安全性：确保堆场资源分配过程中，集装箱的堆存、装卸等操作符合安全规范，防止事故发生。

（4）可持续性：考虑堆场资源分配的长期影响，注重环境保护和资源节约，推动堆场的可持续发展。

综上所述,港口资源分配与调度问题的基本优化原则主要为资源分配的可行性限制、资源分配对需求满足程度的限制、港口运作效率与安全的考虑以及对可持续发展的考虑。这些原则的实施将有助于提升港口作业效率、保障港口安全、促进港口事业的健康发展。

(二)港口资源分配与调度问题中的基本假设

港口资源分配与调度问题的基本假设是指港口运营者在研究对应问题的过程中往往要忽略一些对问题影响较小的实际因素,以便于将资源分配与调度问题转化为数学模型,并采用相应的方法进行求解。下文将介绍泊位分配问题、岸桥分配与调度问题以及堆场资源分配问题中的基本假设。

1.泊位分配问题的基本假设

(1)每艘船计划作业量已知,港口运营者会在船舶到港前收到船公司的船舶信息,其中应包括船舶的装卸量,以便港口预测其装卸时间,进而为其制订合理的靠泊计划。

(2)每艘船的到港时间已知,同样根据港口运营者收到船公司的船舶信息,港口企业可以提前得知船舶的预计到港时间,并根据该时间为船舶制订靠泊计划,若港口某时段闲置(或拥堵),港口运营者可向航运公司传递信息,推荐其加速(或减速)到港,以实现整体最优。

(3)泊位及船舶的物理因素已知,根据港口码头泊位类型、水深、长度等物理因素,船舶类型、吃水、长度等物理因素,港口运营者在进行问题优化时需考虑泊位与船舶的对应关系。

2.岸桥分配与调度问题的基本假设

(1)岸桥直接遵循不相互跨越的原则,即在同一泊位内,岸桥之间不能相互跨越进行作业。这是因为多数码头岸桥为轨道吊,在同一轨道上运行,难以相互跨越。

(2)分配岸桥的数量不大于船舶允许的同时作业岸桥数量,以避免资源浪费和作业冲突。通过资源临时租赁的方式提高处理能力会花费巨额成本,通常不在港口的考虑范围内。

(3)每台岸桥同时只能服务一艘船,以确保作业的专注性和效率。

3.堆场资源分配问题的基本假设

(1)集装箱任务对应泊位位置与箱区位置已知。通常船舶会根据靠泊位置决定其集装箱堆存位置,集装箱堆存位置直接影响集卡与场桥调度问题的研究。

(2)集卡(或 AGV)完成任意两点间集装箱运输任务的可选择路径与时间已知。在研究集卡配置与调度问题时,由于集卡的运行速度已知,港口运营者需要在可选择路径中做出决策,并计算对应时间点集卡的空间位置。

(3)场桥工作效率已知。在研究场桥调度问题时,结合集卡调度中集装箱或集卡至箱区时间,可通过场桥调度结果确定该集装箱任务完成(或开始)时间。

需要注意的是,这些假设是为了简化问题并建立数学模型而提出的。在实际应用中,港口资源分配与调度问题可能更加复杂且多变。因此,在建立数学模型时需要根据实际情况对假设进行适当的调整和优化。

第二节　经典泊位分配问题

泊位分配问题(Berth Allocation Problem,BAP)是在特定的规划期内,为一组即将到港的船舶制订靠泊计划(包括靠泊时间与靠泊位置)的研究课题。靠泊位置不仅决定了船舶的停靠点,还直接关系码头起重机的作业范围。同一装卸设备和泊位在同一时间内通常不能服务于多艘船。因此,一个可行的泊位分配方案必须确保船舶的靠泊计划在时间和空间上互不冲突,同时遵守所有相关的实际限制条件。

一、考虑到港情况的泊位分配问题

船舶到港的情况通常分为两类:一类是船舶已经到港;另一类是船舶在码头作业期间会陆续到港。根据这两种情况,泊位分配问题被相应地划分为静态泊位分配问题和动态泊位分配问题。

如图 3-1 所示,研究者在研究泊位分配问题时通常把问题简化为二维平面,纵轴代表码头的岸线,横轴为作业的时间,矩形代表船舶,矩形的长和宽分别代表船舶的装卸时间和船舶长度。这个二维平面模型能够直观地展示船舶作业的靠泊位置与作业时间信息。泊位分配问题的研究目标就是如何在不产生重叠的情况下,将所有矩形(即船舶)合理地分配在这个二维图中,以实现泊位的优化利用。

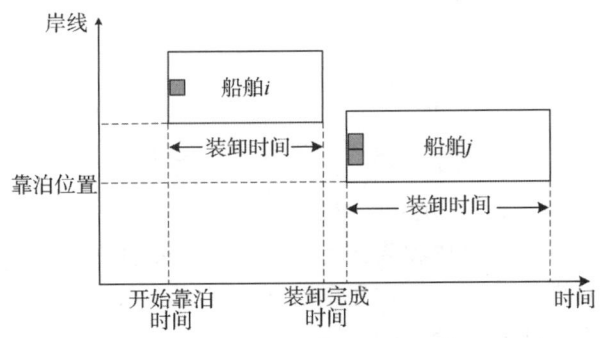

图 3-1　泊位分配问题的二维图表示

(一)静态泊位分配问题

如图 3-2 所示,静态泊位分配问题研究的是那些在规划期开始时已经到港并准备接受港口服务的船舶。在这种情况下,码头的主要任务是合理安排这些船舶的靠泊泊位和靠泊顺序,以最小化总作业时间。因此,在静态泊位分配问题中,所有船舶都会按照所安排的靠泊顺序进行紧凑且高效的作业,以确保整体运营的高效性。

下文将在介绍问题的同时给出研究该问题的基本数学模型以供参考,静态泊位分配问题所需符号表示如下:

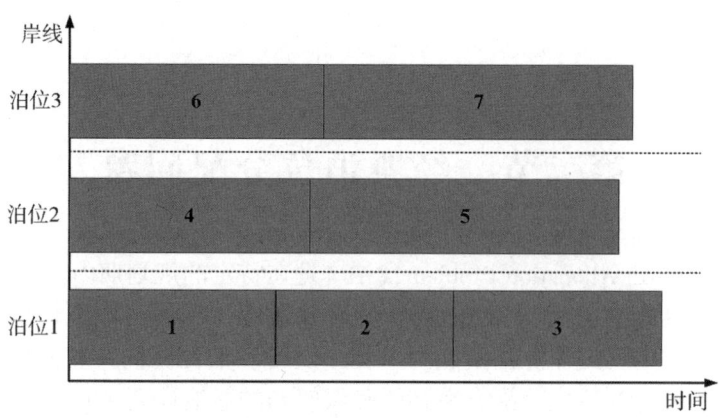

图 3-2　静态泊位分配示意图

1.集合与参数

V: 船舶集合, $i \in \{1,2,3,\cdots,|V|\}$。

B: 泊位集合, $b \in \{1,2,3,\cdots,|B|\}$。

K: 船舶服务序列集合, $k \in \{1,2,3,\cdots,|K|\}$。

a_i: 船舶 i 的预计到港时间($a_i \geq 0$)。

h_{ib}: 船舶 i 在泊位 b 的装卸时间。

I_b: 泊位 b 的空闲时间。

2.决策变量

z_{ibk}: 0-1 变量,当船舶 i 为泊位 b 的第 k 个服务对象时, $z_{ibk} = 1$。

$$\min \sum_{b \in B} \sum_{i \in V} \sum_{k \in K} \{(T-k+1)h_{ib} + I_b - a_i\} z_{ibk} \tag{3-1}$$

约束:

$$\sum_{b \in B} \sum_{k \in K} z_{ibk} = 1, \ \forall i \in V \tag{3-2}$$

$$\sum_{i \in V} z_{ibk} \leq 1, \forall i \in V, k \in K \tag{3-3}$$

$$z_{ibk} \in \{0,1\}, \ \forall b \in B, i \in V, k \in K \tag{3-4}$$

目标(3-1)最小化每艘船的等待和装卸时间总和。约束(3-2)保证每艘船都必须在某个泊位进行服务。约束(3-3)保证每个泊位在任意时刻最多服务一艘船。

在目标函数中,装卸时间 h_{ib} 的系数为 $T-k+1$。这是由于泊位 b 服务的船舶的装卸时间 h_{ib} 对其后在同一泊位靠泊的船的等待时间均有影响。换句话说,某一艘船的等待时间,是由其之前泊位服务的船舶的累计装卸时间和泊位空闲时间来共同表示的。

(二)动态泊位分配问题

动态泊位分配问题更加贴近港口船舶的实际运营情况,因为它考虑了船舶在规划期内陆续到港的情况。如图 3-3 所示,根据船公司向港口提供的信息,每艘船都有一个预计的到港时间(即预计靠泊时间)。然而,由于各种因素的影响,船舶的实际靠泊时间可能会与预计时间不符,从而导致船舶离港的延误。

相较于静态泊位分配问题,动态泊位分配问题更具挑战性。港口需要根据船舶的预计到港时间制订靠泊计划,并在此过程中权衡各种因素,以尽量缩短到港船舶的延误时间,并降低对港口整体运作的负面影响。因此,动态泊位分配问题要求港口具备更高的灵活性和应变能力,以应对不断变化的船舶到港情况。

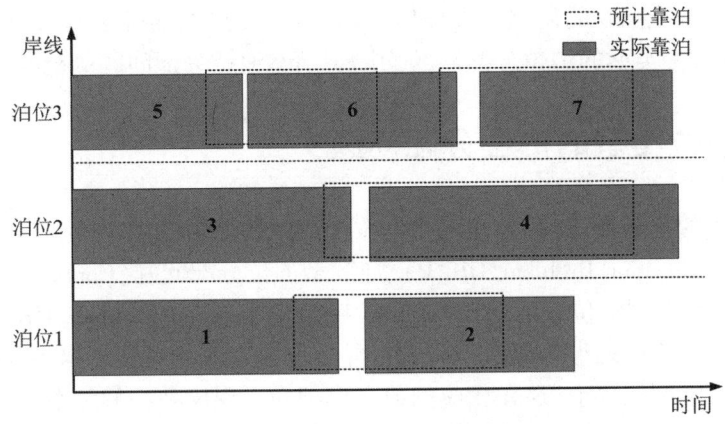

图 3-3　动态泊位分配示意图

1.集合与参数

V：船舶集合, $i \in \{1,2,3,\cdots,|V|\}$。

B：泊位集合, $b \in \{1,2,3,\cdots,|B|\}$。

M：充分大的正数。

a_i：船舶 i 的预计到港时间 $(a_i \geq 0)$。

h_{ib}：船舶 i 靠泊在泊位 b 的装卸时间。

2.决策变量

x_{ib}：船舶 i 在泊位 b 的靠泊时间。

φ_{ib}：0-1 变量,如果船舶 i 靠泊在泊位 b, $\varphi_{ib} = 1$。

δ_{ijb}：0-1 变量,当船舶 i,j 均在泊位 b 靠泊,且船舶 i 的实际靠泊时间比船舶 j 早时, $\delta_{ijb} = 1$。

基本动态泊位分配问题数学模型如下：

$$\min \sum_{b \in B} \sum_{i \in V} \varphi_{ib}(x_{ib} + h_{ib} - a_i) \tag{3-5}$$

约束：

$$\sum_{b \in B} \varphi_{ib} = 1, \ \forall i \in V \tag{3-6}$$

$$x_{ib} \leq M\varphi_{ib}, \forall b \in B, i \in V \tag{3-7}$$

$$\sum_{b \in B} x_{ib} \geq a_i, \ \forall i \in V \tag{3-8}$$

$$x_{ib} + h_{ib} \leq x_{jb} + M(1 - \delta_{ijb}), \forall b \in B, i,j(i \neq j) \in V \tag{3-9}$$

$$\delta_{ijb} + \delta_{jib} \leq \varphi_{ib}, \ \forall b \in B, i,j(i \neq j) \in V \tag{3-10}$$

$$\delta_{ijb} + \delta_{jib} \geq \varphi_{ib} + \varphi_{jb} + 1, \ \forall b \in B, i,j(i \neq j) \in V \tag{3-11}$$

$$x_{ib} \geq 0, \ \forall i \in V, b \in B \tag{3-12}$$

$$\varphi_{ib}, \delta_{ijb} \in \{0,1\}, \ \forall b \in B, i,j(i \neq j) \in V \tag{3-13}$$

模型的目标函数(3-5)表示所有船的在港时间最短。约束(3-6)为每艘船选择一个泊位靠泊。约束(3-7)和约束(3-8)限制船舶的靠泊时间不早于到港时间,且当$\varphi_{ib}=0$时,x_{ib}的取值也为0。约束(3-9)~约束(3-11)保证挂靠同一泊位的船不在靠泊时间上发生冲突。约束(3-12)~约束(3-13)为决策变量取值范围约束。

后续关于泊位分配问题的研究大多聚焦于动态泊位分配,而较少涉及静态泊位分配。因此,下文所介绍的各种类型的泊位分配问题均属于动态泊位分配问题的范畴。

二、考虑泊位类型的泊位分配问题

根据港口码头的空间特征,一般可以将泊位分配问题分为三类,分别是离散型泊位分配问题(Discrete Berth Allocation Problem,DBAP)、连续型泊位分配问题(Continuous Berth Allocation Problem,CBAP)和混合型泊位分配问题(Hybrid Berth Allocation Problem,HBAP)。

上述提到的三种不同的港口码头空间特征导致船舶在停靠时展现出各异的表现形式。这些差异不仅体现在空间位置上,还在相应的数学模型中呈现出独特的约束条件。

(一)离散型泊位分配问题

离散型泊位分配问题常见于凸堤式等泊位物理条件差异较大的码头。这些码头被划分为几个独立的靠泊位置,每个位置在特定的物理约束下,可以供一艘船停靠并由港口设备进行作业。通常情况下,每个泊位在任何给定时刻只能容纳一艘船。港口需要面临的挑战是,在确保同一时刻作业的船舶数量不超过码头所拥有的最大泊位数的同时,如何有效地安排到港船舶,使其能够有序地完成装卸作业。

如图3-4所示,离散型码头配备了三个独立的泊位,每个泊位在同一时间仅能停靠一艘船。由于水深、长度等物理因素的限制,并出于安全考虑,船舶不能跨越多个泊位停靠。前文所介绍的模型即可表示离散型泊位分配问题,此处不再赘述。

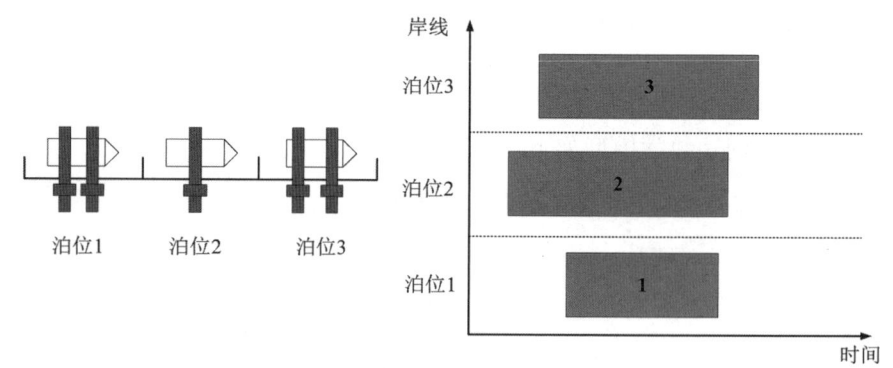

图3-4　离散型泊位分配示意图

(二)连续型泊位分配问题

连续型泊位常见于顺岸式码头,船舶可以停泊在指定码头岸线范围内的任意位置。泊位分配方案的设计需要考虑到港船的长度因素,因此港口运营者通常会将码头岸线划分为多个小段,并为每艘船合理地分配一段连续的泊位空间。在连续型泊位分配中,尽管船舶可以停靠在码头的任意位置,但每艘船通常都会有一个最佳的靠泊位置,这往往取决于其目标堆场或相应装卸设备的具体位置(该位置通常被称为偏好泊位)。此时,港口的作业规划需要着重考虑如何尽可能地让船舶停靠在其预计的最佳位置,以缩短作业时间,从而提高港口的运营效率。

如图 3-5 所示,码头岸线并未被明确划分为独立的泊位,而是允许船舶根据需求灵活停靠。船舶 1 和船舶 4 在船舶 2 和船舶 3 完成装卸作业后陆续停靠。特别值得注意的是,船舶 4 由于船长较长,如果码头采用离散型泊位分配方式,将泊位划分为 2~3 个独立泊位,那么很可能无法满足船舶 4 的靠港需求。这正是连续型泊位相较于离散型泊位所展现出的更大灵活性所在。在连续型泊位分配中,船舶可以根据其实际长度和停靠需求,在码头岸线的任意连续区域内进行停靠。

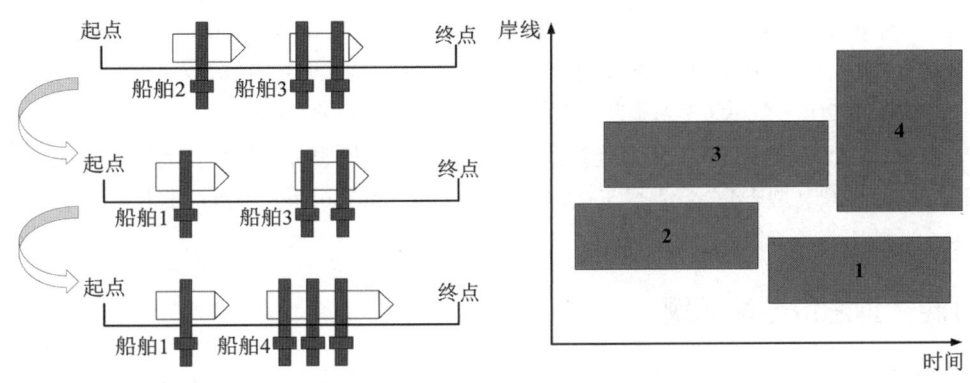

图 3-5　连续型泊位分配示意图

连续型泊位分配问题的特点导致数学模型对靠泊位置的刻画更加困难,下文将给出连续型泊位分配问题的基本模型:

1.集合与参数

V:船舶集合,$i \in \{1,2,3,\cdots,|V|\}$。

a_i:船舶 i 的预计到港时间。

Q:码头岸线长度。

M:充分大的正数。

l_i:船舶 i 的长度。

h_i:船舶 i 的装卸时间。

p_i:船舶 i 的最佳靠泊位置。

c_i^{delay}:船舶 i 的单位时间的延迟成本。

c_i^{dis}:船舶 i 偏移最佳靠泊位置单位距离的成本。

2.决策变量

x_i:船舶 i 的实际靠泊时间。

y_i:船舶 i 的实际靠泊位置。

δ_{ij}^x:0-1 变量,当船舶 i 的实际靠泊时间比船舶 j 早时,$\delta_{ij}^x = 1$。

δ_{ij}^y:0-1 变量,当船舶 i 的实际靠泊位置比船舶 j 更靠近码头岸线的起点时,$\delta_{ij}^y = 1$(部分研究中表述为二维图中两艘船的左右关系)。

$$\min C = \sum_{i \in V} \left[c_i^{delay} (x_i + h_i - a_i)^+ + c_i^{dis} |y_i - p_i| \right] \tag{3-14}$$

约束:

$$y_i + l_i \leq y_j + M(1 - \delta_{ij}^y), \forall i,j(i \neq j) \in \text{V} \tag{3-15}$$

$$x_i + h_i \leq x_j + M(1 - \delta_{ij}^x), \forall i,j(i \neq j) \in \text{V} \tag{3-16}$$

$$\delta_{ij}^x + \delta_{ji}^x + \delta_{ij}^y + \delta_{ji}^y \geq 1, \forall i,j(i \neq j) \in \text{V} \tag{3-17}$$

$$y_i + l_i \leq Q, \forall i \in \text{V} \tag{3-18}$$

$$x_i \geq a_i, \forall i \in \text{V} \tag{3-19}$$

$$y_i \geq 0, \forall i \in \text{V} \tag{3-20}$$

$$\delta_{ij}^y, \delta_{ij}^x \in \{0,1\}, \forall i,j(i \neq j) \in \text{V} \tag{3-21}$$

目标函数(3-14)分为两部分:非最优靠泊位置导致的偏移成本,以及由于离港延误而产生的惩罚成本。约束(3-15)~约束(3-17)确保在泊位计划的二维时空平面图上不存在船舶之间的重叠。约束(3-18)是指靠泊位置不能超出码头的范围。约束(3-19)确保船靠泊时间不早于到港时间。约束(3-20)~约束(3-21)为决策变量的取值范围约束。

其中,约束(3-15)~约束(3-17)为连续型泊位分配问题模型中较为有特点的约束,不同于离散型泊位分配问题模型中仅需要考虑挂靠同一泊位的船之间不产生时间冲突,该模型用 δ_{ij}^x 及 δ_{ij}^y 来限制船舶不在时间及空间上同时产生冲突。

(三)混合型泊位分配问题

在混合型泊位分配问题中,码头被预先划分为若干个不同的靠泊区域,但一艘船可以在这些靠泊区域内的多个段内停靠,甚至在某些情况下,可以与其他正在作业的船舶共享同一个靠泊位置。混合型泊位分配问题融合了连续型泊位分配问题和离散型泊位分配问题的特点,要求码头管理者在规划到港船舶的停靠时,综合考虑各种因素,以提高码头的空间利用率和作业效率。

如图3-6所示,码头有2个离散型泊位,还有1个连续型泊位,港口运营者需要根据到港船舶的具体情况来判断将其分配在哪种类型的泊位上,并为其决策出具体的靠泊计划。

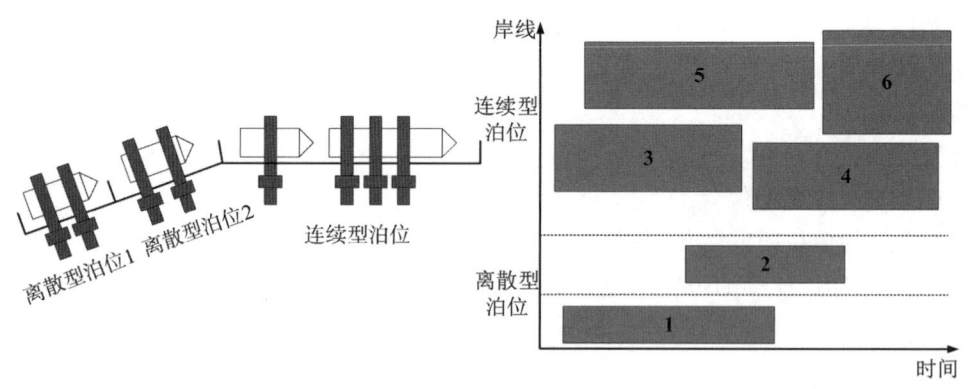

图 3-6 混合型泊位分配示意图

混合型泊位分配问题包含了前两种泊位类型,模型更为复杂,以下是混合型泊位分配问题的基本模型:

1.集合与参数

V:船舶集合, $i \in \{1,2,3,\cdots,|V|\}$。

B:泊位集合, $b \in \{1,2,3,\cdots,|B|\}$。

K：船舶服务序列集合，$k \in \{1,2,3,\cdots,|K|\}$。

a_i：船舶 i 的预计到港时间。

B_b^l：泊位 b 的长度。

M：充分大的正数。

l_i：船舶 i 的长度。

I_b：泊位 b 的空闲时间。

h_{ib}：船舶 i 在泊位 b 的装卸时间。

2.决策变量

z_{ibk}：0-1 变量，船舶 i 在泊位 b 第 k 个接受服务时，$z_{ibk}=1$。

δ_{ijb}：0-1 变量，当船舶 i,j 均在泊位 b 靠泊，且船舶 i 的实际靠泊时间比船舶 j 早时，$\delta_{ijb}=1$。

ϖ_{ijb}：0-1 变量，当船舶 i,j 均在泊位 b 靠泊，且同时接受服务时，$\varpi_{ijb}=1$。

s_{ib}：船舶 i 在泊位 b 的开始靠泊时间。

e_{ib}：船舶 i 在泊位 b 的装卸完成时间。

$$\min Z = \sum_{i \in V} \left\{ \sum_{b \in B} e_{ib} - a_i \right\} \tag{3-22}$$

约束：

$$\sum_{b \in B} \sum_{k \in K} z_{ibk} = 1, \ \forall i \in V \tag{3-23}$$

$$\sum_{i \in V} z_{ibk} \leqslant 1, \ \forall i \in V, k \in K \tag{3-24}$$

$$s_{ib} \geqslant \sum_{k \in K} \max\{I_b, a_i\} z_{ibk}, \ \forall b \in B, i \in V \tag{3-25}$$

$$e_{ib} = s_{ib} + \sum_{k \in K} h_{ib} z_{ibk}, \ \forall b \in B, i \in V \tag{3-26}$$

$$\sum_{k \in K} k z_{ibk} \geqslant \sum_{k' \in K} k' z_{jbk} + M(\delta_{ijb} - 1), \forall b \in B, i, j(i \neq j) \in V \tag{3-27}$$

$$s_{ib} \leqslant s_{jb} + M(1 - \delta_{ijb}), \forall b \in B, i, j(i \neq j) \in V \tag{3-28}$$

$$e_{ib} \leqslant s_{jb} + M(\varpi_{ijb} + 1 - \delta_{ijb}), \ \forall b \in B, i, j(i \neq j) \in V \tag{3-29}$$

$$\varpi_{ijb}(l_i + l_j) \leqslant B_b^l, \ \forall b \in B, i, j(i \neq j) \in V \tag{3-30}$$

$$\varpi_{ijb} \leqslant \delta_{ijb}, \ \forall b \in B, i, j(i \neq j) \in V \tag{3-31}$$

$$\sum_{k \in K} (z_{ibk} + z_{jbk} - 1) \leqslant \delta_{ijb} + \delta_{jib} \leqslant \sum_{k \in K} (z_{ibk} + z_{jbk})/2, \forall b \in B, i, j(i \neq j) \in V \tag{3-32}$$

$$\sum_{j \in K} \varpi_{ijb} \leqslant 1, \ \forall b \in B, i \in V \tag{3-33}$$

$$z_{ibk}, \delta_{ijb}, \varpi_{ijb} \in \{0,1\}, \ \forall b \in B, i \in V, k \in K, Z \tag{3-34}$$

$$s_{ib}, e_{ib} \geqslant 0, \forall b \in B, i \in V \tag{3-35}$$

目标(3-22)最小化所有船舶总在港时间。约束(3-23)保证每艘船完成靠泊作业。约束(3-24)规定每个泊位任意服务顺序最多只能有 1 艘船。约束条件(3-25)保证船舶开始靠泊时间不早于船舶到港时间和泊位空闲时间。约束(3-26)定义了船舶装卸的完成时间。约束(3-27)保证了如果船舶 i 比船舶 j 更早得到服务，则服务顺序更靠前。约束(3-28)规定决策变量 s_{ib} 与 δ_{ijb} 之间的关系。约束(3-29)规定如果两艘船在同一泊位接受服务，前者的服务时间早于后者，且它们在任何时候都不共用同一泊位，则后者的服务开始时间晚于前者的服务完成时间。约束(3-30)表示两艘船的总长度小于泊位长度时,可以停泊在同一泊位。约束(3-31)规定决策变量 ϖ_{ijb} 与 δ_{ijb} 之间的关系。约束(3-32)确保仅当船舶 i 与船舶 j 均靠泊在泊位 b 时, ϖ_{ijb} 与 δ_{ijb} 才可能取值为1。约束(3-33)表示一个泊位最多同时服务两艘船。约束(3-34)和约束(3-35)为决策变量取值范围的约束。

此模型是基于一个泊位最多能同时挂靠两艘船的假设设计的。然而,在实际应用中,如果港口码头的连续型泊位规模较大,具备同时服务多艘船的能力,那么可以在此模型的基础上进行适当的修改和扩展,以满足实际运营的需求。这样的灵活性使得该模型能够更广泛地应用于不同类型的港口和泊位分配场景。

三、考虑规划期的泊位分配问题

与船公司的规划期相类似,码头作业的规划期同样可以根据运营层面、战术层面和战略层面这三种不同的时间长度来进行划分。基于规划期的不同,泊位分配问题也可以相应地分为运营层面的泊位分配问题、战术层面的泊位分配问题和战略层面的泊位分配问题。

(一)运营层面的泊位分配问题

运营层面的泊位分配示意图如图3-7所示。运营层面的泊位分配问题通常规划期较短,可能是一天、几天到一周。在这一层面上,研究问题更为细致,且更加注重优化性。这里的优化性指的是,由于港口运营者对于短期内即将到港进行靠泊的船舶信息了解程度较高,因此他们希望能够得到更加精确的泊位分配计划。

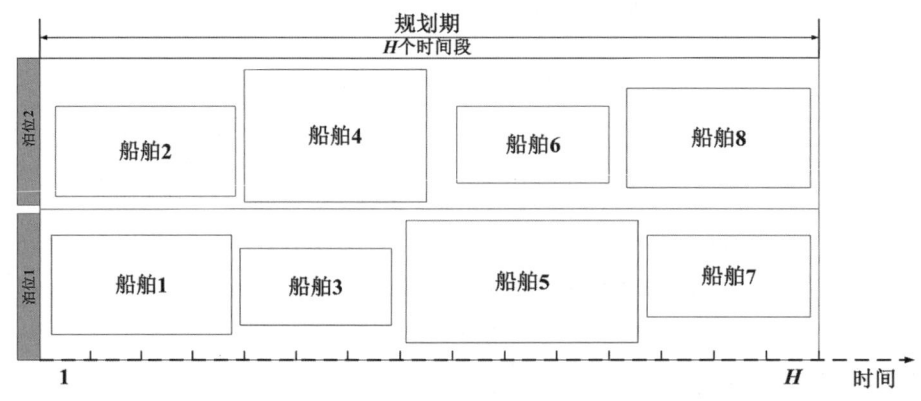

图3-7 运营层面的泊位分配示意图

为了实现这一目标,港口运营者会考虑更多的影响因素,包括但不限于船舶的预计到港时间、装卸作业需求、船舶长度、泊位可用性、堆场位置以及装卸设备的分配等。为了最大化港口在规划期内的收益,港口运营者通常会尝试采用更加精确和高效的算法来求解泊位分配问题。

这些算法可能包括启发式方法、元启发式算法(如遗传算法、模拟退火算法等)、精确求解方法(如整数规划、动态规划等),以及基于人工智能和机器学习的方法等。通过综合考虑各种因素并采用适当的算法,港口运营者可以制订出更加合理的泊位分配计划,从而提高港口的运营效率和服务质量。

在研究过程中通常将规划期划分为若干个时间段进行研究,如图 3-7 所示,将规划期划分为 H 个时间段,就能够具体研究港口在这一规划期的每一个时间段内应该如何合理调度船舶。目前在对泊位分配问题的相关研究中,大多数为运营层面的泊位分配问题。本节第二部分根据空间特征所列的模型,都属于操作层面的泊位分配模型,在此不再赘述。

(二)战术层面的泊位分配问题

战术层面的泊位分配问题(或称为泊位模板规划问题),通常是港口经营者在与航运公司进行谈判时需要决策的内容。在这个过程中,航运公司会向港口运营者提供其班轮的时刻表。通过与航运公司的谈判,港口运营者能够制订出更加稳定且通用的靠泊计划。

战术型泊位分配问题的规划期通常是一周至几个月,注重稳定性,难以将整个周期划分为小时研究,通常采用一种跨周期的分配方式进行研究。这种周期性研究方式的成立取决于船舶到港的周期性,也就是通常在一个季节里,大多数航运班轮每周会以固定的到达和需求模式访问港口。

由于战术层面的规划期相对较长,为了避免因过于追求泊位空间利用率而导致泊位计划缺乏稳定性和可预测性,战术层面的泊位分配问题通常基于离散型泊位进行建模。同样地,这一原则也适用于战略层面的泊位分配问题。

如图 3-8 所示,将整个规划期划分为若干个周期(划分后一个周期的长度与运营层面的泊位分配问题的规划期长度相近),并着眼于一个周期进行研究。战术型泊位分配问题通常根据该周期性,通过拓展一个周期的规划期长度,以实现通过研究到港船舶在拓展后规划期内的分配,来表示在整个规划期的泊位分配结果。划分周期后研究的最大特点在于对跨周期船舶的处理。例如图中的船舶 7 和船舶 8,它们的完成时间不再局限于在规划期长度 H 之内,只要保证多出的部分在下一个周期不会影响到船舶 2 和船舶 1 的靠泊即可。

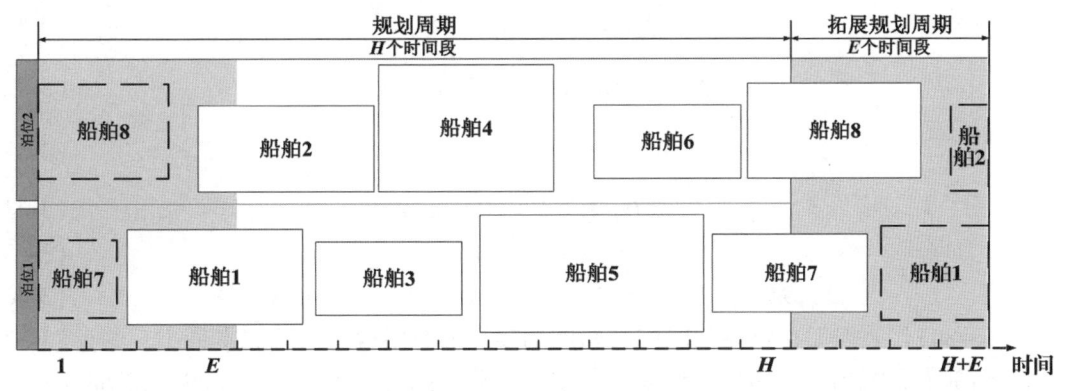

图 3-8　战术层面的泊位分配示意图

拓展规划期长度 E 的取值,通常考虑为所有到港船舶最长的装卸时间。如此定义的意义在于,即使装卸时间最长的船舶在规划期 H 的最后一个时间段到达,也能保证在 $H+E$ 内完成船舶的装卸作业。

战术层面的泊位分配问题的模型需要用到拓展周期和周期循环等表达方式,本小节介绍一个基本模型的表达方式:

1.集合与参数

V:船舶集合, $i \in \{1,2,3,\cdots,|V|\}$。

B：泊位集合，$b \in \{1,2,3,\cdots,|B|\}$。

M：充分大的正数。

a_i：船舶 i 的预计到港时间。

H：码头规划期长度。

E：码头拓展规划期长度。

c_i^d：船舶 i 实际靠泊时间与预计到达差距单位时间的惩罚成本。

h_{ib}：船舶 i 在泊位 b 的装卸时间。

2.决策变量

x_{ib}：船舶 i 在泊位 b 的实际靠泊时间。

φ_{ib}：0-1 变量，如果船舶 i 在泊位 b 靠泊，$\varphi_{ib}=1$。

δ_{ijb}：0-1 变量，当船舶 i,j 均在泊位 b 靠泊，且船舶 i 的实际靠泊时间比船舶 j 早时，$\delta_{ijb}=1$。

ξ_{ib}，ζ_i'：0-1 辅助变量。

$$\min Z = \sum_{i \in V} c_i^d \left| \sum_{b \in B} x_{ib} - \zeta'_i H - a_i \right| \tag{3-36}$$

约束：

$$\sum_{b \in B} \varphi_{ib} = 1, \ \forall i \in V \tag{3-37}$$

$$\sum_{i \in V} \varphi_{ib} h_{ib} \leq H, \ \forall b \in B \tag{3-38}$$

$$x_{ib} + h_{ib} - \xi_{ib} H \leq x_{jb} + M(1 - \delta_{ijb}), \ \forall b \in B, i,j(i \neq j) \in V \tag{3-39}$$

$$\sum_{b \in B} x_{ib} + h_{ib} \leq H + E, \forall i \in V \tag{3-40}$$

$$\sum_{i \in V} \xi_{ib} = 1, \forall b \in B \tag{3-41}$$

$$\sum_{j \in V, i \neq j} \delta_{ijb} = \varphi_{ib}, \forall b \in B, i \in V \tag{3-42}$$

$$\sum_{j \in V, i \neq j} \delta_{jib} = \varphi_{ib}, \forall b \in B, i \in V \tag{3-43}$$

$$x_{ib} \leq H \varphi_{ib}, \forall b \in B, i \in V \tag{3-44}$$

$$x_{ib} \geq 0, \forall b \in B, i \in V \tag{3-45}$$

$$\varphi_{ib}, \delta_{ijb}, \xi_{ib}, \zeta_i' \in \{0,1\}, \forall b \in B, i,j(i \neq j) \in V \tag{3-46}$$

目标（3-36）代表船舶指定靠泊时间与船舶期望靠泊时间偏差的总成本最小。约束（3-37）保证每艘船都能分配到一个泊位。约束（3-38）保证分配到每个泊位的船舶的总装卸时间不超过码头的规划作业周期时间。

约束（3-39）中的形式"$\xi_{ib}H$"类似于取余运算（Mod 运算符）。例如，10Mod7 = 3，这意味着当周期长度为 7 时，船在时间点 10 进行停靠等价于在时间点 3 停靠。另外，约束（3-39）中的变量 δ_{ijb} 定义了各泊位船舶间的靠泊顺序，使得分配到每个泊位的船舶能够形成一个循环。约束（3-40）保证每艘船的完工时间不大于拓展后的规划期长度。约束（3-41）保证每个泊位有一艘跨周期靠泊的船。约束（3-42）和约束（3-43）类似流量守恒约束，保证每艘船在其分配的泊位上，前后均有船舶接受服务。约束（3-44）保证如果船舶 i 不在泊位 b 时，其靠泊时间 x_{ib} 为 0。约束（3-45）和约束（3-46）为决策变量取值范围的约束。

(三)战略层面的泊位分配问题

战略层面的泊位分配问题,与战术层面的泊位分配相似,都将整个规划期划分为多个时间周期进行考量。然而,与战术层面不同的是,战略层面的泊位分配不仅是为港口提供决策支持以制订靠泊计划,更重要的是全面评估港口是否有能力正常完成一系列船舶的靠泊安排。如果港口无法完成某项安排,或者完成该安排会降低港口的整体利益,那么相关的船舶或船舶组合将会被拒绝接纳。特别是在泊位能力紧张的情况下,港口需要慎重考虑是否接受某个母船(或航运公司)及其相关的支线船。

船舶的拒绝策略有时是基于单艘船进行逐一判断,有时则是基于成组船舶进行综合判断。一组船舶通常指的是在该港口进行转运的干支线船组合(包括母船和子船),由于它们之间涉及货物的转运,因此这组船舶必须停靠在同一个港口。如果因为某种原因需要拒绝这组船舶,那么应当整组拒绝,而不是单独拒绝其中的某艘船。

如图 3-9 所示,某港口面临三组选择挂靠的船舶。由于靠泊计划的安排存在困难,港口可能会选择拒绝第三组船舶,并仅为前两组船舶制订详细的靠泊计划。这种决策体现了港口在战略层面的泊位分配中的灵活性和策略性,旨在确保港口运营的高效性和整体利益的最大化。

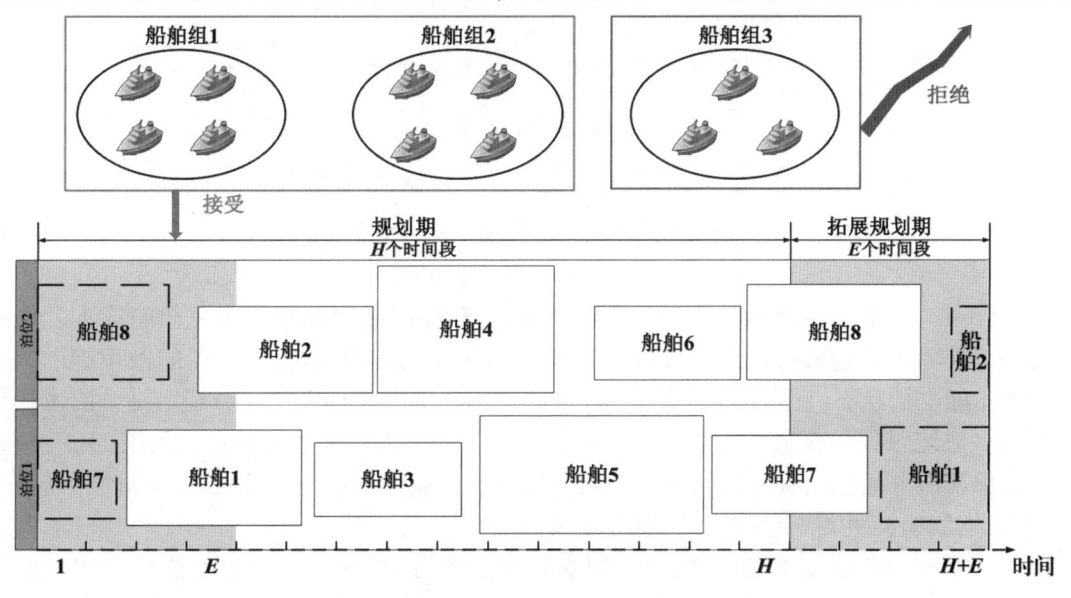

图 3-9　战略层面泊位分配示意图

战略层面的泊位分配问题的数学模型重点在于周期的刻画和对是否接受船舶(组)的选择。战略层面的泊位分配问题的基本数学模型可表示如下:

1.集合与参数

V:船舶集合,$i \in \{1,2,3,\cdots,|V|\}$。

B:泊位集合,$b \in \{1,2,3,\cdots,|B|\}$。

K:船舶服务序列集合,$k \in \{1,2,3,\cdots,|K|\}$。

P_k:K 的子集,且满足 $P_k = \{p \mid p > k \in K\}$。

a_i:船舶 i 的预计到达时间。

h_i:船舶 i 的装卸时间。

G：拒绝船舶靠港的单位损失（以时间为单位）。

Y_b：泊位 b 的开始作业时间（泊位 b 的周期开始时间）。

R_{ij}：0-1 参数，船舶 i 和船舶 j 属于同一组船舶组时，$R_{ij} = 1$。

H：码头规划期。

2.决策变量

z_{ibk}：0-1 变量，船舶 i 在泊位 b 第 k 个接受服务时，$z_{ibk} = 1$。

I_{ibk}：当船舶 i 是位于泊位 b 的第 k 个服务对象时，至下一艘船接受服务的空闲时间。

$$\min C = \sum_{b \in B} \sum_{i \in V} \sum_{k \in K} \{(k-1)h_i - a_i\} z_{ibk} + \sum_{b \in B} \sum_{i \in V} \sum_{k \in K} k I_{ibk} + G \sum_{i \in V} \sum_{k \in K} h_i z_{0,ik} \tag{3-47}$$

约束：

$$\sum_{b \in B \cup \{0\}} \sum_{k \in K} z_{ibk} = 1, \ \forall i \in V \tag{3-48}$$

$$\sum_{i \in V} z_{ibk} \leqslant 1, \ \forall b \in B \cup \{0\}, k \in K \tag{3-49}$$

$$\sum_{l \in V} \sum_{m \in P_k} (h_l z_{lbm} + I_{lbm}) + I_{ibk} - a_i z_{ibk} \geqslant 0, \ \forall b \in B, i \in V, k \in K \tag{3-50}$$

$$\sum_{i \in V} \sum_{k \in K} (h_i z_{ibk} + I_{ibk}) - Y_b \leqslant H, \ \forall b \in B \tag{3-51}$$

$$\sum_{l \in V} \sum_{m \in P_k} (h_l z_{lbm} + I_{lbm}) + \sum_{i \in V} I_{ibk} + \left(1 - \sum_{i \in V} z_{ibk}\right) H \geqslant Y_b, \ \forall b \in B, k \in K \tag{3-52}$$

$$Y_b \leqslant H, \ \forall i \in B \tag{3-53}$$

$$R_{ij} \sum_{b \in B} \sum_{k \in K} z_{ibk} = R_{ji} \sum_{b \in B} \sum_{k \in K} z_{ibk}, \ \forall i, j(j > i) \in V \tag{3-54}$$

$$z_{ibk} \in \{0, 1\}, \ \forall b \in B \cup \{0\}, i \in V, k \in K \tag{3-55}$$

$$0 \leqslant I_{ibk} \leqslant a_i, \ \forall b \in B, i \in V, k \in K \tag{3-56}$$

目标（3-47）最小化两个不同维度的评价标准：船舶在港时间和拒绝服务船舶成本。本模型为方便起见将拒绝船舶的损失 G 等价为时间，0 号泊位为虚拟泊位，代表船舶被拒绝。约束（3-48）表示船舶的状态，停靠在某一泊位，或被码头拒绝服务。约束（3-49）规定每个泊位在任意时刻最多只能服务一艘船。约束（3-50）为变量 z_{ibk} 与 I_{ibk} 的取值关系约束。约束（3-51）~约束（3-53）保证服务船舶的服务时间窗位于码头该泊位的服务周期内。等式（3-54）确保当母船被拒绝时，支线船会跟着一起被拒绝，反之亦然。

本节从船舶到港情况、泊位类型和规划期长度三个方面，介绍了基本泊位分配问题的分类，并介绍了基本数学模型。下文对其他港口资源分配问题和考虑因素的介绍中，将不再赘述相同的符号设置与约束含义，如船舶集合 V、泊位集合 B、船舶长度 l、装卸时间 h、预计到港时间 a、实际靠泊时间 x、实际靠泊位置 y、装卸开始时间 s、装卸完成时间 e、服务顺序 z、时空位置冲突限制 δ、船舶靠泊泊位 φ 等。

第三节　泊位分配问题的扩展研究

一、多资源集成优化问题

随着港口资源分配问题研究领域的不断深入,越来越多的研究开始将多个港口的资源分配问题进行综合考虑,以实现联合优化。这种联合优化的策略旨在将多个相互依赖的资源分配和调度任务整合到一个统一的优化框架中,从而显著提升港口的运营效率。典型的港口资源包括泊位、岸桥、堆场以及集卡等,它们之间的调度协调对于港口的整体运行至关重要。

在港口资源的分配与调度过程中,可能会涉及以下几个关键问题:泊位分配问题、岸桥分配与调度问题、堆场管理问题、场桥调度问题以及集卡调度问题。在海运及港口研究领域,这些问题之间存在着紧密的联系和相互依赖关系。因此,港口运营者应根据系统工程的理论,将这些问题视为一个系统的整体进行综合考虑。联合优化的目的就是将上述问题集成在一个整体的框架中,进行同步优化,而不是将每个问题孤立地求解。这样可以有效避免由于各个资源调度之间相互影响而产生的次优解,从而提升港口的整体运营效率。

采用联合优化的方式来解决港口资源分配问题,在提升整体系统效率、协调利用不同资源以及减少操作冲突方面展现出显著的优势。单独优化某一环节,往往可能导致其他环节的效率下降。因此,港口运营者可以通过同时优化这些资源和调度,来避免各个子系统之间的相互干扰,进而提升服务质量,优化作业效率,并降低运营成本,增强应对复杂性和不确定性的能力。

总的来说,港口资源分配与调度问题的联合优化能够显著提升港口运营的整体效率,降低成本和时间消耗,改善服务质量,并增强系统的应变能力和鲁棒性。这种方法的应用有助于港口在竞争日益激烈的市场环境中占显著优势。

(一)岸桥分配与调度问题

岸桥分配与调度问题是与泊位分配问题关联最为紧密的港口资源分配问题之一。通常,航运公司会提前告知港口其船舶的相关信息,如到港时间和装卸工作量。港口运营者在为船舶规划靠泊计划的同时,还需要考虑岸桥的分配与调度,因为分配给每艘船的岸桥计划会直接影响其装卸时间。因此,泊位与岸桥是最常被联合优化的两类资源。

岸桥分配问题(Quay Crane Assignment Problem,QCAP)主要指在得知进港船舶的靠泊计划后,港口运营者需要为进港船舶制定岸桥的分配方案,即确定在每个时间段内分配给各艘船的岸桥数量,以完成集装箱的装卸作业。

岸桥分配问题根据分配给某船舶的岸桥数量是否随时间变化可分为时不变和时变的岸桥分配问题,如图 3-10 所示,有三艘船靠港,由两个岸桥服务,船舶矩形内部的小矩形代表在某时间段服务对应船舶的岸桥序号。如船舶 2 在 8~12 小时由两个岸桥同时服务,在 12~14 小时由岸桥 1 服务。因此船舶 1 与船舶 3 为时不变的岸桥分配策略,而船舶 2 为时变的岸桥分配策略。时不变岸桥分配问题仅考虑时不变的岸桥分配方式,时变岸桥分配问题同时考虑时变与时不变的岸桥分配方式。

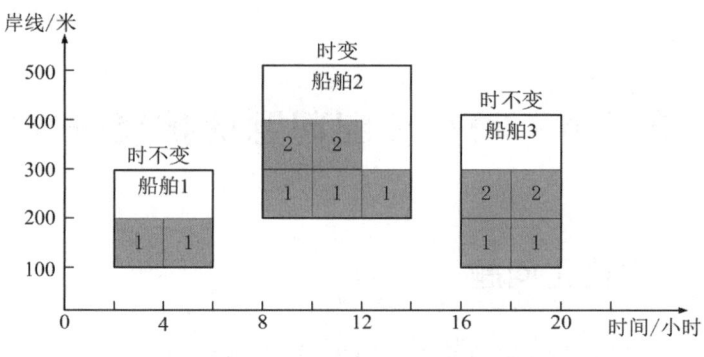

图 3-10 岸桥分配方式的示意图

在实际操作中,一艘大型船舶通常需要完成十几甚至几十小时的装卸任务量(通常将一个岸桥在 1 单位时间内的装卸量记作 1 单位时间的任务量)。这导致船舶的岸桥分配策略数量庞大,难以直接进行优化。因此,为了简化岸桥分配这一部分,很多研究采用了对数据进行预处理的方法。如图 3-11 所示,当一艘船的所需装卸量为 20 单位时间时,可以事先给出几种不同的岸桥分配策略,这些策略被称作 QC profile。这些岸桥策略的分配方式不同,装卸时间各异,但总工作量相同。在优化过程中,通过将岸桥分配问题转化为岸桥策略的选择问题,可以显著简化问题。

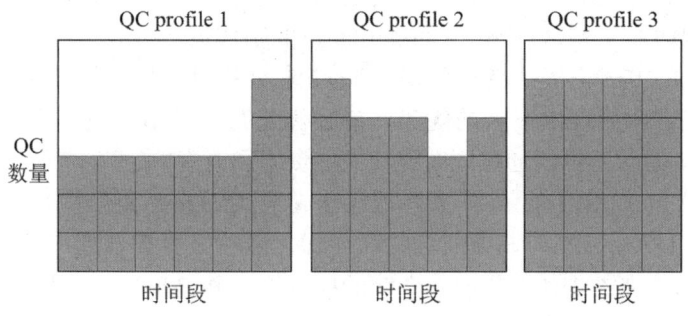

图 3-11 岸桥分配策略的示意图

本节介绍泊位与岸桥分配的联合优化中关于岸桥分配的模型表示,引入以下额外符号表示:

1. 集合

P_i:船舶 i 的岸桥策略集合,$P_i = \{1, 2, \cdots, p, \cdots, |P_i|\}$。

2. 参数

q_{ipm}:船舶 i 采用岸桥策略 p 在时间段 m 使用岸桥数量,$m \in \{1, 2, \cdots, h_{ip}\}$。

Q_t:在时间段 t 港口最大可用岸桥数量。

3. 决策变量

γ_{ip}:0-1 变量,若船舶 i 采用岸桥策略 p,$\gamma_{ip} = 1$。

μ_{it}:0-1 变量,若在时间段 t 船舶 i 开始装卸,$\mu_{it} = 1$。

η_{ipt}:0-1 变量,若在时间段 t 船舶 i 采用岸桥策略 p 开始装卸,$\eta_{ipt} = 1$。

σ_t:0-1 变量,在时间段 t 港口使用岸桥数量。

泊位分配与岸桥分配的联合优化模型如下:

$$\min \sum_{b \in B} \sum_{i \in V} \varphi_{ib} \left(x_{ib} + \sum_{p \in P_i} y_{ip} h_{ip} - a_i \right) \tag{3-57}$$

约束：

$$\sum_{p \in P_i} \gamma_{ip} = 1, \ \forall i \in V \tag{3-58}$$

$$s_i = \sum_{b \in B} x_{ib}, \ \forall i \in V \tag{3-59}$$

$$s_i + \sum_{p \in P_i} \gamma_{ip} h_{ip} = e_i, \ \forall i \in V \tag{3-60}$$

$$\eta_{ipt} \geq \gamma_{it} + \mu_{it} - 1, \ \forall i \in V, p \in P_i, t \in T \tag{3-61}$$

$$\sigma_t = \sum_{i \in V} \sum_{p \in P_i} \sum_{m = \max\{1; t-h_{ip}+1\}}^{t} \eta_{ipm} q_{ip(t-m+1)} \leq Q_t, \ \forall t \in T \tag{3-62}$$

$$\gamma_{ip}, \mu_{it}, \eta_{ipt}, \sigma_t \in \{0, 1\}, \ \forall i \in V, p \in P_i, t \in T \tag{3-63}$$

模型的目标函数的区别主要体现在装卸时间表达方式的不同,其中动态泊位分配模型中的 h_{ib} 均应替换为 $\sum_{p \in P_i} y_{ip} h_{ip}$。约束(3-58)为每艘船选择一个岸桥分配策略。约束(3-59)通过船舶的靠泊时间将模型中泊位分配与岸桥分配的部分联系起来。约束(3-60)通过装卸时间联系船舶靠泊时间与装卸完成时间。约束(3-61)表示变量之间的关系。约束(3-62)计算每一时间段使用岸桥总数,且该数量不能超过码头可用岸桥总数。约束(3-63)为新增决策变量取值范围的约束。

不同于仅涉及决策岸桥数量的岸桥分配问题,岸桥调度问题是一个更为复杂的问题。它不仅需要考虑岸桥之间的作业协调,还需要合理安排每一个岸桥的工作任务、作业序列以及作业起止时间。它具体研究哪一个岸桥运行到哪一个贝位吊取哪一个箱子。此外,由于岸桥通常在岸边的轨道进行移动,还会考虑岸桥在不同贝位间移动时不能交叉等实际因素。在岸桥调度问题中,根据实际操作中岸桥灵活的作业方式,合理为每一个岸桥分配任务,来提高装卸效率。许多相关研究在泊位计划已知的情况下进行,以探索如何优化岸桥调度。

如图 3-12 所示,相较于策略 1,在策略 2 中,同样是使用三个岸桥进行作业,港口运营者并没有安排岸桥 2 在任务开始时服务任务较少的船舶 2 的贝位 4、贝位 5,而是先帮助船舶 1 减轻贝位 3 的作业负担。上述决策通过合理提高岸桥 2 的使用率,来帮助两艘船的装卸作业提前两个时间段完工。

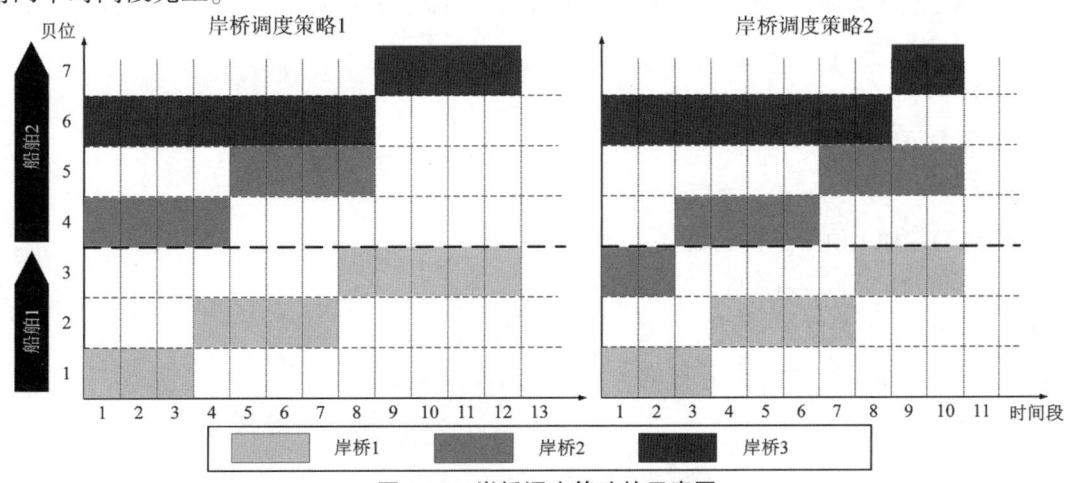

图 3-12　岸桥调度策略的示意图

（二）堆场空间分配问题

由于泊位分配问题和岸桥分配与调度问题都是在岸侧作业中紧密相关的环节，因此通常将它们进行联合优化。此外，在陆侧的堆场空间分配也是一个重要的考虑因素。堆场空间分配问题主要是指为到港船舶分配存放货物的箱区。在选择船舶对应的箱区时，通常会根据船舶的偏好泊位和装箱量进行决策，同时还需要考虑装箱和卸箱的区分。这些因素对船舶的靠泊位置也有较大的影响，因此，堆场空间分配问题也常常被纳入联合优化的范畴。

如图 3-13 所示，在集装箱堆场内，集装箱是按照分块的方式进行储存的，每一个这样的分块被称作一个箱区，而一个箱区内又进一步划分为多个子箱区。当船舶靠港后，岸桥会负责将船上的货物卸载到集卡上，然后集卡会沿着预设的卸船路线将这些集装箱运送至对应的子箱区进行存放。与此同时，其他的集卡则负责将需要装船的货物沿着装船路线运输至岸桥处，以便进行装船作业。值得注意的是，船舶所对应的箱区（或子箱区）与船舶靠泊泊位的距离会对岸桥货物装卸的连续性产生一定的影响。因此，在实际操作中，堆场空间分配问题常常需要与岸桥分配问题和泊位分配问题进行联合优化，以确保整个港口作业流程的高效和顺畅。

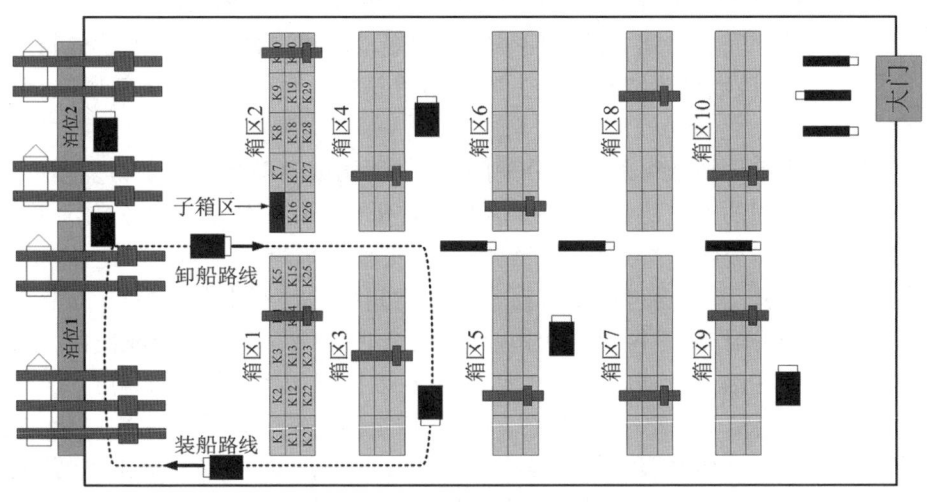

图 3-13　集装箱堆场的示意图

本节介绍泊位与堆场空间分配的联合优化中关于堆场空间分配的模型表示，引入以下额外符号表示：

1.集合

K：堆场中可用子箱区集合。

2.参数

r_i：需要为船舶 i 预留子箱区数量。

$N_i^l(N_i^u)$：船舶 i 需要装（卸）的集装箱量。

D_{bk}^L：堆场中从子箱区 k 至泊位 b 的装船路径长度。

D_b^U：从泊位 b 卸载货物至子箱区的平均路径长度。

c^o：单位距离运输成本。

3.决策变量

ω_{ik}：0-1变量,如子箱区 k 预留给船舶 i, $\omega_{ik} = 1$。

港口运营者可通过以下约束为船舶选择对应堆场空间：

$$\min c^o \sum_{i \in V} \sum_{b \in B} \sum_{k \in K} \left[\omega_{ib} \varphi_{ik} D_{bk}^L (N_i^l / r_i) \right] + c^o \sum_{i \in V} \sum_{b \in B} \varphi_{ib} D_b^U N_i^u \tag{3-64}$$

约束：

$$\sum_{i \in V} \varphi_{ik} \leq 1, \ \forall k \in K \tag{3-65}$$

$$\sum_{k \in K} \varphi_{ik} = r_i, \ \forall i \in V \tag{3-66}$$

式(3-64)与堆场空间分配相关的目标函数主要包含集卡运输进出港集装的运输成本,当然也可以将泊位分配模型中的船舶在港时间考虑在内。约束(3-65)表示为每艘船选择堆存集装箱货物的子箱区需满足需求。约束(3-66)表示每个子箱区最多只能分配给一艘船。

综上所述,在陆侧资源分配中,岸桥与堆场空间的分配与泊位分配之间存在着最为紧密的联系,因此,这两个问题常常需要被纳入联合优化的范畴。接下来,我们将深入探讨海侧的港口资源分配与泊位分配之间的关联以及它们如何进行联合优化。

(三)航道调度问题

随着贸易全球化的快速发展,海运需求持续攀升,导致世界上许多海港面临超负荷运转的困境。由于旺盛的船舶货运需求与有限的港口泊位和航道通过能力之间存在显著的不平衡,海港交通拥堵问题日益严重,船舶滞港现象频发,泊位和航道的服务效率已成为制约港口进一步发展的瓶颈。此外,受限于地形、地貌条件等因素,大多数海港的港池和锚地往往布置在不同区域,而这些区域又共享同一条航道,从而形成了复杂的船舶通航环境。针对当前港口实际运营中面临的这些难题,对海港泊位和航道调度问题的深入研究,可以为港口运营管理提供有力的理论指导和科学依据。

在海港中,航道根据航道宽度、船舶交通密度和安全性要求可以分为单向航道、双向航道与复式航道。单向航道指的是在同一时段内,仅允许船舶朝一个方向航行的航道。这类航道通常因为航道较窄、水深不足或出于安全考虑,无法容纳相向而行的船舶同时通行。因此,管理单向航道需要根据时间或交通密度来精心安排船舶单方向通行的时段,这就需要一个要求严格的交通调度系统来防止船舶碰撞或拥堵的发生。

双向航道(如图3-14所示)则允许船舶在同一航道内同时朝相反方向航行。这类航道通常较宽,能够提供足够的空间以防止船舶相撞。在规定的航线内,船舶可以相对自由地行驶,但对安全性的要求较高。为了确保船舶之间保持安全距离,需要有效的导航系统和规则来提供支持。

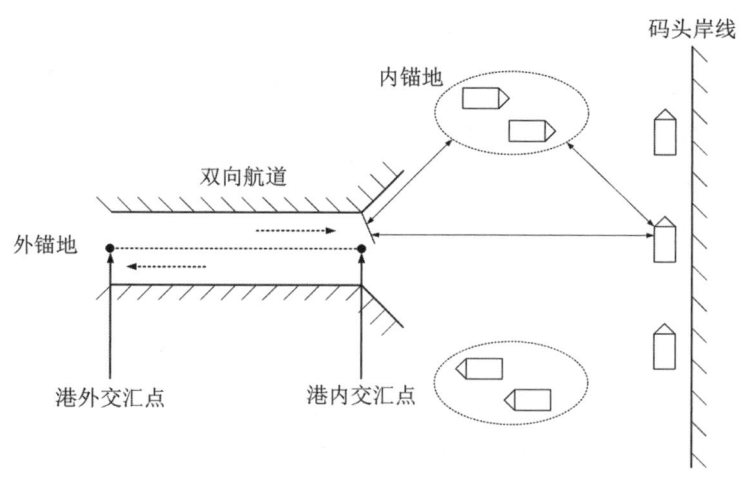

图 3-14 双向航道海港的示意图

复式航道则是在航道内设有多个行船区域,通常分为上行航道和下行航道,甚至可能根据船舶类型、吨位等进行进一步的细分。这种航道更适合高密度船舶通行的区域或重要的国际航道。然而,许多港口的航道并未进行更新建设,仍然是单向航道或双向航道,因此对这些航道的运营优化管理需求更高。

为了了解泊位分配问题与船舶在航道中交通问题的关系,我们需要了解船舶的进港流程。

如图 3-15 所示,进港流程通常包括以下主要步骤:(1)船舶目的港区,若航道繁忙则需在外锚地等待;(2)船舶通过航道,若所分配泊位正在作业,则需在进港内锚地等泊;(3)船舶在对应泊位靠泊,进行装卸作业;(4)船舶完成装卸作业通过航道离港。此外,船舶能否通过航道还会受到航道水深的影响,因此许多航道调度的研究也将潮汐因素考虑在内。

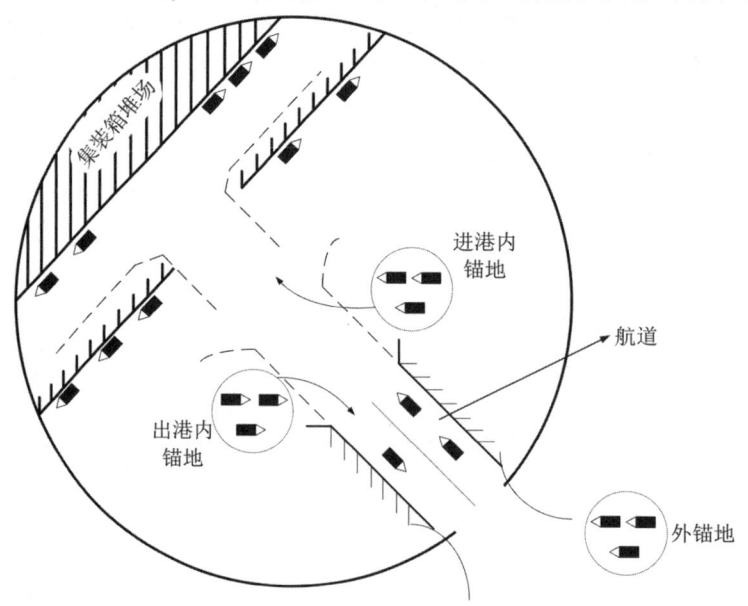

图 3-15 船舶进港流程图

本节以泊位分配与单向航道调度联合优化为例,介绍航道因素对泊位分配问题的影响,为了模型的清晰表示引入以下新的符号表示:

1.集合

V^{in}：进港船舶集合，$V^{in} = \{1,2,\cdots,m\}$。

V^{out}：出港船舶集合，$V^{out} = \{m+1,\cdots,m+n\}$。

$m+n+1$：虚拟船舶索引，表示第一艘驶过航道进出港口的船舶。

$m+n+2$：虚拟船舶索引，表示最后一艘驶过航道进出港口的船舶。

V^{oi}：只进不出的船舶集合。

V^{oo}：只出不进的船舶集合。

v_i^o：进港船舶 i 对应的出港船舶编号。

2.参数

π_{ij}：0-1 参数，若船舶 i 的航速大于船舶 j，$\pi_{ij} = 1$。

D：船舶航行安全间距，由航行时间表示。

t_i^{ino}：进港船舶 i 从外锚地航行至港外交汇点的航行时间。

t_i^{ini}：进港船舶 i 从外锚地航行至港内交汇点的航行时间。

t_i^{ouo}：出港船舶 i 从泊位航行至港外交汇点的航行时间。

t_i^{oui}：出港船舶 i 从泊位航行至港内交汇点的航行时间。

3.决策变量

z_i：船舶 i 进出港的开始时间。

λ_{ij}：船舶 j 紧随船舶 i 后驶离防波堤(航道)。

q_{ij}：船舶 j 在船舶 i 后驶离防波堤(航道)。

c_i：连续(辅助)变量，用于消除子回路并确定变量 q_{ij} 的取值。

相较于传统泊位分配模型，若考虑与航道调度联合优化，需考虑下列决策目标与约束条件：

$$\min \sum_{i \in V^{in} \setminus V^{oi}} \left(z_{v_i^o} + \sum_{b \in B} y_{ib} e_{v_i^o b} - a_i \right) + \sum_{i \in V^{oi}} \left(z_i + \sum_{b \in B} y_{ib} e_{ib} - a_i \right) + \sum_{i \in V^{oo}} \left(z_i + \sum_{b \in B} y_{ib} e_{ib} \right) \quad (3\text{-}67)$$

约束：

$$\sum_{j \in V^{in} \cup V^{out}} \lambda_{(m+n+1)j} = 1 \quad (3\text{-}68)$$

$$\sum_{j \in V^{in} \cup V^{out}} \lambda_{i(m+n+2)j} = 1 \quad (3\text{-}69)$$

$$\sum_{i \in V^{in} \cup V^{out} \cup \{m+n+1\}} \lambda_{ij} = \sum_{i \in V^{in} \cup V^{out} \cup \{m+n+2\}} \lambda_{ji}, \ \forall j \in V^{in} \cup V^{out} \quad (3\text{-}70)$$

$$\sum_{i \in V^{in} \cup V^{out} \cup \{m+n+2\}} \lambda_{ij} = 1, \ \forall i \in V^{in} \cup V^{out} \quad (3\text{-}71)$$

$$z_j + t_j^{ino} \geq z_i + t_i^{ino} + D + M(\lambda_{ij} - 1), \ \forall i,j \in V^{in}, \pi_{ij} = 1 \quad (3\text{-}72)$$

$$z_j + t_j^{ini} \geq z_i + t_i^{ini} + D + M(\lambda_{ij} - 1), \ \forall i,j \in V^{in}, \pi_{ij} = 0 \quad (3\text{-}73)$$

$$z_j + t_j^{oui} \geq z_i + t_i^{oui} + D + M(\lambda_{ij} - 1), \ \forall i,j \in V^{out}, \pi_{ij} = 1 \quad (3\text{-}74)$$

$$z_j + t_j^{ouo} \geq z_i + t_i^{ouo} + D + M(\lambda_{ij} - 1), \ \forall i,j \in V^{out}, \pi_{ij} = 0 \quad (3\text{-}75)$$

$$z_j + t_j^{oui} \geq z_i + t_i^{ini} + D + M(q_{ij} - 1), \ \forall i \in V^{in}, j \in V^{out} \quad (3\text{-}76)$$

$$z_j + t_j^{ino} \geq z_i + t_i^{ouo} + D + M(q_{ij} - 1), \ \forall i \in V^{out}, j \in V^{in} \quad (3\text{-}77)$$

$$c_j \geq c_i + 1 + M(\lambda_{ij} - 1), \ \forall i,j \in V^{in} \cup V^{out} \cup \{m+n+1, m+n+2\} \quad (3\text{-}78)$$

$$c_j \leqslant c_i + Mq_{ij}, \ \forall i,j \in V^{in} \cup V^{out} \cup \{m+n+1, m+n+2\} \tag{3-79}$$

$$x_{ij}, q_{ij} \in \{0,1\}, \ \forall i,j \in V^{in} \cup V^{out} \cup \{m+n+1, m+n+2\} \tag{3-80}$$

$$c_i \geqslant 0, \ \forall i \in V^{in} \cup V^{out} \cup \{m+n+1, m+n+2\} \tag{3-81}$$

$$z_i \in T, \ \forall i \in V^{in} \cup V^{out} \tag{3-82}$$

式(3-67)为泊位与单向航道联合调度的目标函数,表示船舶在最小化所有船舶在港停留时间的总和;其中在港停留时间指的是船舶周转时间,对于只进不出的船舶则表示其进港作业时间(即船舶的进港完成时间减抵港时间),对于只出不进的船舶则表示其出港完成时间。这也是模型通过进出港区分船舶类型的原因。

约束(3-68)~约束(3-70)表示船舶排序的流量守恒约束。约束(3-71)保证所有船舶进出港活动均只进行一次。

约束(3-72)~约束(3-75)为进港时段或出港时段内的单向航道通航限制:约束(3-72)和约束(3-73)表示对于任意两艘进港船舶,如果前船的航速大于后船的,则需在其所共同经过的港外交汇点处/间保持安全航行间距;否则,需在其所共同经过的港内交汇点处保持安全航行间距。相似地,约束(3-74)和约束(3-75)表示对于任意两艘出港船舶,如果前船的航速大于后船的,则需要在其所共同经过的港内交汇点处/间保持安全航行间距;否则,需要在其所共同经过的港外交汇点处/间保持安全航行间距。

约束(3-76)~约束(3-77)为单向航道航向切换约束。约束(3-76)保证当由进港时段切换为出港时段时,出港船舶需同进港船舶在其所共同经过的港内交汇点处/间保持安全航行间距。相似地,约束(3-77)保证当由出港时段切换为进港时段时,进港船舶需同出港船舶在其所共同经过的港外交汇点处/间保持安全航行间距。对于航行更加自由的双向或复式航道则不需满足这两条约束。

约束(3-78)~约束(3-79)表达变量 c_i 与 q_{ij} 的取值范围。约束(3-80)~约束(3-82)表示决策变量的取值范围。

以上为基本的航道交通限制约束的表达方式,此外,部分学者在研究泊位与航道的联合调度过程中还将潮汐时间窗的限制与航道及锚地容量限制考虑在内。

综上所述,港口运营者在研究泊位分配问题过程中,既需要考虑向海侧的联合优化(航道、拖船等),也需要考虑向陆侧的联合优化(岸桥、堆场空间等)。虽然多种资源的联合优化更加注重系统整体性,对实际运营优化有着更大的指导意义,但多种资源分配的联合优化会大幅度提升问题的复杂度与求解难度,一直是泊位分配问题研究的热点之一。

二、多视角下的泊位分配问题

泊位分配问题的研究视角,指的是研究者在进行研究时所选择的研究主体或研究高度。传统上,泊位分配问题的研究主体主要是港口运营者,他们关注的是如何高效、合理地分配泊位资源,以满足船舶停靠需求,提升港口运营效率。然而,随着研究的不断深入和拓展,部分研究者开始站在更高的角度,将多个港口运营者或航运公司纳入综合考虑范围,同时考虑更多影响因素,对泊位分配问题进行更加全面和深入的研究。

本节主要从宏观视角与微观视角两个方面对泊位分配问题进行深入介绍。宏观视角侧重于关注系统的整体运行状况及其在大范围内的影响力,它通常被用于研究整体趋势、全局结构以及广泛的决策策略,旨在提升全局性和整体效率。微观视角则聚焦于个体部分的行为和具体细节,它常用于分析系统中的局部操作或某一特定元素的效率问题。这一视角注重局部优化和细节处理,致力于研究单个元素的行为及其对整个系统可能产生的影响。

(一)宏观视角

从宏观视角出发研究泊位分配问题,通常强调港航合作的重要性。在这一视角下,多个服务于同一腹地的港口之间可以通过共享到港船舶的信息和码头的泊位资源来展开合作,进而形成一个多港口泊位分配问题。此外,港口与航运公司之间也可以通过设立专用泊位等合作方式,来提升港口的运作效率,实现资源的最优配置。

1.多港口泊位分配问题

多港口泊位分配问题(Multi-Port Berth Allocation Problem, MPBAP)是泊位分配问题的一个扩展版本,它涉及多个港口之间码头资源的协调与优化。在解决这一问题时,需要综合考虑多个港口的资源分配、船舶调度以及港口之间的协作关系,旨在提高整个运输网络的效率与效益。

多港口泊位分配问题产生的原因主要在于以下两点:

(1)港口资源的稀缺与海运需求量的上升

经济全球化推动了国际贸易的快速增长,海运作为全球贸易的主要运输方式,承载着大部分跨国货物的运输任务。随着贸易量的不断增加,全球的港口网络日益复杂,港口之间的协同作业和资源共享需求也随之显著提升。

与此同时,现代航运业务正朝着规模化和全球化的方向发展。航运公司为了降低运营成本并提高服务水平,需要更加灵活的港口停靠策略。因此,大多数航运公司采用多港口停靠策略,即让船舶在多个港口间进行停靠和装卸货物,以此构建高效的货物转运网络。

(2)港口集群的形成与发展

虽然各港口在一定程度上存在竞争关系,但为了满足全球化供应链的高效运作需求,港口之间也必须进行紧密的协作。这种协作包括共享泊位资源、协调船舶调度等,旨在最大限度地提升整个物流网络的效率。在许多地区,港口群集已成为区域经济的核心,如中国的长三角地区和珠三角地区,欧洲的鹿特丹–安特卫普港区,以及美国的洛杉矶–长滩港区。这些港口群集通常由多个大型或中型港口组成,它们相互联系、互为补充,共同构建了一个高效的运输网络。

由于同一个港口集群服务相同的腹地,因此无论货物从集群内的哪一个港口进港,其运送至目的地的成本都相差不大。在这一背景下,多个港口通过高效协作可以提供更加全面和灵活的服务。例如,船舶可以根据泊位的可用性选择不同的港口进行停靠,从而避免拥堵和延误。为了实现这一目标,港口之间的资源调配、泊位共享、设备使用等都需要进行统筹安排和精心规划,以优化整个集群的运作效率和效益。

如图 3-16 和图 3-17 所示,本研究针对某多港口泊位分配问题,具体分析了 5 艘待优化船舶在某港口群内三个港口的停靠情况。在图 3-16 中,船舶挂靠港口的顺序已明确给出。图 3-17 则展示了该问题的优化结果。以船舶 1 为例,船舶 1 在从港口 1 运行至港口 2 的过程中,需等待船舶 2 及船舶 4 完成靠泊后才能继续靠泊。这一等待过程导致了船舶 1 产生了一定的等待时间成本与延误时间成本。因此,在优化策略中,船舶 1 在无须采用正常航速行驶的情况下,选择了减速策略以降低成本。相比之下,船舶 2、船舶 3 和船舶 4 在转运后可立即靠泊,无须等待。因此,它们可以选择较快的航速行驶,以确保船舶能够按时离港,并尽快为后续船舶提供可用的服务空间。

综上所述,相较于传统的泊位分配问题,多港口泊位分配问题除了需要为船舶分配靠泊计划外,还需要考虑船舶挂靠港口群内的哪些港口,以什么样的顺序挂靠这些港口,以及在港口之间的行驶策略(路线与速度)的选择问题。

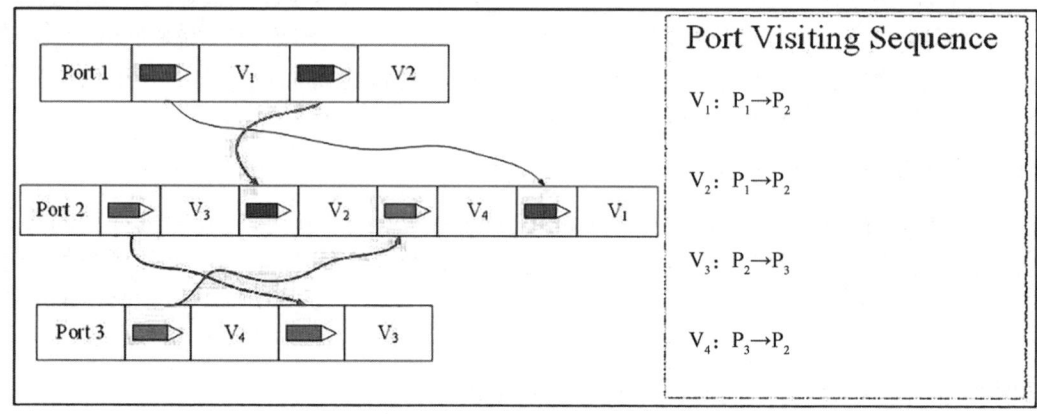

图 3-16　船舶挂靠港口顺序

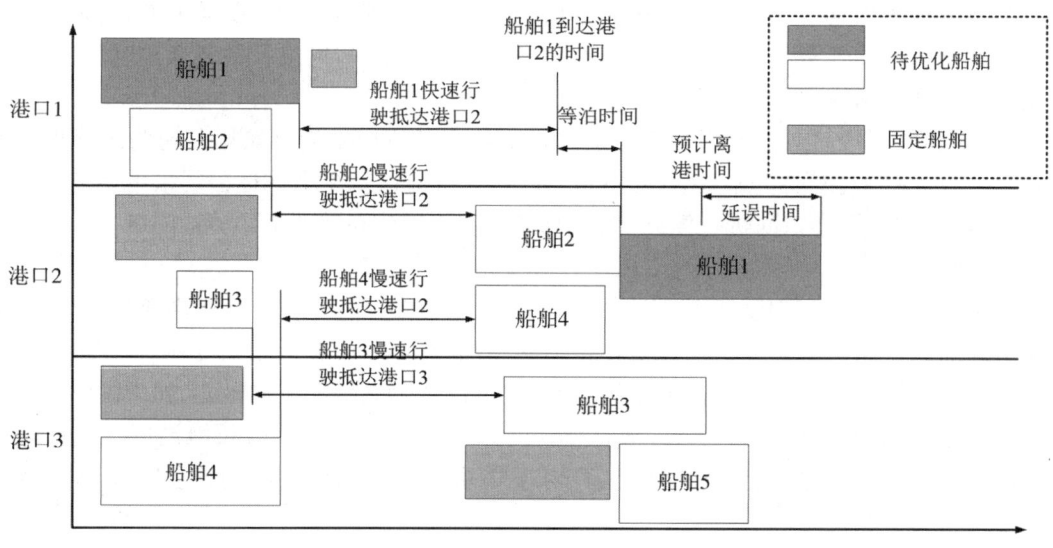

图 3-17　多港口泊位分配问题示意图

为了更加精确地刻画多港口泊位分配问题,我们引入相较于经典的离散型泊位分配问题新增的符号表示。

（1）集合

P: 港口的集合, $P = \{1,2,\cdots,|P|\}$。

B_p: 港口 p 的泊位的集合, $B_p = \{1,2,\cdots,|B_p|\}$。

P_i: 船舶 i 的港口访问顺序。

（2）参数

$D_{pp'}$: 港口 p 与港口 p' 之间的距离。

v_i: 船舶 i 的航行速度。

$\mu_{pp'}^i$：0-1 参数，若船舶 i 从港口 p 行驶至 p'，$\mu_{pp'}^i = 1$。

（3）决策变量

φ_{ipb}：0-1 变量，若船舶 i 挂靠在港口 p 的泊位 b，$\varphi_{ipb} = 1$。

与传统泊位分配模型相比，多港口泊位分配模型的特点主要在于对船舶挂靠不同港口的表示，以及船舶在不同港口之间的行驶时间的表示。多港口泊位分配模型如下：

$$\min \sum_{p \in P} \sum_{i \in V} (d_{ip} - \bar{d}_{ip}) \tag{3-83}$$

约束：

$$\sum_{b \in B_p} \varphi_{ipb} = 1, \ \forall i \in V, p \in P_i \tag{3-84}$$

$$a_{ip'} = d_{ip} + \mu_{pp'}^i \frac{D_{pp'}}{v_i}, \ \forall i \in V, p, p' \in P_i \tag{3-85}$$

$$\varphi_{ipb} \in \{0,1\}, \ \forall i \in V, p \in P_i, b \in B_p \tag{3-86}$$

模型的目标函数与传统泊位分配模型类似，仍然是最小化船舶的在港时间、等待时间及延误时间，此处将总离港延误最小作为目标（船舶的实际离港时间为靠泊时间与装卸时间之和）。新增的约束（3-84）对应经典泊位分配问题模型中的约束（3-6），代表为船舶在所有即将挂靠的港口上都选择一个泊位进行靠泊，读者在理解其他经典模型中的约束（3-7）~约束（3-11）时，应该采用与约束（3-84）同样的方法将不同港口考虑在内。约束（3-85）通过港口间的距离以及船舶的行驶速度，计算了船舶到达不同港口的时间。约束（3-86）为决策变量取值范围约束，同理，经典泊位分配问题模型中约束（3-12）和约束（3-13）也应将港口这一维度考虑在内。模型中的 0-1 参数 $\mu_{pp'}^i$ 在部分多港口泊位分配问题的研究中视作决策变量，可以更加细致地研究船舶在港口间的转运路线与方式。

2.考虑专用泊位使用的泊位分配问题

通常，港口码头泊位可服务任何到港且不违背物理因素限制的船舶。但在实际操作中，很多船公司特别是大型的航运公司，如中国远洋海运集团有限公司在新加坡港租赁了专用泊位。专用泊位是相对于可以服务任意到港船舶的普通泊位的概念。一般来说，任一航运公司的专用泊位只为该航运公司的船舶提供服务，而普通泊位可以为不同航运公司的任意船舶提供服务。因此，专用泊位的设置可能会导致港口泊位利用率降低，然而通过租赁专用泊位可以吸引大型船公司挂靠港口，提高港口的竞争力，也可以增加港口收益。

同时考虑普通泊位与专用泊位，考虑多个航运公司的泊位分配问题称作混合泊位分配问题（Mixed Berth Allocation Problem，MBAP）。这里要注意区分按照泊位类型分类时，同时包含离散型泊位与连续型泊位的泊位分配问题也称作混合泊位分配问题，读者应对具体情况进行具体分析。

通常，航运公司的船舶挂靠在专用泊位可以用更加适用于其船舶的装卸设备进行装卸，且码头工人的操作也相对更加熟练，因此船舶的装卸时间会相对缩短，以减少船舶的装卸成本。但航运公司在港口租赁专用泊位需要付出一定的租赁费，这两部分成本之间的权衡也是港航企业在资源配置过程中应重点考虑的问题。

如图 3-18 所示，考虑港口码头拥有 4 个泊位的离散型泊位分配问题。由图可知，在普通泊位上，同时挂靠了两家航运公司的船舶，而在专用泊位 1 和专用泊位 2 上，分别挂靠航运公司 1 和航运公司 2 的船舶。由此可见，与船舶泊位分配问题相比，混合泊位分配问题需要区分船舶所属不同航运公司,同时区分泊位的类型。

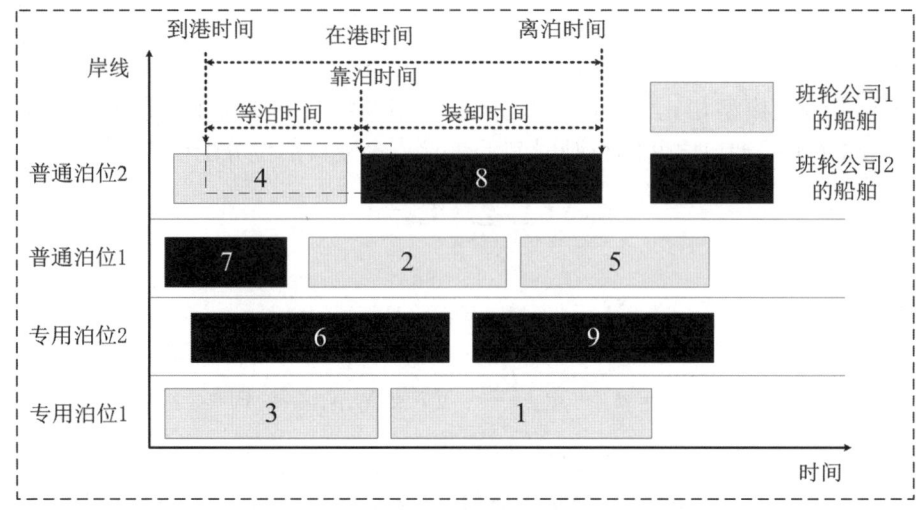

图 3-18　考虑专用泊位的泊位分配问题示意图

此外,部分关于泊位分配问题的研究中,还将航运公司对泊位的租赁策略考虑在内,航运公司为了在租赁专用泊位的费用和使用专用泊位的收益之间做出权衡,并与港口运营者协商做出泊位分配决策。此时,为了限制航运公司租赁过多专用泊位对正常港口运营造成影响,港口通常会为租赁泊位的数量设置上限。

为了刻画上述区别,我们需要引入以下参数表述。

(1)集合

L:航运公司的集合,$L = \{1, 2, \cdots, |L|\}$。

V_l:航运公司 l 的船舶集合,$V_l = \{1, 2, \cdots, |V_l|\}$。

(2)参数

n_l^{max}:航运公司 l 最多租赁专用泊位的数量。

c^{rent}:租赁一个专用泊位的周成本。

c_i^{hand}:船舶 i 单位时间装卸成本。

c_i^{op}:船舶 i 单位在港时间运营成本。

(3)决策变量

k_{lb}:0-1 变量,若航运公司 l 租赁泊位 b,$k_{lb} = 1$。

综上所述,混合泊位分配问题中需考虑船舶运营成本、货物装卸成本和专用泊位租赁成本这几个部分,分别用 C_1、C_2、C_3 表示。根据上述问题描述及符号设定,三部分成本可表示如下:

$$C_1 = \sum_{b \in B} \sum_{i \in V} c_i^{op} \varphi_{ib} (x_{ib} + h_{ib} - a_i) \tag{3-87}$$

$$C_2 = \sum_{b \in B} \sum_{i \in V} c_i^{hand} \varphi_{ib} h_{ib} - \sum_{l \in L} \sum_{b \in B} \sum_{i \in V} c_i^{hand} k_{lb} \varphi_{ib} h_{ib} \tag{3-88}$$

$$C_3 = \sum_{l \in L} n_l c^{rent} \tag{3-89}$$

与传统泊位分配问题相比,考虑专用泊位的混合泊位分配问题模型主要在泊位的分类以及专用泊位的使用上有一定的差别,其特殊约束表示如下:

$$\min(C_1 + C_2 + C_3) \tag{3-90}$$

约束：

$$\sum_{i \in V/V_l} \varphi_{ib} \leq M(1 - k_{lb}), \ \forall l \in L, b \in B \tag{3-91}$$

$$\sum_{l \in L} k_{lb} \leq 1, \ \forall b \in B \tag{3-92}$$

$$n_l = \sum_{b \in B} k_{lb}, \ \forall l \in L \tag{3-93}$$

$$n_l \leq n_l^{max}, \ \forall l \in L \tag{3-94}$$

$$k_{lb} \in \{0,1\}, \ \forall l \in L, b \in B \tag{3-95}$$

目标函数(3-90)最小化所有航运公司在规划期内的总成本。约束(3-91)~约束(3-94)表明与专用泊位相关的限制条件,其中约束(3-91)保证航运公司不能将船停靠在其他航运公司的专用泊位。约束(3-92)保证一个泊位最多只能被一个航运公司租赁。约束(3-93)用于计算航运公司租赁专用泊位的数量。约束(3-94)保证航运公司租赁专用泊位的数量不能超过上限。约束(3-95)为决策变量取值范围的约束。此外,在整个模型的理解与构建中应当注意船舶所属不同航运公司(注意航运公司这一维度)。

混合泊位分配问题旨在考虑不同类型泊位(专用泊位和普通泊位)的情况下,制订出船舶靠泊计划并为不同航运公司制定泊位租赁计划。不同航运公司会根据自身的船队规模租赁数量合适的专用泊位,且航运公司不会将所有船舶停靠在自己的专用泊位进行装卸作业。港口合理制定专用泊位的租赁费用,才能在获利的同时也能吸引航运公司去租赁专用泊位。

(二)微观视角

在上文中,我们深入探讨了宏观背景下的泊位分配问题。宏观视角侧重于整体系统和结构性问题的分析,它强调在泊位分配过程中,需要综合考虑各种决策主体的利益与考量。这一视角特别关注在多港口及多方参与者共存的背景下,如何科学合理地制定泊位分配策略,以实现资源的最优配置和整体效益的最大化。

而本部分主要站在微观视角看待泊位分配,我们关注个体决策者的具体行为和考虑因素。这一视角强调在泊位分配过程中引入不同的影响因素,以更精细地理解和优化决策。

1.考虑不确定性的泊位分配问题

港口运作过程中充满了诸多不确定性因素,例如船舶到达时间的偏差、作业时间的变动,以及在已安排的靠泊计划中突然需要插入另一艘船等。这些因素都会对码头泊位分配计划的制订和执行产生显著影响。为了应对这些不确定性,码头通常会主动制定更加稳定的调度方案,或采取被动恢复策略。

港口运作过程中常常会遇到一些突发事件,导致无法准确计算船舶的到达时间和装卸时间等信息。这些突发事件通常包括:恶劣的天气条件、海上交通拥堵以及上游港口的延误等。然而,当前关于泊位分配问题的研究大多聚焦于如何在静态的、确定性的、信息完备的环境中获取初始调度(即基线调度或泊位分配模板)。但在现实情况下,这些理想化的假设往往难以成立,因为港口运作中充满了各种不确定因素和突发事件。这些意外事件往往迫使港口在最后一刻改变原有的计划。因此,港口规划者在制定初始调度策略时,必须充分预见并考虑可能出现的中断及其带来的不利影响,以确保泊位分配计划的灵活性和鲁棒性。

通常应对不确定性有主动和被动两种策略:

（1）主动策略考虑规划期内可能出现的不确定性状况，在规划期开始之前进行决策，适用于不确定性较小的问题，具有无须频繁调整计划的优点，但是可能为了获得更高的稳定性导致成本较高。

（2）被动策略是在不确定性因素出现之后，对初始制订的计划进行调整，通常适用于不确定性较大的问题，方法更加灵活，但是需要频繁调整原始计划。

也有部分研究同时使用两种策略，首先制订一个初始的计划，以最大限度地减少某些破坏性事件发生时，重新进行规划或采取其他应对措施的成本，再根据每个实际场景对初始计划进行调整。

常见的解决不确定性的具体方法有以下几种：采用不同场景均值作为不确定参数实际值的随机规划、添加令带有随机数的某条约束以一定概率成立的机会约束规划、考虑最差情况的鲁棒优化和随着不确定性出现调整的动态规划等。无论哪种方法都是为了泊位分配计划在不确定性出现时能具有更高的稳定性，提高航运公司的满意度。

本小节以以下到港时间不确定的例子为例，详细解释不确定性对泊位分配问题的影响。

图 3-19 所示为一个初始靠泊计划的示意图，船舶 1、船舶 2 的实际到港时间与预计到港时间相同 [$a_1 = a_1(\omega_s)$, $a_2 = a_2(\omega_s)$]。所以船舶 1 与船舶 2 不需要改变停靠的泊位，可以按原计划靠泊。而船舶 3 实际到港时间 $a_3(\omega_s)$ 晚于预计到港时间，使得船舶 3 之后的船舶（包括船舶 3）受到其延误的影响，只能推迟靠港装卸或重新安排调度计划。而为了使修正之后的靠泊计划尽可能地接近初始调度计划，需要重新安排船舶 2 之后的船舶的靠泊时间以及位置。

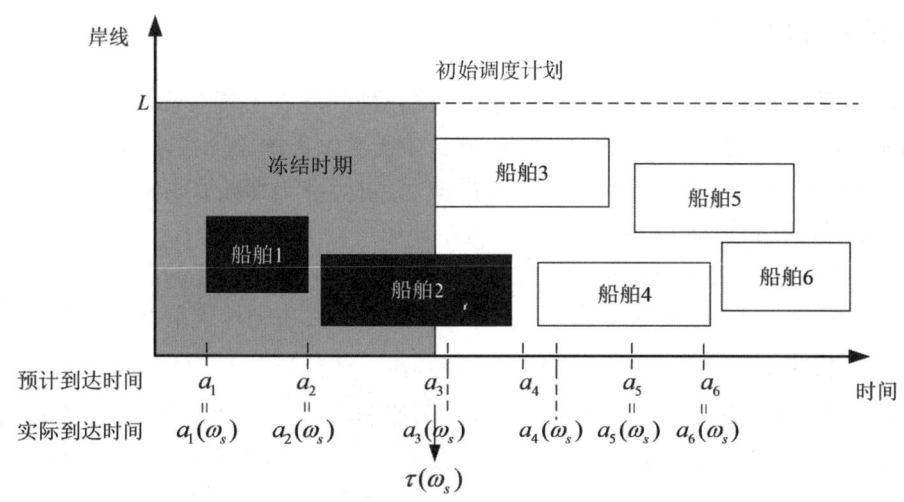

图 3-19　考虑不确定性的泊位分配问题示意图

综上所述，相较于传统的泊位分配问题，到港时间不确定的泊位分配问题不仅考虑了如何设计初始泊位计划，使船舶离港延误时间最小，而且考虑了在船舶到港时间延迟的情况下，如何重新调整靠泊计划表，使调整计划表的成本最低。

为了更加精确地刻画到港时间不确定的泊位分配问题，引入到港时间不确定的泊位分配问题相较于经典泊位分配问题新增的符号表示。此处给出基于被动策略调整调度方案的表述方式。

（1）集合

Ω：不同的场景的集合。

（2）参数

$CH(\omega_s)$：场景 ω_s 出现的概率。

c_i^{delay}：延迟离港成本。

c_i^{dis}：偏离最佳靠泊位置成本。

b_i：最佳靠泊位置。

ω_s：不同的场景。

$x_i^+(\omega_s)$，$x_i^-(\omega_s)$：在场景 ω_s 中 x_i 的增量（减量）。

$x_i^{\Delta+}(\omega_s)$，$x_i^{\Delta-}(\omega_s)$：在场景 ω_s 中 $x_i - a_i$ 的增量（减量）。

$y_i^{\Delta+}(\omega_s)$，$y_i^{\Delta-}(\omega_s)$：在场景 ω_s 中 $|y_i - b_i|$ 的增量（减量）。

$h_i(\omega_s)$：在场景 ω_s 中船舶 i 的实际装卸时间。

$\tau(\omega_s)$：场景 ω_s 的冻结期点。如果一艘船在此之前到达，将保留船舶靠泊计划，否则可能会调整船舶靠泊计划。

c_i^{1+}，c_i^{1-}：在恢复过程中，由于泊位延误或者提前造成的单位时间成本。

c_i^{2+}，c_i^{2-}：在恢复过程中，由于在调整过程中偏离其最佳靠泊位置的单位距离成本。

由于在此处给出的是针对场景 ω_s 的约束条件，为了方便表示，省去约束中相关参数的 ω_s。与传统泊位分配问题相比，船舶到达时间不确定，导致需要恢复船期表，所以模型新增的约束重点在于如何恢复船期时刻表。以下是恢复船期表的相关约束：

$$\min \sum_{i \in V} \left[c_i^{delay}(x_i + h_i - a_i)^+ + c_i^{dis}|y_i - p_i| \right] \tag{3-96}$$

约束：

$$x_i + x_i^+ - x_i^- + h_i \leqslant x_j + x_j^+ - x_j^- + M(1 - \delta_{ij}^x), \forall i,j \in V, i \neq j \tag{3-97}$$

$$y_i + y_i^+ - y_i^- + l_i \leqslant y_j + y_j^+ - y_j^- + M(1 - \delta_{ij}^y), \forall i,j \in V, i \neq j \tag{3-98}$$

$$l_i \leqslant y_i + y_i^+ - y_i^- + l_i \leqslant L, \forall i \in V \tag{3-99}$$

$$x_i + x_i^+ - x_i^- \geqslant a_i, \forall i \in V \tag{3-100}$$

$$x_i - a_i + x_i^{\Delta+} - x_i^{\Delta-} = x_i + x_i^+ - x_i^- - a_i, \forall i \in V \tag{3-101}$$

$$|y_i - b_i| + y_i^{\Delta+} - y_i^{\Delta-} = |y_i + y_i^+ - y_i^- - b_i|, \forall i \in V \tag{3-102}$$

$$x_i^+, x_i^-, y_i^+, y_i^- \leqslant M(a_i - \tau)^+, \forall i \in V \tag{3-103}$$

该模型与基本连续型泊位分配模型类似，大多约束是基本模型约束考虑计划调整后的变体。目标函数通常采用新靠泊计划成本最小（此处采用）或方案变动幅度最小。约束（3-17）和约束（3-21）表示船舶靠港时不发生冲突。约束（3-97）和约束（3-98）确保在调整靠泊计划后，船舶之间没有冲突，仍然可行。约束（3-99）代表新的船舶位置受到码头长度的限制。约束（3-100）确保新计划靠泊时间不应早于实际到达时间。约束（3-101）建立了靠泊时间调整 $[x_i^{\Delta+}(\omega_s), x_i^{\Delta-}(\omega_s)]$ 与 $[x_i^+(\omega_s), x_i^-(\omega_s)]$ 之间的关系。约束（3-102）是靠泊位置调整 $[y_i^{\Delta+}(\omega_s), y_i^{\Delta-}(\omega_s)]$ 与 $[y_i^+(\omega_s), y_i^-(\omega_s)]$ 之间的关系。约束（3-103）表示实际到港时间早于冻结期点的船，调度不发生改变，将按照初始靠泊计划执行，否则可能需要调整。

通常泊位计划调整方案的优劣根据与初始计划的差别评定，因此即使时间提前也会计算部分成本（c_i^{1-}），其他成本的计算方式与普通 BAP 类似，此处不再过多介绍。

2.考虑服务优先级泊位分配问题

在实际情况中，当泊位资源有限时，需要综合考虑多方面因素来确定到港船舶的服务优先级。这些因素包括船舶的货运量、船公司与港口之间的协议等。在面对大小不同的船舶时，通常优先靠泊大型船舶，因为大型船舶往往伴随着高延迟成本。然而，从另一个角度出发，优先处理小型船舶可以缩短船舶的总等待时间，从而有效缓解港口拥堵情况。这种综合考虑服务优先级的泊位分配问题，被称为"优先级泊位分配问题"（Berth Allocation Problem with Priority，PBAP）。

考虑服务优先级的泊位分配问题主要有以下原因：

（1）处理到港船舶服务顺序不合理：现代港口常用的处理方式是先到先服务原则（FCFS），即将船舶到达时间进行排序，先到达的船舶先服务。先到先服务原则往往不能使目标达到最优。因此，考虑到客户满意度和最大化港口效率，泊位顺序往往需要更加灵活地分配。

（2）许多港口考虑优先级标准不同：在新加坡港，载重吨大的船舶由于延迟惩罚成本大，往往具有更高的优先级；而在大连港，处理量小的船舶由于处理时间短，拥有更高的优先级，从而缩短后续船舶的等待时间。有研究者以货运量为标准为船舶设定服务优先级，有的研究者通过远洋船舶和驳船等不同类型船舶的等待成本不同来区分服务优先级。

我们举例说明这一问题：如图3-20所示，某港口在一段时间内挂靠的10艘船中有2艘优先船舶。由图可知，在原靠泊计划中在不考虑船舶优先级的情况下船舶4到港时间较早但会造成船舶6等待，同理船舶9由于船舶7的存在，也会产生等待。而在考虑船舶优先级的情况下，由于船舶6与船舶9拥有优先权，所以在最终靠泊计划中，船舶6与船舶9早于船舶4和船舶7靠泊。这种分配方式使得有（较高）优先权的船舶不会进行等待，到达后就能进行装卸作业，但会导致普通船舶等待更长的时间。因此，决策者在考虑是否采用船舶优先策略时，需要权衡两类船舶的得与失。

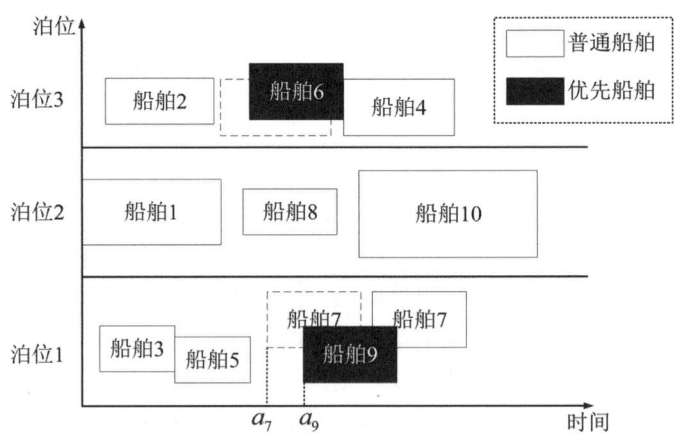

图 3-20　考虑船舶优先级的泊位分配问题示意图

通常考虑船舶优先级的泊位分配问题，有为船舶设定优先级权重和引入优先级约束两种方式。由于设定优先级权重不会影响泊位分配问题模型的构建，我们这里介绍引入优先靠泊约束的表达方式。

（1）集合

o_b：虚拟船舶，表示靠泊在泊位 b 的第一艘船。

d_b：虚拟船舶，表示靠泊在泊位 b 的最后一艘船。

（2）参数

λ_i：0-1 参数，如果船舶 i 拥有优先靠泊权，$\lambda_i = 1$。

与传统泊位分配相比，拥有优先权船舶停靠必须早于没有优先权的船舶，所以需要添加新约束使靠泊计划满足这一条件，约束如下：

$$\min \sum_{b \in B} \sum_{i \in V} \varphi_{ib}(x_{ib} + h_{ib} - a_i) \tag{3-104}$$

约束：

$$(\lambda_j - \lambda_k - 1)M - (a_k - a_j)^+ M + e_k \delta_{kjb} \le a_j, \forall j,k \in V \cup \{o_b\}, j \ne k, b \in B \tag{3-105}$$

$$(\lambda_j - \lambda_k - 1)M - (a_j - a_k)^+ M + s_j \le s_k, \forall j,k \in V, j \ne k \tag{3-106}$$

模型的目标函数（3-104）最小化所有船舶在港时间之和，此处也可以以船舶延误或成本等作为目标。约束（3-105）和约束（3-106）确保优先级船舶优先服务。约束（3-105）保证挂靠同一泊位的两艘船，当船舶 j 有优先权，而船舶 k 没有优先权，且船舶 k 的到港时间更早时，船舶 k 若不能在船舶 j 到港前完成作业，船舶 k 应该给船舶 j 让位，则船舶 k 应在船舶 j 靠泊之后靠泊，即 $\delta_{kjb} = 0$。约束（3-106）确保挂靠任意泊位的两艘船，当船舶 j 有优先权，而船舶 k 没有优先权，且船舶 j 的到港时间更早时，船舶 j 应早于船舶 k 靠泊。

第四节　其他类型的港口资源分配与调度问题

一、堆场分配与调度问题

（一）堆场起重机调度问题

集装箱堆场系统是临时容纳出港、入港和转运集装箱的关键设施，配备了一套完整的集装箱处理设备。其存储空间不仅与港口的吞吐量密切相关，还与陆地作业（包括接收和交付作业）的处理效率密不可分。

堆场作业的研究通常涉及码头起重机（岸桥）、集卡（或 AGV）和堆场起重机（场桥）等搬运设备的配置与调度，以及堆场存储空间的分配和对场内集装箱的调度管理。集装箱堆场由多个用于堆垛集装箱的子箱区组成，每个箱区周围都设有通道供车辆通行，并配备了堆垛车进行堆垛和拆垛作业。

堆场的运行效率在很大程度上取决于集卡和场桥的调度操作。如何合理调度场桥进行集装箱的堆垛作业，以缩短船舶的等待时间，是一个值得关注的问题。同时，如何规划集卡的行驶路径，以确保其能够尽快到达岸桥进行装卸作业，也是港口运营者需要重点考虑的问题。

如图 3-21 所示，YC 通常由三个运动部件组成：（1）沿堆垛长边移动的龙门架；（2）附着在龙门架臂上并垂直于龙门架方向移动的小车；（3）附着在小车下方并将集装箱吊到/出堆垛槽的吊具（图中未示出）。

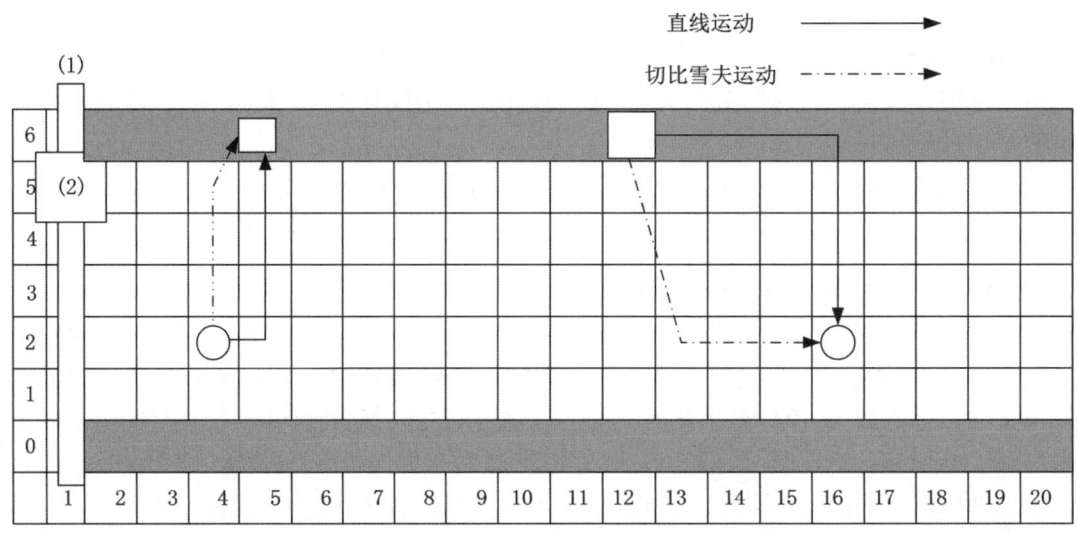

图 3-21　场桥调度过程

YC 运动通常以直线方式进行,如图 3-21 中的实箭头线所示。直线运动允许小车在龙门架完成运动后才移动。图 3-21 将车辆临时停放作业的车位编号为 0~6 行,将集装箱堆放的堆垛槽编号为 1~5 行,将堆垛槽编号为 1~20。最新技术允许 YCs 将切比雪夫运动应用于两个运动部件(即龙门架和小车),以缩短运行时间。吊具的升降必须在龙门架或小车移动后才能进行,以保证集装箱搬运的安全和稳定。

通过以上描述我们能够知道场桥调度是一个比较复杂的过程。通过求解场桥调度模型我们能够得到最优调度方案,从而提高堆场的装卸效率。此外,场桥调度是一个 NP-hard 问题,所以许多研究采用启发式算法进行求解。

(二)岸桥与集卡的协同配置与调度问题

货物运输在现代经济中占据着至关重要的地位,尤其是在海运领域,集装箱运输更是重中之重。这些标准化的集装箱能够承载各式各样的货物,极大地便利了全球范围内的运输活动。当集装箱从船舶上卸载下来,需要借助岸桥和集卡等设备,将其运送至港口的存储位置。其中,岸桥主要负责从船上卸下货物,而集卡承担着将集装箱从岸桥运送到指定存储位置的任务。

配置与调度问题是海港运营中最为关键的问题之一,其中岸桥与集卡的综合调度问题旨在优化港口集装箱的卸载和运输流程。具体而言,这一调度问题涉及如何高效地协调岸桥卸载集装箱、集卡运输集装箱至存储地点,以及场桥装卸集装箱。该问题的复杂性主要源于设备的有限性和操作上的时间约束。

在进行调度时,需要考虑以下关键规则和要求:首先,岸桥一次只能卸载一个集装箱,且每个集装箱的卸载位置会直接影响其后续的重新调度;其次,集卡一次也只能运输一个集装箱,其运输时间则与集装箱的卸载位置紧密相关;再次,集装箱从船上卸货后,必须迅速且高效地运送至存储地点,以确保港口运营的流畅性;最后,所有调度操作都需要在尽可能短的时间内完成,以最大化港口的吞吐能力。

图 3-22 和图 3-23 介绍堆场调度的流程,并展现出集卡数量的配置对堆场综合调度的

影响。

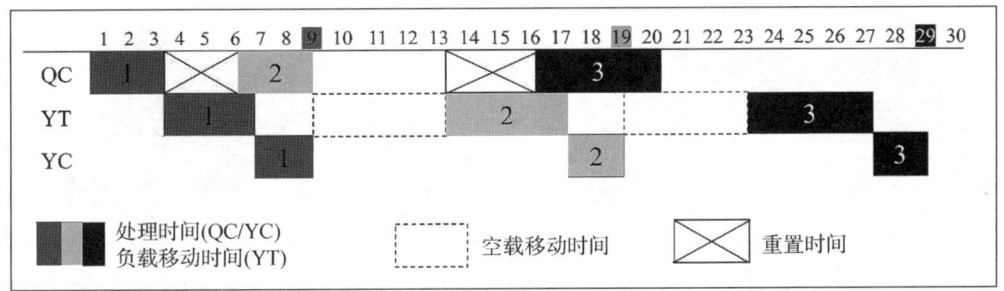

图 3-22　单集卡作业流程

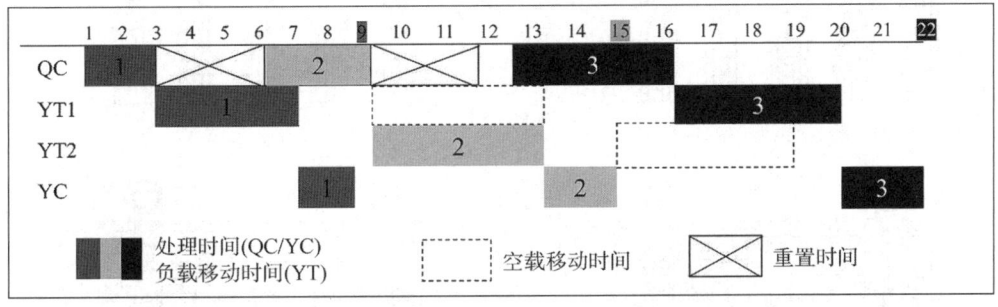

图 3-23　两集卡作业流程

图 3-22 详细展示了单集装箱卡车的操作流程。在图中,同一颜色的标记代表正在处理同一集装箱。这些集装箱分别由岸桥(QC)、集卡(YT)和场桥(YC)进行操作。当岸桥完成对一个集装箱的处理后,集卡会负责将集装箱运输到指定位置,随后场桥会对该集装箱进行堆存。值得注意的是,岸桥在完成一个集装箱的处理后,需要一段重置时间才能开始下一个集装箱的操作(用于吊取下一个箱子)。同样,集卡在完成一个集装箱的运输任务后,也需要等待新的任务分配,在接到指令后,集卡会空载前往下一个任务地点,这段时间被称为空载移动时间。

图 3-23 展示了集卡增多对整体运营效率的正面影响,该优化策略有效缩短了岸桥等关键设备的空闲时间,并显著缩短了集装箱的整体处理时间。合理调配集卡的运输任务,以及优化岸桥和场桥的工作分配,成功缩短了集装箱的运输周期,进一步减少了设备闲置,从而提升了资源利用效率。这正是实施岸桥与集卡联合调度的核心目标。

二、自动导引车的配置与调度问题

自动化集装箱码头的水平运输机械,自动导引车(AGV)的配置与调度在码头作业中起着关键的作用,水平运输系统的核心任务就是通过水平运输机械合理地配置和调度,降低运输成本,提高运输效率。码头前沿 AGV 的配置数量与码头的作业效率有很强的相关性。当 AGV 配置数量过多时,一方面,AGV 在岸桥或者堆场的等待时间过长,从而降低 AGV 的利用率;另一方面,本就紧凑的码头前沿会产生交通拥堵,造成各种资源的浪费。所以合理配置 AGV 的数量,对港口提高运作效率有着重要作用,即在 AGV 配置数量合理的条件下,制定合理的 AGV 调度方案,缩短岸桥的等待时间等。除此之外,影响码头装卸效率的因素还有 AGV 调度模式以及 AGV 调度策略等。为使读者能够更直观地理解 AGV 在堆场的运作流程,此处给出

83

AGV 调度模式示意图(如图 3-24 所示)。

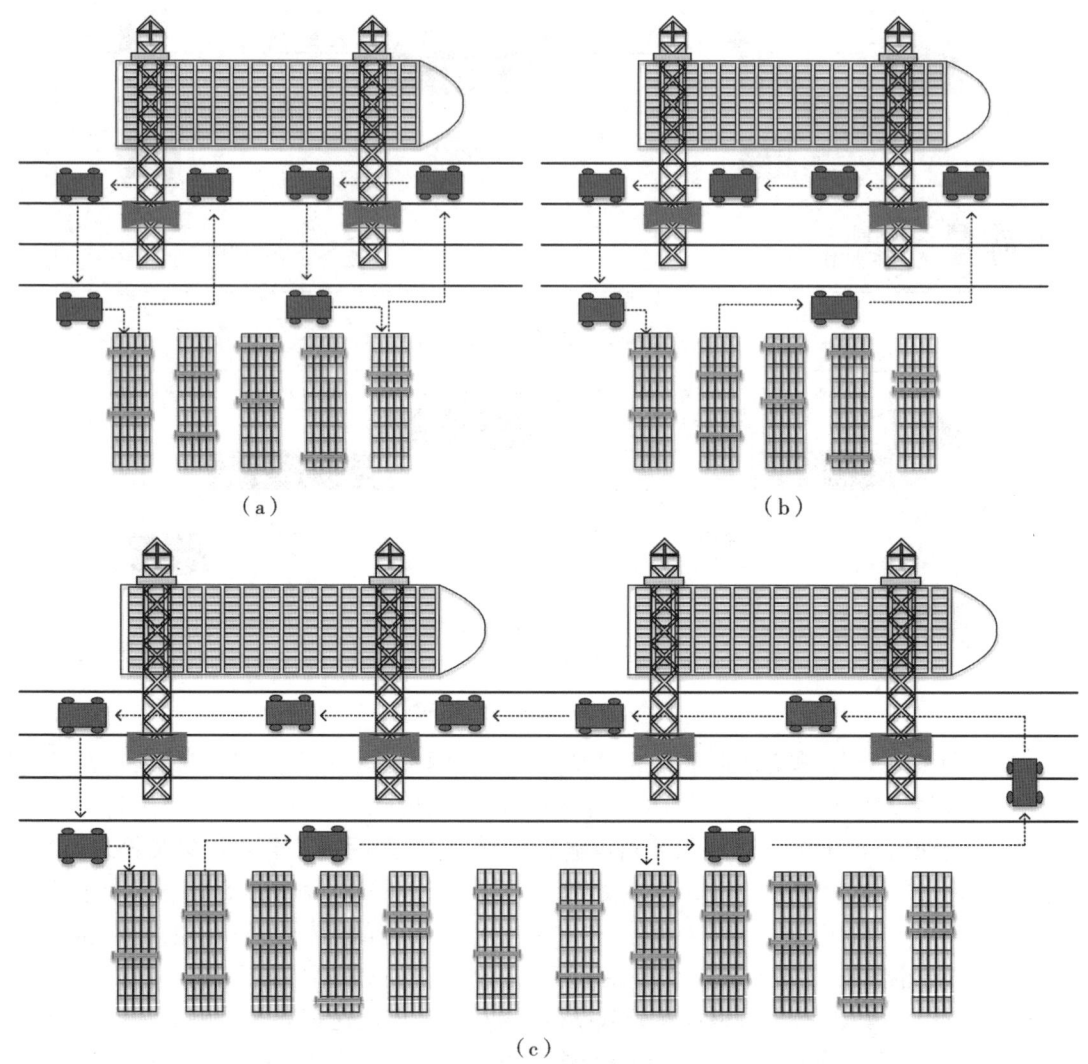

图 3-24　AGV 调度模式示意图

下面介绍 AGV 配置与调度的基本思路与方法。

自动化集装箱码头的水平运输机械调度策略根据实际情况有多种选择:

(1)先到先服务策略:目前应用最广的策略,不考虑其他因素,优先将任务分配给先到达岸桥或场桥的 AGV。

(2)随机分配策略:即 AGV 在完成当前运输任务后,将随机获得下一个作业任务的分配。

(3)截止时间最早优先策略:对于未操作的集装箱任务,预计截止时间最早的任务将被赋予更高的优先级,并优先分配 AGV 进行运输。

(4)最大空闲时间优先策略:即优先考虑当前空闲时间最长的 AGV,并将其作为优先选项来分配运输任务。

(5)最小运输时间策略:在所有可用的水平运输设备中,优先选用执行运输集装箱作业时间最短的 AGV。

(6)最小空载距离策略:即在所有 AGV 运行时,选择空载行驶距离最短的 AGV 来执行任务,以缩短空载时间和降低空载成本。

(7)调度次数最少的优先策略:即在所有 AGV 操作中,优先考虑执行运输作业次数最少的 AGV,并优先为其分配新的运输任务。

在构建自动化集装箱码头 AGV 配置与调度的数学优化模型时,港口运营者需要综合考虑多种因素。不同的目标函数将引导出不同的调度结果和解决方案。常见的目标函数包括以下几种:

(1)最小化参与工作 AGV 的总数量:该目标旨在减少参与装卸任务的 AGV 数量,并让这些 AGV 尽可能高效地参与多个作业线的调度,从而减少港口资源的浪费,提高资源利用率。

(2)最小化岸桥或场桥等待时间:在堆场中,相较于集卡,岸桥和场桥是更为稀缺和昂贵的资源,此目标优先考虑缩短岸桥和场桥在运行过程中的等待时间。

(3)最小化水平运输设备空载距离:该优化方向旨在缩短执行下一任务的集卡在行驶过程中的空载时间,即让集卡在空载状态下到达下一任务所在位置的时间最短,从而降低能耗。

(4)最小化作业成本:该优化方向在确保所有任务在规定时间内完成的前提下,最大限度地降低装卸作业的成本,包括人力、设备维护、能耗等方面的费用。

(5)最小化 AGV 总行驶距离:优化路径规划和任务分配,确保 AGV 的总行驶距离最短,从而降低运输成本,提高整体运营效率。

时空网络建模方法在车辆调度领域展现出了广泛的应用价值。基于时空网络,我们可以更加形象地理解车辆在每个时间段的位置。顾名思义,时空网络图应该表达出"时间"与"空间"两个概念。如图 3-25 所示,我们以一辆集卡从起始点空驶至节点 2 提取出口集装箱,将其运输至岸桥并返回原处的简单情况为例,绘制了时空网络图。我们考虑集卡每段路径的行驶时间均为 1 单位。该时空网络图中,横轴代表"时间"(点),纵轴代表"空间",也就是集卡的位置,网络图中每一个弧代表集卡在对应时间段内的运行轨迹,整条链代表集卡在规划期内完成运输任务的全部行驶过程。此外,通常堆场内的集卡调度问题将每一个箱区(子箱区)均视为节点,且很多节点之间受到空间位置关系的限制不可直接抵达(如图 3-25 中节点 1 与节点 4),同时,许多研究将路径方向、多卡车之间的影响考虑在内,使得问题更加复杂。

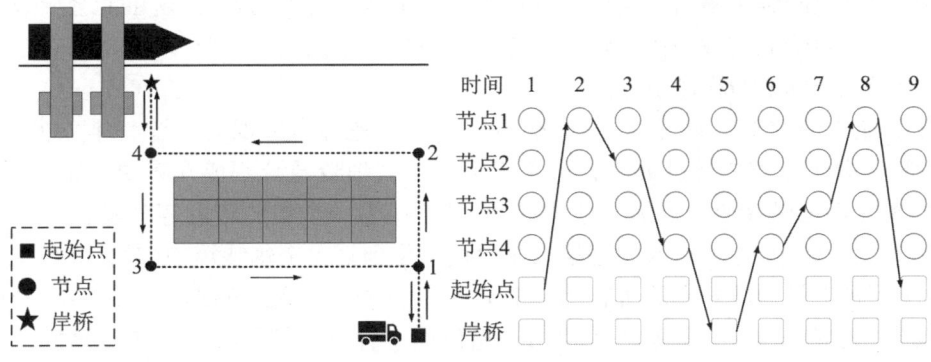

图 3-25 时空网络基本示意图

时空网络图也可以为许多 AGV 配置与调度问题提供建模与求解的思路。例如 AGV 配置问题,可以根据时空网络的特点转化为经典图论问题中的最小不相交路径覆盖选址问题,进而将图重新表示为二分图,再运用图论中的知识与方法求解问题,得出最佳 AGV 配置数量。而 AGV 调度问题相对更加复杂,往往需要在考虑路径冲突与障碍的同时,为每一 AGV 决策出具体的任务执行计划,但决策者仍然可以通过构建时空网络模型分析 AGV 调度问题,并采取有效的方式(优化、仿真等)解决码头堆场 AGV 调度问题,提高码头的运行效率和自动化水平。

三、堆场空间资源分配问题

(一)集装箱码头的堆场分配

1.集装箱码头堆场相关概念

在集装箱码头中,堆场堆存的集装箱主要分为进口集装箱和出口集装箱两大类,这两类集装箱的堆存对码头的运营产生着深远的影响。传统的集装箱堆场物流调度方式主要分为两种方式:一种方式是明确划分区域,前方堆场专门用于堆存进口集装箱,而后方堆场专注于储存出口集装箱。在这种模式下,出于安全等因素的考虑,危险罐箱通常不会在堆场内存放,而是直接在船边进行装卸作业。另一种调度方式则更加灵活,它允许进口集装箱与出口集装箱在堆场内进行混合堆存。

第一种调度方式适用于那些堆场面积相对充裕,且进出口集装箱数量相对较少的港口码头。在这种模式下,前方堆场被专门用于堆存进口集装箱,后方堆场则专门用于堆存出口集装箱。该堆存模式遵循着一套严格的操作规则,这种规范化的作业方式也大幅降低了码头内的操作复杂度,有助于将堆场中的倒箱率控制在较低水平,能够显著提升装船和提箱操作的效率。然而,随着经济的快速发展和对外经济联系的日益紧密,集装箱的数量迅速攀升,许多港口已经或即将达到满负荷状态,这使得进口集装箱与出口集装箱分开堆存的传统方式难以适应新时代经济发展的需求。

图 3-26 所示为混合堆存策略下的码头堆场工作示意图。在这种模式下,进出口集装箱可以在同一箱区内进行堆存。随着快速增长的吞吐量对有限堆场面积的冲击,集装箱堆场的堆存方式也不得不做出改变。因此,许多港口,如上海港、厦门港、香港港等,开始采用进出口集装箱混堆的方式。这种混合堆存方式能够显著提高物流空间资源的利用率。然而,由于堆场面积的限制,提高空间利用率的方法往往意味着增加集装箱的堆码高度,这可能会导致堆场内的倒箱率上升,从而降低场桥的作业效率。与第一种模式相比,混合堆存模式下存在更多的不确定因素,堆场工作的复杂程度也更高。

对于集装箱堆场的管理而言,一种常见的处理方式是将箱区视为一个三维立方体空间。如图 3-27 所示,每个立方体通过贝、列、层这三个维度被细致地分割成众多更小的三维单元,每个这样的单元都足以容纳一个集装箱,因此可以被视为一个集装箱的存放箱位。在码头的日常运营与管理工作中,为了确保能够精确无误地定位到每一个集装箱,并对其进行有效的跟踪管理,堆场管理人员为堆场内的所有箱位都分配了一个独一无二的编号。这些编号通常由数字或字母(或两者的组合)构成,以确保每个箱位的位置信息都是唯一且不重复的。在国内的码头中,箱位的编号通常采用六位数字或字母的形式,这六位数字或字母代表着箱区号、贝号、列号和层号这四个关键的位置信息。这样的编号体系既简洁又高效,极大地便利了堆场管理人员对集装箱的精准定位与高效管理。

如表 3-1 所示,堆场内的集装箱种类可被划分为四种,且每种类型的集装箱都伴随着特定的堆场操作任务。具体来说:

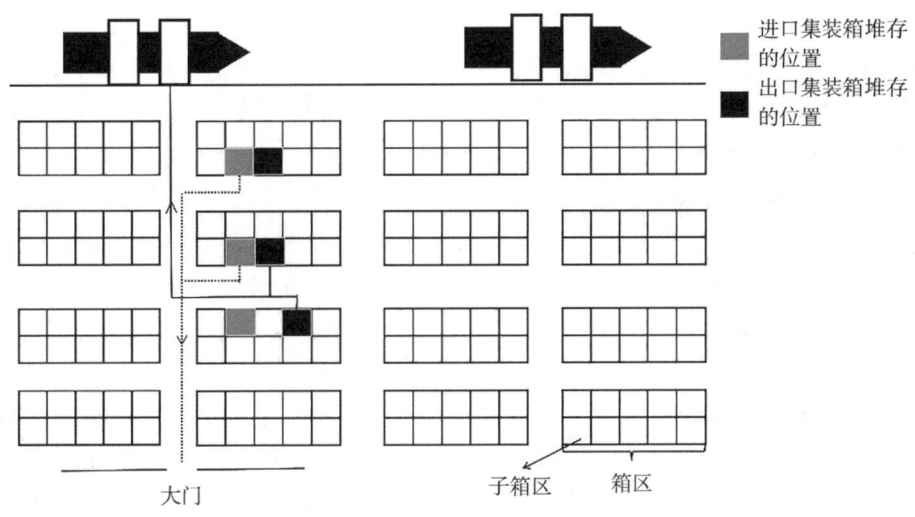

图 3-26 混合堆存策略下的码头堆场工作示意图

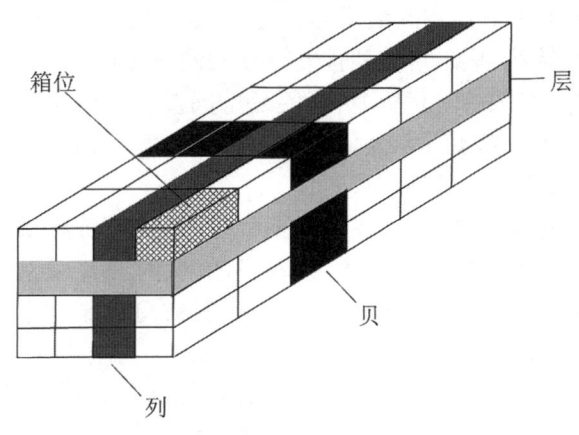

图 3-27 集装箱堆场箱区示意图

表 3-1 集装箱分类

分类	介绍
卸船箱	在船舶上,等待卸船的进口集装箱
待提箱	在堆场内,等待客户提箱的进口集装箱
装船箱	在堆场内,等待装箱的出口集装箱
进场箱	在集卡上,等待分配的出口集装箱

(1)卸船箱与卸船作业紧密相关:当船舶停靠在指定的泊位后,岸桥会依据事先规划的卸船顺序,有条不紊地将集装箱从船上卸下,随后由集卡将这些集装箱安全地运送至堆场内的指定箱区进行妥善存放。

(2)待提箱与疏港任务紧密相连:一旦码头收到货主或其代理人的提箱通知,并顺利办理完所有相关手续后,那些原本从船舶上卸下的、存放在堆场内的集装箱将被有序地输出港口,从而顺利完成疏港过程。

(3)装船箱对应装货任务:当待运输的船舶稳稳地停靠在指定的泊位后,岸桥会根据装船顺序的安排,将堆场内的相应集装箱准确无误地输送至船舶的指定配载位置,以确保船舶能够顺利装载货物,并正常出航。

(4)进场箱则与集港任务息息相关;货主或代理会将相关集装箱运送至堆场,港口工作人员在仔细收齐所有资料并进行全面且必要的检查后,会在堆场内进行集装箱的临时存储,这些集装箱将继续等待装船或其他后续作业。

2.集装箱码头空间资源优化

作为码头管理者,为了最大化码头资源利用率,必须对堆场系统管理给予足够的重视。整体上的系统优化是提升集装箱码头整体优势的关键。只有对堆场内的各种资源进行合理研究与分配,才能有效降低因此产生的各种费用,从而最大限度地提高堆场的工作效率,并提升顾客服务水平。

堆场空间资源配置的合理性主要取决于以下两个关键指标:设备利用率和船舶靠港时间。设备利用率是衡量码头作业效率的重要指标,它反映了堆场设备的使用效率和生产能力;而船舶靠港时间是衡量顾客满意度的关键指标,它直接关系到船舶的周转效率和船东的运营成本。

港口在集装箱堆存作业中,经常采用 PSCW 原则来优化堆存效率。这一原则要求在堆存时,对于具有相同目的港口(Port)、相同集装箱尺寸(Size)、相同集装箱种类(Category)以及相同重量等级(Weight)的集装箱,应尽可能地被安排在相同或邻近的贝位中。然而,在实际操作中,由于堆场的箱位容量是有限的宝贵资源,即便是不同重量级的出口集装箱,在必要时也可能需要被安排在同一贝位中。这就要求我们在制定排箱方案时,必须充分考虑到当前堆场所采用的堆存策略,以确保方案的合理性和可行性。

在实际进行集装箱堆存作业时,我们需要根据集装箱的各项属性来依次考虑其堆存位置。如图 3-28 所示,某堆场按照出口集装箱尺寸、运输目的港、时间等级、重量等级的优先考虑顺序,安排集装箱的堆存策略。通过综合考虑这些因素,我们可以制定出更加科学、合理的排箱方案,从而进一步提高堆场的利用效率和作业效率。

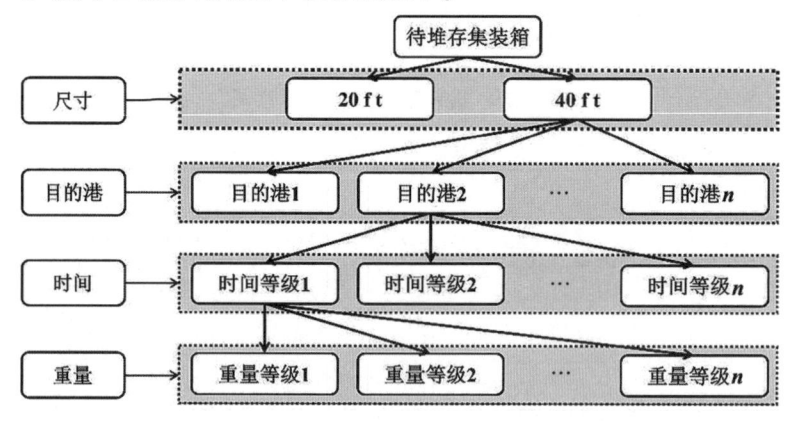

图 3-28　集装箱堆场属性优先选择示意图

即使码头对场内的集装箱已经按照上述规则进行堆存,也会产生一些不尽如人意的堆放。堆场在完成集装箱堆存作业时,会为每个集装箱分配不同的箱位。若相邻的两个集装箱被分配到了不同的贝位,场桥就不得不移动至相应的贝位来完成装卸作业。另外,如果某个集装箱上方已经堆放了其他箱子,那么在作业开始之前,就必须先将上方的箱子转移到其他位置(翻箱)。因此,如果集装箱在堆存前没有进行科学的规划和合理的位置分配,就会导致大量的不必要的场桥移动和翻箱操作,从而严重影响码头的工作效率。无论码头堆场采用多么科学的集装箱堆存策略,都无法适用于所有情况,所以研究如何分配箱位、如何进行集装箱调度以最小化场桥移动和翻箱量的总成本至关重要。

集装箱码头空间资源优化的主要目的是提高堆场内场桥与集卡的工作效率,即科学的集装箱堆存是其他港口资源高效运转的前提。由于工作环节较多,通常采用两阶段方法优化堆场的资源:第一阶段,通过箱量的合理分配,即平衡各箱区容量以及计划期内不同阶段到达的箱量,来缩短场桥在堆场内的移动距离,最大化场桥的使用效率;第二阶段,考虑集卡的运输路径,通过合理的集装箱堆放位置规划,最小化集卡在堆场中集装箱堆放位置与各个泊位之间的总运输距离。堆场空间、集卡与场桥等堆场资源的协同调度优化,有助于提高码头的整体运营效率,降低运输成本。

(二)滚装码头的堆场分配

滚装运输指以滚装船运输为主的水路运输方式,即将装有集装箱的货车、装有货物的带轮托盘,或各种机动车作为货运单元,直接驶上或驶离滚装船的一种运输方式。滚装运输的商品以汽车及农用机械为主。作为滚装运输的主要运输工具,滚装船在远海段和近海段有着不一样的运力配置。远海滚装船的运力可达 6 000 辆,而部署在近海段的船舶运力可达 1 000 辆。

因此,汽车转运码头管理着大量进出的汽车。与集装箱不同,汽车被认为是易碎物品,需要大量劳动力进行搬运。此外,汽车在堆场时,不仅需要保持安全距离,且无法堆放,这导致需求的堆场面积比集装箱码头更大。

如图 3-29 所示,滚装码头的堆场并非遵循传统的按箱区划分的方式,而是按照停车列进行划分。在特定的计划时段内,大量汽车会陆续抵达并离开码头。为了满足不同进出口订单的储存需求,同时方便堆场的管理和司机的驾驶,港口运营者会为每个订单分配多个相邻的停车列(图中不同颜色的停车列代表被分配给不同的订单),所需的列数取决于订单车辆数和每个停车列可储存的车辆数。堆场管理员很少令不同的进出口订单需求共享同一车列,这可能导致一小部分车列的车位产生空缺(数量较少,可忽略)。一旦分配到停车列,汽车在停留期间将保持在堆场的同一位置,以降低损坏的风险。这种不重新进行调度的规则,加之场地的低密度,使研究堆场空间分配问题更加重要。为不同订单进行堆场空间(车列)分配的目标是尽量缩短总处理时间,减少堆场司机和工人的时间浪费,以降低堆场的管理成本。

为了满足每个订单的储存周期,即从开始储存到结束储存的时间段,我们不仅要确保汽车驶入时车列的空闲,还要避免车列在同一时间段内被重复占用。这一问题实质上可以视为二维装箱问题的一个变种(如图 3-30 所示)。在这个问题中,横轴代表车列,纵轴代表时间。为订单决策出的车列分配方案可以用一个矩形来表示,其中矩形的高度代表储存时间,宽度则代表占用的车列数。

我们可以通过设定最小化工人将车辆从泊位驾驶至指定车列的总时间,或最小化车辆的行驶距离等指标为优化目标,研究滚装码头的堆场分配问题。通过解决这些优化问题,我们可以为滚装码头的订单需求提供更为高效、合理的堆场空间(车列)分配方案。图 3-30 展示了某滚装堆场分配问题的一个解决方案,通过直观的图形化表示,我们可以清晰地看到各个订单在车列和时间维度上的分配情况。这样的解决方案不仅有助于提升堆场的运营效率,还能有效降低管理成本,为滚装码头的整体运营带来更大的效益。

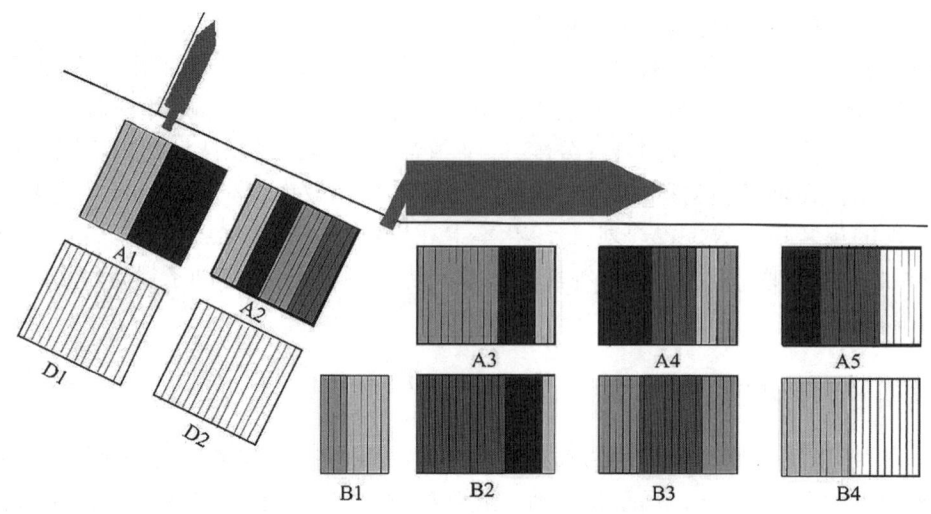

图 3-29　滚装码头堆场分配示意图

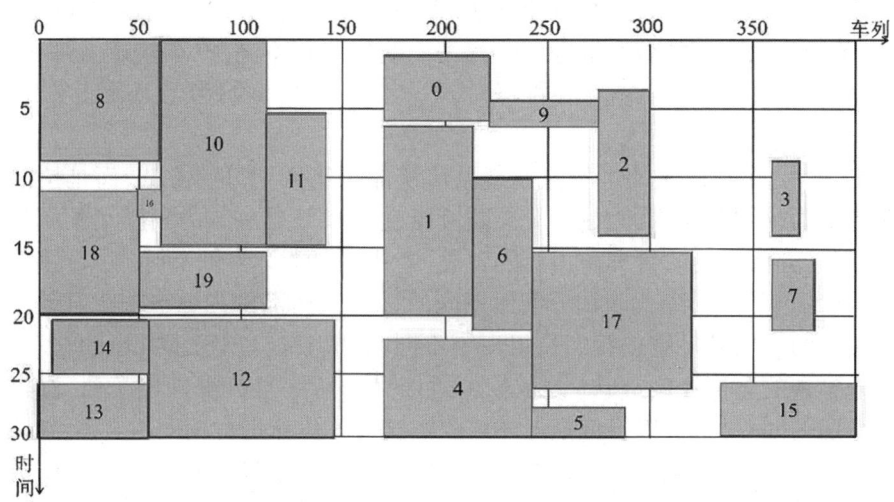

图 3-30　滚装码头堆场空间(车列)分配方案示意图

第四章

枢纽港选址问题

第一节　相关概念与理论基础

　　枢纽港选址是指在交通或物流网络中选择若干节点作为枢纽,优化物资或客流的集散和传输过程。合理布局枢纽,可以降低运输成本、提高网络效率,从而提升整体系统的运营效益。选址问题最早出现在邮政运输业,如韦伯问题,旨在确定一个仓库的位置,使其与多个顾客之间的总距离最小。在航运业中,枢纽港选址问题研究集中于班轮运输业,通过选择某些港口作为班轮航线的中转站,优化网络效率。合理布局枢纽港口,可以降低运输成本、提高货物流通速度,并增强对全球贸易需求的适应性。本章将主要介绍班轮运输行业的枢纽港选址问题,详细介绍选址问题作为最优化问题时的基本概念与相应模型。

一、问题分类

　　随着航运业的发展,班轮运输普遍使用"干线/支线"航线的运营模式。在这种模式下,航线的两端各选定一个或多个干线转运港,称为枢纽港,干线船负责在这些枢纽港之间往返航行,形成干线运输。由于干线船运量大,单位货物的运输成本低,因而其在班轮航线中发挥了规模经济的优势。支线船负责将小港与干线港转运连接,进行往返运输,完成货物的集散,使偏远或小型港口能够融入全球航运网络。

　　干线与支线相结合的运输模式提高了航运网络的整体效率。在这一过程中,枢纽港作为干线与支线之间的中转节点,发挥着至关重要的作用。枢纽港不仅承担着货物的中转、集散功能,还能通过辐射作用推动腹地及周边港口的发展。其选择对班轮网络的构建至关重要,优秀的枢纽节点具备优越的自然条件、良好的航线连通性及充足的投资和政策支持,能影响整个网络的效率和经济性,有助于缩短运输路段,降低运输成本。

根据决策者目标不同,班轮枢纽港选址问题可分为三类:中位选址问题、中心选址问题和覆盖选址问题。这些不同类型的选址问题不仅在决策目标上各有侧重,还在问题的解决逻辑和策略上产生显著差异。其中,中位选址问题是枢纽港选址问题中最为经典的问题。其问题如图 4-1 所示,在一个具有 $N = 7$ 个港口节点的全连通图中,任意港口节点之间都可能有确定方向的运输需求,运输网络将最多存在 $N(N-1)/2 = 21$ 条路段。为降低网络复杂度,决策者需要从这些港口节点中选择部分合适节点作为枢纽港,构建运输网络,实现网络整体性能最优,使得所有节点到枢纽港的成本、距离或者运输时间指标最小。

在图 4-1(b)中,决策者选择 $P = 3$ 个节点为枢纽港,其他 4 个节点作为喂给节点与枢纽节点相连,该结构称为轴辐式网络结构。将货物集中在少数枢纽港进行转运,港口间运输路段仅有 7 条,减少 66.7%。货物集中于少数运输路线实现了运输的规模经济,降低了单位运输成本,提高了效率。

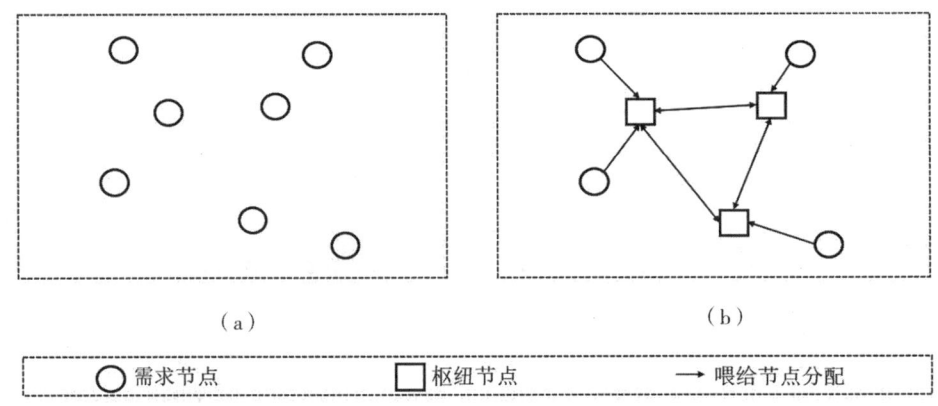

图 4-1　枢纽港选址

不同于中位选址问题追求整体效益,中心选址问题的主要目标是所有节点到枢纽港的最大距离最小,也就是使得最坏情况最优。因此,中心选址问题也被称作最小最大化问题。

覆盖选址问题是在已知需求点位置和数量的情况下,通过一些既定原则来确定枢纽港的最佳位置。覆盖选址问题又可以分为枢纽集覆盖选址问题和最大枢纽覆盖选址问题。枢纽集覆盖选址问题的目标是在满足所有喂给节点的需求下,选择合适的位置设立枢纽港,以实现建设成本最小或枢纽港数量最少。最大枢纽覆盖选址问题的目标是在资源有限且服务枢纽数量已知的情况下,使所覆盖的节点或需求量最大化。

二、基本参数与假设

枢纽港选址问题是关注如何在交通或物流网络中选取若干设施(枢纽)位置,以优化物资流动、成本和服务质量。相较于其他选址问题(如设施选址问题),枢纽港选址问题有着更明确且严格的假设条件。当前大多枢纽港选址问题基于以下三条固定假设:

（1）对于任意起终点对,起点到终点的运输需要通过枢纽中转;

（2）枢纽层面的网络是全连通的;

（3）枢纽之间的运输具有规模经济,用规模经济(或折扣)因子表示。

首先,三条假设是枢纽港选址问题的重要前提,通过严格要求任何货物运输都必须经过一个或多个选定的枢纽,确保了枢纽的中转集散作用。其次,要求所有枢纽之间都直接连接,也就是任意两个枢纽间货物可以没有障碍地相互运输,降低了问题的复杂性。最后,考虑运输路径的货物运输量增加时,单位运输成本会降低,呈现出规模经济的特点。在具体模型中可以使用特定的折扣因子来量化这种效应,使得在做出运输决策时可以考虑到规模对成本的影响。

当选址问题作为最优化问题时,问题涉及多个固定参数,这些参数在模型构建和求解过程中起着关键作用。以下是主要的固定参数和符号表示:

（1）$N:\{i,j...\}$:港口节点集合。

（2）C_{ij}:从节点 $i \in N$ 到节点 $j \in N$ 的单位需求量运输成本。

（3）W_{ij}:从节点 $i \in N$ 到节点 $j \in N$ 的运输需求量。

（4）x_i:是否在港口节点 $i \in N$ 建设枢纽。

（5）x_{ik}:港口节点 $i \in N$ 是否选择港口节点 $k \in N$ 作为其连接的枢纽港。

（6）f_{ikmj}:港口节点 $i \in N$ 通过枢纽港 $k \in N$ 和 $m \in N$ 目的港口节点 $j \in N$ 的货物数量。

（1）~（3）是枢纽港选址港问题的基本参数和集合。（4）~（6）分别是枢纽节点的选址决策、喂给港口节点的分配决策和运输网络设计决策。决策（4）主要关注在哪些地理位置建立枢纽节点,由于航运业港口设施规模巨大,建造港口涉及多重因素,因此选址决策经常被称为港口节点的选择决策。决策（5）和（6）不仅涉及枢纽节点与喂给节点之间的合理分配,还需要制订有效的运输计划以确保高效运输。

三、选址影响因素

班轮运输选址问题通常考虑多种因素,以确保决策的科学性和合理性。这些因素可以分为几个主要类别。

1.网络结构

在真实港口网络中,部分港口凭借其独特的优势,成为货物运输的重要节点。一些港口位于战略性水域或交通要道,能够有效连接国际航线和国内航道,为货物提供便捷的进出通道。这些港口作为运输网络中的重要港口,更容易成为运输网络的枢纽,通常在选址过程中作为枢纽备选港。

此外,一些港口在市场竞争中处于领先地位,主要满足其内陆经济腹地的运输需求,并因此拥有较大的吞吐量。这类港口虽然在运输网络中可能并不被视为传统的枢纽港口,但也不属于喂给港,而是在其特定区域内发挥着重要的运输功能。因此,在选址过程中,这些港口通常被称为主要港。

运河也对枢纽港的选址有着明显的影响。运河在班轮运输服务航线中和其他港口存在大量的连接,因此运河实际上类似于枢纽港,可以在不同的集装箱班轮运输服务航线之间实施转运作业。班轮运输公司可以将枢纽港开设在运河周围,使集装箱的中转更方便。例如,连通着巴拿马运河的巴博拉港是世界范围内最著名的枢纽港之一。

2.喂给港分配

在枢纽港选址问题中,单分配和多分配是两种不同的决策策略,它们涉及枢纽节点与喂给节点之间的货物分配方式。这两种分配方式对运输效率、成本及网络结构有着显著影响。

单分配策略是指每个喂给节点只能选择一个枢纽节点进行货物分配。在这种情况下,所有来自同一喂给节点的货物必须通过一个特定的枢纽节点进行运输。这种策略通过避免更多的连接弧的出现,减少了路段运输过程中的运输方案数量,有利于简化管理,降低运输管理和调度难度。

多分配策略则允许每个喂给节点选择多个枢纽节点进行货物分配。在这种情况下,来自同一喂给节点的货物可以通过不同的枢纽节点进行运输。该策略允许货物根据实际情况来选择合适的枢纽和运输方案,增强了网络的适应性和灵活性,然而也增加了运输的复杂性。

在枢纽港选址问题中,单分配策略和多分配策略各有优缺点,决策者需要根据具体的运输情况和费用结构等,进行深入分析和合理运用,选择合适的策略。

3.规模经济

运输规模经济是枢纽港选址问题的重要推动力,选址研究基本要考虑如何更好地反映规模经济。通过枢纽港,来自喂给港的货物需求量得以有效地汇集到枢纽港。这一过程中,枢纽节点之间的货物运输通常表现出高频次、大批量、高质量和低成本等显著特点。这种运输模式提升了整体物流效率,显著降低了单位运输成本。

枢纽节点之间的运输低成本特点被统称为枢纽间运输的规模经济。规模经济指的是随着运输量的增加,单位成本逐渐降低的现象。这是因为在高频次、大批量的运输条件下,航运公司能够优化运输资源的配置,例如使用大型船舶运输或提高船舶的利用率,从而分摊固定成本降低总成本。

许多学者针对规模经济进行了定量分析,并通过线性拟合将运输量与运输成本的关系刻画为线性关系。如图 4-2 所示,曲线是 Bryan 刻画的不同交通流量的成本函数,用 W_{ij} 表示运输量, Z 表示运输费用,则图中曲线流量和运输成本的关系函数可以表示为:

$$Z = F(W_{ij}) \tag{4-1}$$

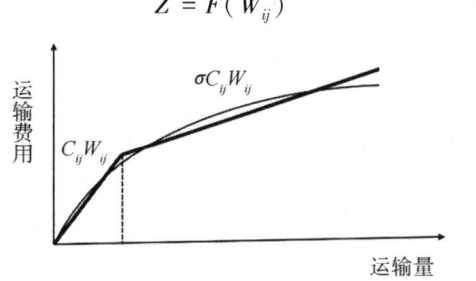

图 4-2　运输量与运输费用

该曲线可以通过分段线性化来近似,如图中直线线段,代表了两种交通方式或模式(例如小型船舶和大型船舶)。

$$Z = C_{ij}W_{ij}, W_{ij} \leq \tau \tag{4-2}$$
$$Z = \sigma C_{ij}W_{ij}, W_{ij} \geq \tau \tag{4-3}$$

其中, C_{ij} ——单位货物的运输费用;

　　　 σ ——大流量的规模经济系数;

τ ——一定的货运规模量。

使用运输经济系数表示规模经济的方式是普遍的。

第二节　中位选址问题

一、基本概念

中位选址问题是枢纽港选址研究中最为常见的一类问题,超过 60% 的选址问题研究属于枢纽中位选址问题范畴。中位选址问题通常也称为 p-枢纽中位问题,研究的核心在于在给定的枢纽数量限制(最多为 p 个)下,优化网络布局以满足所有节点之间的运输需求,同时实现网络整体运营费用的最小化。

通过采用数学模型和优化算法,中位选址问题能够为复杂的运输网络设计提供系统性的指导。在这一领域,众多学者针对 p-枢纽中位问题进行了广泛研究,基于不同的研究思路和建模角度,可划分为数十种经典模型。在这些经典选址模型中,有三个被广泛认可并且具有重要影响力的模型:1987 年的 O'Kelly 选址模型、1994 年的 Skorin-Kapov 选址模型、1996 年的 Ernst-Krishnamoorthy 选址模型,具体介绍如下。

二、O'Kelly 选址模型

O'Kelly 模型是最早也是最为经典的枢纽港选址模型,该模型为枢纽港选址问题的研究奠定了基础,其通过引入运输成本和规模经济因子的考量,为后续研究提供了重要的参考。

该模型具有明显的优缺点。其优点是模型决策变量维度低、变量数少,决策变量复杂度仅为 $O(n^2)$。其缺点在于该模型的目标函数中具有非线性项,作为非线性模型无法使用经典线性规划算法计算精确解。

模型基本集合参数符号:

P:最大枢纽数量。

α:规模经济因子。

基于上面的集合参数,O'Kelly 模型具体公式为:

$$\min \sum_{i \in N} \sum_{j \in N} W_{ij} \left(\sum_{k \in N} x_{ik} C_{ik} + \sum_{m \in N} x_{jm} C_{jm} + \alpha \sum_{k \in N} \sum_{m \in N} x_{ik} x_{jm} C_{km} \right) \tag{4-4}$$

约束:

$$\sum_{k \in N} x_{ik} = 1, \forall i \in N \tag{4-5}$$

$$\sum_{k \in N} x_{kk} = P \tag{4-6}$$

$$x_{ij} \leqslant x_{jj}, \forall i,j \in N \tag{4-7}$$

$$x_{ij} \in \{0,1\}, \forall i,j \in N \tag{4-8}$$

上述模型中,目标函数(4-4)表示全局运输费用最小。约束(4-5)表示所有节点必须选择一个节点作为枢纽节点。约束(4-6)表示枢纽港的数量是 P。约束(4-7)表示所有港口都要选择一个枢纽。约束(4-8)表示决策变量定义域。模型约束(4-5)~约束(4-8)是 p-枢纽中位问题研究中最为经典和基础的约束,后续模型基本继承了这些约束。

模型用 x_{ij} 决策变量表示喂给港的枢纽分配决策,包含了枢纽港选择决策和网络设计决策。图 4-3 展示了 O'Kelly 选址模型建模思路。

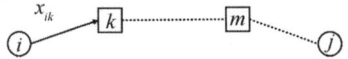

图 4-3　O'Kelly 选址模型建模思路

三、Skorin-Kapov 选址模型

Skorin 和 Kapov 等在 O'Kelly 模型的基础上进行了进一步的扩展,强调了货流的全局性。该扩展模型称为 Skorin-Kapov 选址模型,使用四维决策变量 x_{ijkm} 表示从起始节点 i 经过 k 然后 m 到达目的节点 j 的比例,并引入新成本参数符号如下:

C_{ijkm}:从节点 i 到 j 经过 k 和 m 的单位运输成本($C_{ijkm} = C_{ik} + C_{jm} + \alpha C_{km}$);

x_{ijkm}:从节点 i 到 j 经过 k 和 m 的运输比例。

模型表示为:

$$\min \sum_{i \in N} \sum_{j \in N} \sum_{k \in N} \sum_{m \in N} W_{ij} x_{ijkm} C_{ijkm} \tag{4-9}$$

约束:

$$\sum_{m \in N} x_{ijkm} = x_{ik}, \forall i,j,k \in N \tag{4-10}$$

$$\sum_{k \in N} x_{ijkm} = x_{jm}, \forall i,j,m \in N \tag{4-11}$$

$$x_{ijkm} \geqslant 0, \forall i,j,k,m \in N \tag{4-12}$$

模型中 x_{ijkm} 是浮点型决策变量,表示节点 i,j 之间的运输量先选择节点 k 后选择节点 m 作为枢纽的比例,如图 4-4 所示。目标函数(4-9)表示全局运输成本最小。约束(4-10)~约束(4-12)是四维决策变量 x_{ijkm} 的定义域和与二维决策变量 x_{ik} 的关联关系。

$$x_{ijkm}$$
$$i \text{—} k \text{—} m \text{—} j$$

图 4-4　Skorin-Kapov 选址模型建模思路

Skorin-Kapov 选址模型作为 O'Kelly 选址模型的高维线性拓展,线性模型可以使用线性规划算法直接计算精确解。然而,该模型使用两种决策变量 x_{ijkm} 和 x_{ik},相较于 O'Kelly 选址模型,模型复杂度从 $O(n^2)$ 增加到 $O(n^4)$,计算难度和占用空间大大提高,事实上 Skorin-Kapov 选址模型难以求解大规模算例。

四、Ernst-Krishnamoorthy 选址模型

基于上述模型的特点和问题,Ernst 和 Krishnamoorthy 使用了流量角度的建模方式,提出 Ernst-Krishnamoorthy 选址模型,用三维流量变量表示流量守恒关系,将模型复杂度从

$O(n^4)$ 降低到 $O(n^3)$，得以快速求解。Ernst-Krishnamoorthy 选址模型不仅决策枢纽港选择和喂给港分配，同时也部分确定运输网络的流量情况，引入额外参数和符号。

O_i：节点 i 作为起始节点的运输量。

D_i：节点 i 作为目的节点的运输量。

y^i_{km}：节点 i 作为起始节点经过节点 k 和 m 的货物量。

模型可表示为：

$$\sum_{i \in N} \sum_{k \in N} x_{ik} C_{ik} (O_i + D_i) + \sum_{i \in N} \sum_{k \in N} \sum_{m \in N} \alpha C_{km} y^i_{km} \tag{4-13}$$

约束：

$$\sum_{m \in N} y^i_{km} - \sum_{m \in N} y^i_{mk} = O_i x_{ik} - \sum_{j \in N} W_{ij} x_{jk}, \forall i, k \in N \tag{4-14}$$

$$y^i_{km} \geq 0, \forall i, k, m \in N \tag{4-15}$$

目标函数(4-13)表示全局运输成本最小。约束(4-14)和约束(4-15)是决策变量 y^i_{km} 的流量守恒约束与定义域。

模型中 y^i_{km} 是浮点型决策变量，表示节点 i 作为起始节点经过枢纽节点 k 和枢纽节点 m 的运输量，如图 4-5 所示。

图 4-5　Ernst-Krishnamoorthy 选址模型建模思路

第三节　中心选址问题

一、基本概念

中心选址问题，又被称为最小最大化问题，是枢纽港选址领域中的一个重要研究方向。其核心思想是在给定的网络中选择 P 个节点作为枢纽，以确保任意节点到其对应枢纽的距离最大值最小化。因此，中心选址问题常被称为 P 枢纽中心问题。

P 枢纽中心问题的主要目的是在不利情况下寻求最优解，最大限度地降低潜在的损失。在这种目标下，决策者必须考虑到最坏的情况，以确保每个节点都能够在合理的时间内获得必要的服务。因此，该问题的研究广泛应用于许多现实生活中的情境，如急救中心、消防站和航运搜救等行业。这些领域需要快速反应和高效服务，因此中心选址问题对于优化提升网络能力至关重要。

二、模型构建

根据不同的研究目标和约束条件，枢纽中心问题可以分为多个分类。其中，Campbell 提出了 P 枢纽中心问题的三类目标：

(1) 最小化任意起终点对之间的最长运输时间；

(2) 最小化网络中任意一条路段的最大运输成本；

(3) 最小化起始节点或目的节点与枢纽间的最大运输成本。

目标 (1) 旨在确保网络中任意两点之间的运输时间保持在一个最低水平。选择最优的枢纽节点，可以显著提高运输效率，尤其是在需要快速响应的行业中，如急救和紧急物流服务。目标 (2) 关注整个运输网络中各条路段的成本分布，力求在所有运输路径中最大成本最小化。这一目标的实现不仅有助于降低整体运输费用，还能提高网络的经济性，增强运营的可持续性。目标 (3) 强调了枢纽节点与各个起始节点或目的节点之间的成本关系，旨在确保与枢纽节点的连接成本处于一个合理范围内，有利于提升服务质量和客户满意度。

上述三类目标概括了 P 枢纽中心问题的主要研究方向，为后续的模型构建和优化策略提供了清晰的指导。

$M = \{(i,j)...\}$：起终点港口对集合。

T_{ijkm}：从节点 i 到节点 j 经过节点 k 和节点 m 的单位需求量运输时间。

x_{ikmj}：节点 i 到节点 j 是否经过节点 k 和节点 m。

通过引入上述参数符号，第一类枢纽中心问题的数学模型可以表示如下：

$$\min_{\forall (i,j) \in M,\ \forall k,m \in N} \max \{T_{ijkm} x_{ikmj}\} \tag{4-16}$$

约束：

$$\sum_{k \in N} x_k = P \tag{4-17}$$

$$x_{ikmj} \leq x_k, \quad \forall (i,j) \in M, \quad \forall k,m \in N \tag{4-18}$$

$$x_{ikmj} \leq x_m, \quad \forall (i,j) \in M, \quad \forall k,m \in N \tag{4-19}$$

$$\sum_{k \in H} \sum_{m \in H} x_{ikmj} = 1, \quad \forall (i,j) \in M \tag{4-20}$$

$$x_{ikmj}, x_k \in \{0,1\}, \quad \forall (i,j) \in M, \quad \forall k,m \in N \tag{4-21}$$

目标函数 (4-16) 表示使网络所有起终点对之间最长运输时间最短。约束条件 (4-17) 确保选择枢纽港数量为 P。约束 (4-18) 和约束 (4-19) 表示喂给港的运输必须经由枢纽港中转完成。约束 (4-20) 表示所有起终点对都被服务。约束 (4-21) 定义了决策变量的取值范围。

第二类枢纽中心问题的数学模型，可以表示如下：

$$\min_{\forall (i,j) \in M,\ \forall k,m \in N} \max \{\max(c_{ik}, c_{mj}, \alpha c_{km}) x_{ikmj}\} \tag{4-22}$$

约束条件同约束 (4-17) ~ 约束 (4-21)。

第三类枢纽中心问题的数学模型可以表示如下：

$$\min \max_{\forall i,k \in N} \{C_{ik} x_{ik}\} \tag{4-23}$$

约束：

$$\sum_{k \in N} x_{ik} = 1, \quad \forall i \in N \tag{4-24}$$

$$x_{ik} \leq x_k, \quad \forall i,k \in N \tag{4-25}$$

$$\sum_{k \in N} x_k = P \tag{4-26}$$

$$x_{ik}, x_i \in \{0,1\}, \quad \forall i,j \in N \tag{4-27}$$

第四节 覆盖选址问题

一、基本概念

覆盖选址问题是在已知需求点的位置、数量和每个枢纽或设施的服务范围的前提下,通过某些既定的原则,研究如何确定枢纽的最佳位置,以在满足覆盖所有需求点的前提下,实现建设成本的最小化。在覆盖选址问题中,需求点不一定与最近的枢纽相连接,而是受限于一定距离范围内的为其提供服务的枢纽或设施。这是覆盖选址问题与之前两类选址问题的最大差异。

与 P 中值模型通过总距离或总时间的测度指标不同,覆盖选址问题更侧重于确保所有需求点都能够获得足够的服务。因此,这类问题尤其适用于一些特定场景,例如公共服务领域,包括医疗卫生、消防安全和教育资源配置等。对于这些场景,覆盖选址问题的关键在于确保服务覆盖的全面性,以应对紧急事件或保障公共资源的公平分配。

根据限制条件和所追求的优化目标,枢纽覆盖选址问题可以分为枢纽集覆盖选址问题和最大枢纽覆盖选址问题。枢纽集覆盖选址问题和最大枢纽覆盖选址问题的主要区别在于对设施数量和需求强度的关注不同,前者适用于有设施成本约束的选址决策,后者则一般适用于建设经费充足或者设施成本相同的情况。

当满足以下三个条件之一时,Campbell 等学者认为起终点对 (i,j) 运输需求被枢纽节点 k 和 m 所覆盖:

(1)从起始节点 i 出发,到达目的节点 j 依次经过枢纽节点 k 和 m 的链路的成本不超过某个特定值时,认为起终点对 (i,j) 被枢纽节点 k 和 m 覆盖。

(2)当从起始节点 i 到达目的节点 j 依次经由枢纽节点 k 和 m 的路径上的总成本不超过某个特定值时,认为起终点对 (i,j) 被枢纽节点 k 和 m 覆盖。

(3)当任意非枢纽节点与枢纽节点之间的链路的成本不超过某个特定值时,认为起终点对 (i,j) 被枢纽节点 k 和 m 覆盖。

在满足第一种枢纽覆盖的条件下,其覆盖条件用公式表示如下:

$$C_{ikmj} \leq \gamma_{ij} \tag{4-28}$$

其中,γ_{ij} ——覆盖起终点对 (i,j) 的总成本的最大允许值。

满足第二种枢纽覆盖条件的公式表示如下:

$$\max \{C_{ik}, C_{mj}, \alpha C_{km}\} \leq \gamma_{ij} \tag{4-29}$$

在满足第三种枢纽覆盖的条件下,其覆盖条件用公式表示如下:

$$C_{ik} \leq \gamma_i \text{ 和 } C_{mj} \leq \gamma_j \tag{4-30}$$

二、枢纽集覆盖选址问题

枢纽集覆盖选址问题是指,在满足所有起终点运输需求被覆盖的前提下,即每个需求点都在其服务半径内被至少一个枢纽节点覆盖的情况下,研究如何使所建枢纽节点的数量最少或建设总成本最低的问题。枢纽集覆盖选址问题的核心在于确保所有需求点都能被覆盖,且允许存在重复覆盖的情况。因此,该问题在现实生活中通常应用于需要覆盖所有需求点的场景,如急救中心、派出所或海上搜救点的建设,尤其适用于在资源较为充足的情况下,或所有需求点都必须得到考虑的场合中。

$$\min \sum_{k \in N} F_k x_k \tag{4-31}$$

约束:

$$\sum_{k \in N} \sum_{m \in N} V_{ikmj} x_{ikmj} \geq 1, \ \forall (i,j) \in M \tag{4-32}$$

$$x_{ikmj} \leq x_k, \ \forall (i,j) \in M, \ \forall k,m \in N \tag{4-33}$$

$$x_{ikmj} \leq x_m, \ \forall (i,j) \in M, \ \forall k,m \in N \tag{4-34}$$

$$x_{ikmj}, x_k \in \{0,1\}, \ \forall (i,j) \in M, \ \forall k,m \in N \tag{4-35}$$

目标函数(4-31)旨在最小化服务中心的建设成本。约束(4-32)表示网络中所有起终点对至少被一个服务中心覆盖,即所有起终点对的需求都被满足。约束(4-33)和约束(4-34)表示喂给节点的需求必须经由枢纽节点中转。约束(4-35)表示决策变量的定义域。

模型中,F_k 表示在节点 k 处建立枢纽节点的固定建设成本;V_{ijkm} 表示起终点对 (i,j) 能否被枢纽节点 k,m 覆盖。当满足覆盖条件一时,参数计算如下:

$$V_{ijkm} = \begin{cases} 1, C_{ikmj} \leq \gamma_{ij} \\ 0, 其他 \end{cases} \tag{4-36}$$

当满足覆盖条件二时:

$$V_{ijkm} = \begin{cases} 1, \max\{C_{ik}, C_{mj}, \alpha C_{km}\} \leq \gamma_{ij} \\ 0, 其他 \end{cases} \tag{4-37}$$

当满足覆盖条件三时:

$$V_{ijkm} = \begin{cases} 1, C_{ik} \leq \gamma_i \ 和 \ C_{mj} \leq \gamma_j \\ 0, 其他 \end{cases} \tag{4-38}$$

该模型如果所有 F_k 的值都是相同的,即所有枢纽节点的固定建设成本是相同的,那么问题的目标相当于在满足所有起终点对需求的情况下使网络中建设的枢纽数量最少。如果这个满足所有起终点对需求的总成本超出了特定值,此时就要选择放弃覆盖一些起终点对的需求或者放松对成本的限制,即放松 γ_{ij} 或 γ_i。

三、最大枢纽覆盖选址问题

实践中由于预算或者资源的约束,有限的枢纽不能保证所有需求点都被覆盖。此时,优先考虑需求大的需求节点是十分必要的。最大覆盖选址问题的提出便是为了解决这个问题。最大覆盖选址问题中要建设的枢纽数量是已知的,其目标为在可以建设的枢纽设施数量有限的

前提下,尽可能多地满足网络中的需求量。其数学模型可以如下所示:

$$\max \sum_{(i,j) \in M} \sum_{k \in N} \sum_{m \in N} W_{ij} x_{ikmj} V_{ikmj} \tag{4-39}$$

约束:

$$x_{ikmj} \leqslant x_k, \ \forall (i,j) \in M, \ \forall k,m \in N \tag{4-40}$$

$$x_{ikmj} \leqslant x_m, \ \forall (i,j) \in M, \ \forall k,m \in N \tag{4-41}$$

$$\sum_{k \in N} x_k = P \tag{4-42}$$

$$x_k \in \{0,1\}, \ \forall k \in N \tag{4-43}$$

$$0 \leqslant x_{ikmj} \leqslant 1, \ \forall (i,j) \in M, \ \forall k,m \in N \tag{4-44}$$

目标函数(4-39)表示网络中被服务的需求量最大化。约束(4-40)和约束(4-41)确保非枢纽节点的需求必须经由枢纽节点来完成。约束(4-42)规定要在网络中的选取的枢纽数量为 P。约束(4-43)和约束(4-44)表示决策变量为定义域。

第五章

船队规划与航线配船问题

第一节　相关概念与理论基础

一、基本概念

根据研究期限的不同可将海上运输问题划分为短期规划(一般为 1 年或小于 1 年),中期规划(1~3 年),长期规划(3~5 年)。根据此研究期限的不同,进一步将船队规划问题划分为三个研究层面:战略层、战术层和操作层。战略层包括船型论证、船队规模结构等;战术层包含航线配船、船期表设计等;操作层涉及货物路径规划、运营过程中的航速和航线选择等。船队规模优化、船舶调度与航线配船是关系到船队运输经济效益、船队整体结构优化,进而影响企业竞争力和生存、发展能力的重要因素,各国航运公司及运输研究机构都经常涉足这个领域的研究。但是,航运市场环境瞬息万变,影响市场波动的因素林林总总,在这种情况下,系统地对这一领域进行研究显得非常重要。

(一)船队规划

船舶是投资大、运营成本高、使用期长的装备,因此必须合理地运用,最大限度地发挥其效用。航运公司作为提供运输服务的一方,要根据贸易需求或在市场上揽取到的合适的货源,必须全面、深入、系统地对船队构成与船舶运输组织的合理性进行分析研究,即对有限资源进行最优配置。航运公司的运作优化可分为经营战略优化与内部管理优化两个大方面。

经营战略优化主要是指对企业所面临的市场环境的研究,包括经济的、政治的、社会的外部环境。根据外部环境的特征变化制定和调整企业的结构、发展目标和发展战略,使其相对于外界环境而言处于整体最优的状态。内部管理优化主要是指在给定外界条件下,合理地分配、使用企业所控制的各种资源,以尽可能小的消耗实现企业发展目标。简单地说,经营战略优化是面向外界,寻找机遇,扩大收入。内部管理优化着眼于内部的计划与组织,力求提高效率并降低成本。外部环境的变化常常会对企业的生产经营产生巨大的影响,是一个企业不能直接控制的。企业应关注市场环境和社会环境的动态,主动适应新形势的变化。内部管理优化往往能够避免企业出现大进大出的情形,为降低管理成本与风险做出巨大贡献。内部资源运用、监控与调整,相对来说是企业能够控制,也比较容易做到的事情。有效的内部管理能降低成本、提高企业的利润和在市场上的竞争能力,尤其在市场不景气的时候,是决定企业能否长期生存的关键,因此应常抓不懈。一般来说在外部条件给定的情况下,系统内部资源的最优配置尤其是船舶资源优化利用是内部管理优化的最主要内容,也是对企业成本利润影响最大的一个环节。

船队规模主要指现有船队中所有船舶可提供的运力总吨位。船队规模是否合理不仅与运输需求相关,而且与财力情况、管理水平等因素相关。决定自有船队总体规模的,首先要考虑运输需求,其次才是成本。因此,一个船队的重要衡量标准是其所能承担的运输需求总量。根据船队自有船舶可提供的运量与运输需求量之间的关系,将船队规模主要划为以下五种基本形式。

1.外向型船队

此类船队规模可提供的船舶运输总吨位大于实际运输需求量。此船队规模不仅能够保证自身运输需求,而且能够将富余船舶投放于航运市场进行运营。将自有船舶放在市场上争揽货源,能够有效降低船队运营所需成本。这样的船队规模,不仅需要雄厚的经济实力与技术力量,而且需要具有较好的经营管理能力和市场竞争能力。

2.自足型船队

此类船队按照历史数据预测的运输需求量的最大预测值进行船队规模设置,以保证自有运力在任何时候都能满足自身运输需求。若船队在运营过程中,运输需求远小于需求预测值时,可将富余运力作为租出船舶,为其他航运公司提供有效运力,降低自身成本。

3.保守型船队

与自足型船队规模相似,此类船队规模也按照运输需求预测值进行船队配备。但其是按照最小的需求预测值进行船队规模设置,能够保证自有船舶得到有效使用,无闲置数量。当运输需求量较大时,其需要租赁船舶来解决运力不足的问题。若以此类船队规模作为运营模型,不仅不利于保障自身货物运输需求,而且容易受到市场上租赁船舶价格波动的影响,具有较大风险。

4.经济型船队

此类船队规模运用运输需求量的平均预测值进行配置。当实际运输需求大于自有船队供给能力时,可临时租入船舶进行运力补给;当实际运输需求小于自有船队供给能力时,会产生闲置船舶,在一定程度上会提高实际成本。但此类船舶规模基于一定数量的需求值,是一种既经济又保守的船队规模形式。

5.发展型船队

此类船队规模多为经济实力较弱的航运公司的经营模型。由于经济实力较弱,其无法及时提供充足的船舶供给。当自有船舶运力远低于实际运输需求时,此类船队仅能满足一部分运输需求,大部分通过租入船舶进行运输。这种方式在一定程度上缓解了经济压力,以保障基本运输需求得到满足。

(二)航线配船

航线配船是在实现利益最大化的前提下,将不同类型、不同TEU的船舶配置到合适的航线上。在进行航线配船时,船舶的技术要满足航线条件。技术条件上船舶要具备适航性能,船舶主要尺度、船体强度、稳性、航速、干舷高度、船舶的续航能力和导航设备,以及人员的技能等都要满足航线条件。船舶载货性能也要适配航线,所选船舶结构性能和装卸性能应与所运货种、包装形式及港口的装卸条件相适应。在船舶技术满足航线条件的情况下,将不同载重吨、航速、主机耗油定额的船舶分配到航线上。因为不同船型产生的经济效益不同,航线配船应该对不同船舶的经济性进行分析,合理地在航线上分配船舶。

同一类型的船舶配置在不同航线上的经济效益不同,不同类型的船舶配置在同一航线上的经济效益也不同。航运公司在编制运输计划的时候需要考虑的一个非常重要的问题就是把不同类型、吨位(箱位)的船舶安排到合适的航线上,解决多种船型如何在多条航线上进行合理配置的问题,这一问题即为航线配船问题。

航线配船通常分为四种类型,为单航线单船型、单航线多船型、多航线单船型和多航线多船型。

1.单航线单船型的配船问题

单航线单船型的配船问题指在特定航线上,只使用一种类型的船舶,根据固定的货物需求和运输条件,优化船舶的调度和装载方案,来最大化船舶利用率和降低运营成本。这种配船问题涉及多个因素的权衡,如船舶容量、航次频率、港口停靠时间、燃油消耗等。

2.单航线多船型的配船问题

单航线多船型的配船问题需要满足运力供给大于运力需求。首先从运营角度上排除那些不能在该航线运行的船舶,然后针对每艘船计算其经济指标,最先选择经济性能高的船舶,直到能够完成货物运输任务。

3.多航线单船型的配船问题

多航线单船型的配船问题比单航线多船型的配船问题复杂,这种情况适用于运量比运力大的情况,想要解决这种情况下的配船问题,仍然要优先考虑船舶运营技术情况,排除掉该种船型不能运行的航线,而对于那些可以运行的航线,要计算每艘船的运营经济指标,最先在航线上配置运营效果好的船舶,直到能够完成货物运输任务。

4.多航线多船型的配船问题

多航线多船型的配船问题是四种配船类型中最复杂的一个,就是针对多条航线和多种船舶类型的情况合理地进行航线配船。首先,要充分了解不同船型船舶的运营性能,并分析挂靠港口及航线的条件;然后,将经济性能高的可配置的船舶分配到航线上,计算出对应的评价方案指标;最后,考虑货物运输时间等其他限制条件,将这些因素综合在一起进行分析,选出最佳配船方案。

二、影响因素与优化策略

(一)船队规划的影响因素

船队规划问题的影响因素众多,这些因素共同作用于航运公司的船队配置和运营策略。以下是一些主要的影响因素:

1.市场供需变化趋势

航运市场是一个庞大且复杂的系统,包含多个细分市场,如新造船市场、二手船市场、船舶租赁市场以及货物运输市场等。这些市场的供需变化会直接影响船队规划。新造船的造价和交付周期会影响企业订购新船的决策。当新造船造价较低时,企业可能会考虑订购新船以替换老旧船舶或为未来储备运力。二手船的价格和可用性也会影响企业的船队规划。当二手船价格较高时,企业可能会倾向于出售老旧船舶;反之,则可能会购买二手船舶以扩大船队规模或替换老旧船舶。货物运输市场是船队规划中最直接的影响因素。有充足稳定的货源或货物运输需求在一定范围内变动时,船队规划才具有指导意义。因此,企业需要密切关注货物运输市场的动态,以制定合理的船队规划。

2.企业的经济实力

企业的经济实力是决定船队规模、船型选择和船舶配置的关键因素。企业的资金状况直接影响其购置新船、购买二手船或租赁船舶的能力。资金充足的企业可能更倾向于购置新船或扩大船队规模,而资金紧张的企业可能更注重成本控制和船舶的利用率。船舶的运营成本包括燃油成本、维护成本、港口费用等,也是企业经济实力的重要体现。企业需要综合考虑运营成本与收益之间的关系,以制定合理的船队规划。

3.船舶类型与运力

船舶类型与运力是船队规划中的核心要素。不同类型的船舶具有不同的特点和适用范围。例如,干散货船、油船、集装箱船等适用于不同的货物运输需求。企业需要根据自身的业务需求和市场需求选择合适的船舶类型。运力是船队规划中的另一个需重点考虑的因素。企业需要根据市场需求和自身运力状况制定合理的运力规划,以确保能够满足客户的运输需求并保持良好的运营效益。

4.其他因素

除了以上三个主要因素外,还有一些其他因素也会影响船队规划。政策法规的变化可能对船队规划产生重大影响。例如,环保法规的加强可能会推动航运公司采用更环保的船舶和燃料;贸易政策的调整可能会影响货物的运输需求和航线选择。技术进步是推动航运业发展的重要力量。例如,自动化技术的应用可以提高船舶的运营效率和安全性;数字化技术的发展可以推动航运业的智能化和信息化建设。这些技术进步可能会对船队规划产生积极影响。市场竞争也是影响船队规划的重要因素。企业需要密切关注竞争对手的动态和市场变化,以制定合理的竞争策略和市场定位。

综上所述,船队规划问题的影响因素众多且复杂。企业需要综合考虑这些因素之间的相互作用和影响关系,以制定合理的船队规划策略。

(二)航线配船的影响因素

航运公司所处的运营环境是复杂多变的,因此航线配船决策会受到很多因素的影响,其影响因素主要包括以下几点:

1.外部环境因素

外部环境因素既包括宏观环境因素,又包括微观环境因素。宏观环境因素有很多,包括自然环境、经济环境、政治环境、社会文化环境等;微观环境因素也有很多,包括政策法规、市场竞争、港口与航道条件等。外部环境因素通常是不可控的,航运公司没有办法改变这些因素,只能在航线配船过程中尽可能地将这些因素带来的不利影响降到最低。

2.内部环境因素

内部环境因素指的是航运公司自身的发展情况,比如航运公司的规模大小、公司的经济实力、当前的经营状况及其市场占有率等因素。内部环境因素对航线配船问题具有直接影响,特别是航运公司经济实力的大小直接影响其运营能力。和外部环境因素相比,内部环境因素相对可控,航运公司可以根据自身情况调整决策,充分发挥自身的资源优势,科学地进行航线配船,从而达到降低成本和提高收益的目的。

3.船舶性能因素

船舶性能因素包括船型、航速、船龄、燃油消耗、装载能力、故障率等。比如船舶装载能力会影响航线配船的数量,在运输需求一定的情况下,船舶的装载能力越大,所需配船的数量就越少;船舶的装载能力越小,所需配船的数量就越多。船舶性能因素反映了船队的整体状态,船舶性能直接影响船舶的航次时间、单位运输成本、船舶运营效率等运营情况,进而对航线配船问题产生直接影响。

4.航线类型因素

航线类型不同也会对航线配船问题造成影响。航线按照航程距离的远近可以分为三种类型:远洋航线、近洋航线和沿海航线。远洋航线的航程比较远,所以船舶的航行时间相对较长,这也决定了船舶遇到恶劣天气的概率比较高,因此通常给远洋航线配置载箱量大、运营性能好的船舶。近洋航线和沿海航线由于航线航程比较短,因此通常配置吨位较小的船舶。

5.货运量因素

船舶在航线上所挂靠的港口之间都有一定的货运量,也正是因为这些货运需求量才产生了航线配船问题。航段上集装箱货运量影响航线上的船舶配置,航运公司通常根据货运量情况,配置合适类型和数量的船舶,确保运力和货运量相对等。大多数情况下,在一定时期内航线货运量相对较稳定。除非受到一些外部环境(如航运形势、政策法规等)的影响,航线上货运量会发生变化;此时就需要调整航线上的船舶类型、船舶数量以及航速,避免出现运力资源供不应求的情况。

6.发船频率因素

发船频率即为相邻两艘船舶发船的间隔时间,发船频率需要结合货运量情况以及市场现状确定。发船频率过多或者过少都不利于航运公司的发展。在货运量稳定的情况下,发船频率过多,会浪费船舶资源,增加船舶成本支出,降低航运公司利润;发船频率过少的情况仅仅适用于长期的、较特殊的货主,而不利于吸引频繁发货的货主,这会降低航运公司的竞争力。需要指出的是,目前大部分航运公司采用周班频率的运输服务。

7.往返航次时间因素

往返航次时间是指一艘船舶从起始港出发,到完成一个航次后再回到起始港所需要花费的总时间,也可以称之为船舶的周转周期。往返航次时间的长短主要由航线航程距离的远近、船舶航速的快慢、港口装卸效率的高低以及需要装卸的集装箱量的大小等所有引起耗时的因素决定。

8.航线成本因素

航线成本指的是航运公司在某条航线上所支付的费用,即船舶在该航线运输过程中所发生的所有费用之和。航运公司经营的根本目标就是实现利润最大化,由于成本是影响运价的主要因素,因此航线成本因素是航运公司在进行航线配船过程中需要考虑的一个重要参数。

(三)船队规划和航线配船的优化策略

船队规划和航线配船的优化策略旨在提高航运效率、降低成本并满足市场需求。船队规划和航线配船问题有三种常用的优化策略,分别是传统方案法、船舶运行图法和数学规划法。

1.传统方案法

传统方案法指的是针对要解决的问题,先拟出多个可行的方案,再根据预先设定好的标准,计算和比较各个拟定的方案,并对这些方案进行综合分析,最后确定一个最好的方案。其具体步骤是:首先,收集并且分析原始资料,全面系统地了解问题特点,并且使材料尽可能可靠;其次,将这些原始材料作为依据,客观地、逐一地拟订方案,在已有方案的基础上拟定后续方案,同时保证这些方案具有可比性,并通过初筛排除一些非优方案,以减少后续计算量;然后,制定优选方案指标并且计算指标结果;最后,根据上述结果分析各个方案的优缺点,分析技术可行性及经济可行性,综合考虑其他影响因素,最终确定最优方案。在评选方案的过程中,不但要比较各指标的数值,还要考虑其他因素,有时找不到各项指标均是最优的方案,这就需要航运企业根据具体情况选择方案。

2.船舶运行图法

船舶运行图法指的是通过列表计算的方法完成船队规划和航线配船决策,即利用表格进行一系列的计算之后,逐渐得到一个优化方案,使某个运营指标达到最好,比如运营成本最小。这一方法利用手工计算,其原理同线性规划类似,但是这种方法解决的问题范围有限,当规模较大时难以得到最优方案,不如后来发展起来的数学规划方法适用性广。

3.数学规划法

数学规划法是根据实际问题建立数学模型,对其进行定量分析,并且设计对应的求解方法,进而求出问题的最优方案,为决策者提供科学的决策支持。其具体步骤是:

第一步,搜集资料,分析每种船型是否可以配置到每条航线上,然后估算出每种类型的船舶在每条航线上的运输能力及运营费用。

第二步,选取目标函数、定义自变量,建立数学规划模型。对于已知的运输任务,可以将利润最大作为目标函数,也可以将总成本最小作为目标函数,或者是把其他经济指标作为目标函数,这需要根据实际问题的具体情况确定;有时,追求利润最大化和追求成本最小化,两者本质上是一致的。

第三步,确定初始方案,利用一定的算法或者方法改进方案,直到取得最优解。

第四步,综合分析及评价最优方案,生成报告,供决策者参考。随着计算机技术的发展,数学规划法得到了越来越广泛的应用。

三、规划原则与假设

(一)船队规划原则与基本假设

1.船队规划原则

船队规划作为航运公司一项重要的战略规划,可以说,船队规划结果的合理与否是关系航运公司能否盈利的重要因素。船队规划问题包含的方面很广,涉及船队中船舶的种类及数量、船舶路径以及船期等问题,因此,为了能够获得最大的利润,航运公司在对船队进行规划时应该遵守以下原则:

(1)经济性原则

航运公司进行船队规划的主要目的就是保证船队的结构以及每种船舶的数量能够满足各种运输需求,同时能够获得最大的经济利益。因此,船舶的选择应使得总成本控制在较低的水平,从而保证航运公司的运营是获利的。通常来说,在进行船队规划时,航运公司会根据航运市场的需求情况,同时结合自身实力来决定如何调整船队结构和规模,保证经济利益的最大化。

(2)市场适应性要求

船舶的主要功能就是为货主服务,或者说为货物提供运输服务,因此,不管是租入还是购买船舶,船舶的类型、性能以及装载能力等,都要能够满足航线及货物运输的要求,这样才能吸引货主,保证运输需求的增加。

(3)灵活性原则

随着全球贸易的快速发展以及贸易量的迅猛增加,货物运输需求的多样性也在不断地发展。由于各港口的自然条件不同、货物运输的特殊要求等,船队规划过程中需考虑船队构成是否能适应货物、航线、航班的调整等。同时,航运公司不仅需要确定应拥有何种船型,船队中各船型的比例是否合理对船队发展也至关重要。航运公司在进行船队规划时,须尽可能做到各船型物尽其用,避免出现某种船型运力闲置或者供不应求的局面。因此,在确定船队中船舶的类型时,航运公司要结合自身经营发展的特点,同时在对未来市场需求做出准确调查的基础上,灵活地调整船队结构和规模,以保证既能满足不同的货物需求,又可以获得最大化的利润。

(4)连续性原则

船舶的更替应保持船舶类型的配套和连贯性,并在短期内维持船队规模的稳定性,只有当一个船队中各种船型的拥有量都能满足运输需求,且不造成运力闲置,才算是适合航运市场与社会需求,才能保证船队的长期稳步发展。在船队规划时,如果航运公司能够及时投入市场上需要的船舶和处理掉即将过剩的运力,那么该航运公司的船队发展就能保持合理的状态,达到稳定的连续性。而航运公司想要做到这一点,就需要决策者具有研究、预测航运市场未来发展走向的能力,根据未来的市场变化情况及时地做出正确的调整。

2.船队规划基本假设

船队规划问题是航运公司发展战略中的一项重要决策,其问题假设通常基于一定的简化和理想化条件,以便进行数学建模和求解。以下是一些常见的船队规划问题假设:

(1)航线与运输形式

假设航运公司经营多条传统的多港口挂靠航线,航线上的运输形式为货物直达运输。根据航运市场和实际运营情况,每艘船在去程、回程时都可以在中途港装卸货物,去程和回程无须挂靠相同的港口。

(2)规划期与船舶使用

假设船队规划期为一定的年数(如 T 年),其中租赁船舶和买卖船舶均发生在年初。假定规划期内的所有船舶均可以使用到规划期结束,不存在退租和收回以及卖出的情况(卖出的船舶不存在再次买回的情况)。

(3)航线与船期

在规划期内,每年计划经营的航线是确定的,航线上的挂靠港顺序也不会改变。各航线的船期表是一定的,且在一年内同一航线上的发船频率相同。预先确定各类型船在各航线上的最佳航速,且一个航次只能由一艘船执行。

(4)船舶类型与投资

假设有多种类型的船舶可供选择,每种类型的船舶的造价、运营成本、装载能力等参数已知,在此基础上进行订造新船、购买二手船和租赁船舶等多种投资选择。

(5)市场与需求

假设已对各航线及其货运量做出预测,且预测结果在一定范围内是准确的。考虑市场需求的变化对船队规模与结构的影响。

(6)财务与成本

考虑船舶买卖、租赁、运营等成本因素,以及资金的时间价值。假设船舶的买入价格比售价高(考虑造船周期内的预付资金利息或买船代理费等因素)。假设船舶租出时船东应支付给经纪人佣金,佣金等于所付租金乘以租约规定的百分比。

(7)其他假设

假设船舶的运营支出、买卖和租赁支出均发生在年初。不考虑规划期前的投资费用。假设船舶的寿命期是已知的,且在规划期内不会发生变化。

这些假设条件有助于简化船队规划问题,使其更易于进行数学建模和求解。然而,在实际应用中,这些假设可能需要根据具体情况进行调整和修正,以更准确地反映航运市场的实际情况和企业的实际需求。

(二)航线配船原则与基本假设

1.航线配船原则

航线配船应遵守以下几个原则:

(1)"大船配大线"原则

航线配船应该遵循"大船配大线"原则,即港口装卸效率高且距离长的航线应该配航速高、吨位大的船舶。这是因为大型船舶并不是在所有航线上都能降低成本,因为它的经济效益受航距和港口装卸效率的影响。因此,在航线配船的过程中,该原则具有非常大的指导意义。

（2）灵活性原则

不同区域的发展情况不同，因此其运输需求并非均衡，加上复杂多变的运输环境，使得航运公司在进行航线配船过程中必须灵活地处理各种情况，从而更好地适应航运市场波动、航线调整或重新布局的要求。

（3）经济性原则

航运公司是一个以盈利为目的的组织，在进行航线配船时，应该根据盈亏分析情况和货运量调配船舶，即在满足客户的运输需求的同时，尽可能地降低成本或者提高利润。

（4）准班原则

航运公司运输的货物通常具有较高的价值，因此在服务方面的竞争要比在价格上的竞争更加激烈。所以，航运公司需要严格控制船期，务求班期准确，通过提供规律且可靠的运输服务，来迎合客户的需求，以此来提高航运公司的市场竞争力。

（5）船型相近原则

通常在同一条航线上要配置同质型的船舶，这样有利于实现同一条航线的均衡运营，同时降低管理难度。

（6）航速相同原则

航运公司需要严格控制船期，力求班期准确。为了达到这一目的，同一条航线上配置的船舶通常需要达到相同的航速。

2.航线配船基本假设

航线配船问题的假设通常基于一定的简化和理想化条件，以便进行数学建模和求解。以下是一些常见的航线配船问题的假设：

（1）航线与港口信息

假设航运公司在航线上挂靠的港口顺序已知，各港口之间的集装箱货物起讫点（Origin-Destination，OD）流量及运价水平已预测或确定。

（2）船舶类型与性能

假设航线上配置的船舶类型相同或相近，且船舶在每个航段匀速航行。这意味着在优化过程中，不需要考虑不同船型之间的性能差异和兼容性。

（3）发船频率与船期

假设航线上的发船频率为周班，即船舶按照固定的时间间隔（如每周一次）从始发港出发，并在预定的时间到达目的港。同时，船舶一个往返航次应为周的整数倍，规划期内船舶以规则的间隔到港装卸货物，运行的船期表不变。

（4）燃油价格与加油策略

假设各港口的燃油价格是相同的，但在某些情况下，当加油量超过某一值时，能享受燃油价格折扣。这意味着燃油价格是加油量的分段线性函数，需要在优化过程中考虑燃油成本的最小化。

（5）不考虑船队规模变化

假设在优化过程中不考虑船队规模的变化，即不考虑新增或淘汰船舶的情况。这有助于简化问题，使优化过程更加专注于航线配船和航速的优化。

（6）不考虑船舶租赁问题

假设在优化过程中不考虑船舶的租赁问题，即所有船舶均为自有船舶。这有助于减少问题的复杂性，并专注于航线配船和航速的优化。

（7）运输需求与收益

假设运输需求是已知的，且运输收益是固定的。这意味着在优化过程中，不需要考虑市场需求的变化对运输收益的影响。

（8）船舶成本与运营成本

假设船舶的成本（如购置成本、维护成本等）和运营成本（如燃油成本、港口费用等）是已知的，并在优化过程中进行考虑。

这些假设条件有助于简化航线配船问题，使其更易于进行数学建模和求解。然而，在实际应用中，这些假设可能需要根据具体情况进行调整和修正，以更准确地反映航运市场的实际情况和企业的实际需求。例如，在实际情况中，船舶类型可能多种多样，燃油价格可能因地区和时间而异，船队规模也可能因市场需求和竞争态势而发生变化。因此，在解决具体的航线配船问题时，需要根据实际情况进行适当的调整和优化。

第二节 船队规划问题

船队规划是航运公司的主要战略问题之一，其核心在于确定船队中的船舶类型、船舶运力配置以及每种船舶的数量。为了帮助航运公司进行关于最优船队配置的决策，本节对船队规划问题进行分析，发现船队规划问题与航线配船问题紧密相连。船队规划问题的战略目标通常为船舶的固定成本和可变运营成本最小化。相比之下，在涉及船舶调度和航线配船的战术层面，优化更多聚焦于降低船舶运营成本。值得注意的是，尽管战略模型中已初步进行了船舶调度和航线配船，但在后续的战略规划中，这些决策仍有可能根据实际需求进行必要的调整。此外，船队规划必须基于对运输服务需求的预测。需求预测具有高度不确定性，此类战略规划问题也具有一定的不确定性。

在第一部分中，我们将讲述同构船队规划问题，即所有船舶都具有相同的类型、规模和成本，而在第二部分中我们将讨论更为复杂的异构船队规划问题。

一、同构船队规划问题

本部分将重点讨论一个简单的船队规划问题——同构船队规划问题。同构船队是指由相同类型、规模和成本的船舶组成的船队。在这里考虑的船队规模决策问题中，一支同构船队从事从装货港到卸货港的满载货物运输。

（一）问题描述和假设

设 N 是货物集合，i 和 j 都属于该货物集合。将货物 i 抽象为网络中的一个节点，并且该节点包括货物 i 的装货港和卸货港。运输过程的时间信息已知，可以确定货物 i 和货物 j 之间是否可以形成弧。如果船舶在货物 j 之前服务货物 i，则可以在网络中形成弧 $\widehat{ij}$。然而，如果从卸载货物 i 到装载货物 j 的间隔时间过长，则无法形成弧 $\widehat{ij}$。类似地，如果从货物 i 出发航行

到货物 j 的时间大于货物 j 预计到达时间,则没有形成弧连接两个货物。设 N_i^- 和 N_i^+ 分别是船舶在服务货物 i 之前和之后可以立刻服务的所有货物的集合。此外,设 V 是船舶集合,v 属于该集合中的船舶,并且该集合包括对所需船舶数量的上限的假设。对于每一艘船,本部分定义一个虚拟的起运货物 $o(v)$ 和一个虚拟的目的地货物 $d(v)$。

问题的基本假设如下:

(1)所有船舶到达装货港的时间都是固定且已知的。装卸货时间和从每个装货港到卸货港的航行时间已知。

(2)所有的货物必须被服务。此外,本部分希望所需船舶的数量最小化,本部分假设所需船舶的数量很大程度上影响了航行成本。

(3)每次船上只装运一种货物,每种货物都直接从装货港运到相应的卸货港。

(二)参数符号

为了刻画模型,本部分定义了以下主要集合、参数和决策变量,如下所示:

1.集合

N:货物集合,$\forall i \in N$,$\forall j \in N$。

N_i^-:服务货物 i($\forall i \in N$)之前可以立刻服务的所有货物的集合。

N_i^+:服务货物 i($\forall i \in N$)之后可以立刻服务的所有货物的集合。

V:船舶集合,$\forall v \in V$。

2.参数

C_{ij}:从货物 i 的卸货港航行到货物 j 的装货港的运营成本。

i,j:货物类型,$\forall i \in N$,$\forall j \in N$。

v:船舶类型,$\forall v \in V$。

3.决策变量

x_{ij}:0-1 变量,船舶在货物 j($\forall j \in N$)之前服务货物 i($\forall i \in N$),则等于 1,否则等于 0。

$x_{o(v)j}$:0-1 变量,船舶从虚拟货物起始点出发去服务货物 j($\forall j \in N_i^+ \cup \{d(v)\}$),则取值为 1,否则为 0,$\forall v \in V$。

$x_{id(v)}$:0-1 变量,船舶从服务货物 i($\forall i \in N \cup \{o(v)\}$)后去往虚拟目的地,则取值为 1,否则为 0,$\forall v \in V$。

$x_{o(v)d(v)}$:0-1 变量,船舶 v 处在非运营状态则为 1,否则为 0,$\forall v \in V$。

(三)模型构建

对于只考虑一种船舶类型的船舶调度问题,其数学模型如下:

$$\min \Big[\sum_{i \in N} \sum_{j \in N_i^+} C_{ij} x_{ij} - \sum_{v \in V} x_{o(v)d(v)} \Big] \tag{5-1}$$

约束:

$$\sum_{j \in N \cup \{d(v)\}} x_{o(v)j} = 1, \forall v \in V \tag{5-2}$$

$$\sum_{i \in N \cup \{o(v)\}} x_{id(v)} = 1, \forall v \in V \tag{5-3}$$

$$\sum_{j \in N_i^+} x_{ij} + \sum_{v \in V} x_{id(v)} = 1, \forall i \in N \tag{5-4}$$

$$\sum_{i \in N_j^-} x_{ij} + \sum_{v \in V} x_{o(v)j} = 1, \forall j \in N \tag{5-5}$$

$$x_{ij} \in \{0,1\}, \forall v \in V, i \in N \cup \{o(v)\}, j \in N_i^+ \cup \{d(v)\} \tag{5-6}$$

目标函数(5-1)的第一项为船舶航行成本最小化,目标函数中的第二项为运营中的船舶数量最小化。约束(5-2)确保每艘船离开其虚拟起始节点服务货物后,要么装载一件货物进行运输,要么直接驶向其虚拟目的节点服务货物。在约束(5-3)中,每艘船驶向虚拟目的节点服务货物时,要么刚刚运输完一件货物,要么直接驶至虚拟起始节点服务货物。约束(5-4)确保船舶卸下货物 i 后,要么运输下一件货物,要么直接驶向其虚拟目的节点服务货物,而约束(5-5)表示为船舶运输货物 j 之前,要么驶自虚拟目的节点服务货物,要么刚卸下上一件货物。约束(5-6)规定了决策变量的取值范围。

二、异构船队规划问题

本部分扩展了上部分中讨论的船队规划问题,考虑不同船舶规模和组合的决策。异构船队是指由不同类型、运力大小和成本的船舶组成的船队。

(一)问题描述和假设

航运公司拥有已知规模的船队和固定的经营航线,公司可以为一些有固定货运需求的客户提供服务。该问题意在将合适的船舶配置到合适的航线上,满足已知的需求频率,使得航运公司的总成本最小。货运需求是指每个包括起始港和目的港的港口对必须被服务的最小次数。该问题的本质是取货和送货问题。由于船队船舶类型的不同,所以不是所有的船舶都能航行于所有的路线。除其他因素外,船舶的运力大小决定了它可以航行的航线,并且一艘船可以在多条航线上航行。

异构船队规划需要解决以下问题:

(1)需要运营哪些船舶;

(2)每艘船应该配置到哪条航线上,以及每条航线的航行次数。

第一部分是船队规划的战略问题,第二部分是船队部署的战术问题。这里第二部分只是为了找到第一部分的最优解。如果后期需求模式发生变化,则第二部分可以针对当时可用的船队进行解决。

设 V 是船舶的集合, v 属于该集合中的船舶, R_v 是船舶 v 可以服务的航线的集合, r 为该集合中的一条航线。始发地-目的地港口对的集合被称为 N, i 为其中某一个 OD 对,每个港口对至少被服务的次数为 D_i。

(二)参数符号

为了刻画模型,本部分定义的主要集合、参数和决策变量如下所示:

1.集合

V:船舶的集合, $\forall v \in V$。

R_v：船舶 v 可以服务的航线的集合，$\forall v \in V, r \in R_v$。

N：起始–目的地港口对的集合，$\forall i \in N$。

2.参数

i：某一个 OD 对，$\forall i \in N$。

D_i：每个港口对至少被服务的次数，$\forall i \in N$。

C_{Vvr}：船舶 v（$\forall v \in V$）在航线 r（$\forall r \in R_v$）上航行一个航次的可变成本。

C_{Fv}：规划期内，船舶 v（$\forall v \in V$）的固定成本。

T_{Vvr}：船舶 v（$\forall v \in V$）在航线 r（$\forall r \in R_v$）上的每个航程的时间。

A_{ir}：航线 r 上服务始发地–目的地港口对 i（$\forall i \in N$）则等于 1，否则等于 0。

T：规划期。

U_v：船舶 v（$\forall v \in V$）在规划期内最大可执行航次。

3.决策变量

u_{vr}：在规划期内船舶 v（$\forall v \in V$）沿着 r（$\forall r \in R_v$）的航次数。

s_v：0–1 变量，船舶 v（$\forall v \in V$）处于运营状态为 1，否则为 0。

(三)模型构建

具有既定航线的不同船型的船队规划问题的模型可以写为：

$$\min \left[\sum_{v \in V} \sum_{r \in R_v} C_{Vvr} u_{vr} + \sum_{v \in V} C_{Fs} s_v \right] \tag{5-7}$$

约束：

$$\sum_{r \in R_v} u_{vr} - U_v s_v \leq 0, \forall v \in V \tag{5-8}$$

$$\sum_{v \in V} \sum_{r \in R_v} A_{ir} u_{vr} \geq D_i, \forall i \in N \tag{5-9}$$

$$\sum_{r \in R_v} T_{Vvr} u_{vr} \leq T, \forall v \in V \tag{5-10}$$

$$u_{vr} \geq 0 \text{ 且为整数}, \forall v \in V, r \in R_v \tag{5-11}$$

$$s_v \in \{0,1\}, \forall v \in V \tag{5-12}$$

目标函数(5-7)表示船舶的航次可变成本和固定成本最小化。约束(5-8)确保考虑运营船舶的固定成本。约束(5-9)是指每个港口对至少需要被服务的次数要满足规定的最小次数限制。约束(5-10)确保每艘船在计划内完成所有航线，即航行时间总和要小于规划期。约束(5-11)和约束(5-12)涉及对整数变量和 0–1 变量的要求。

第三节　航线配船问题

航线配船是在实现利益最大化的前提下，将不同类型、不同 TEU 的船舶配置到合适的航线上。对于同构船队来说，其航线配船包括一条航线分配一种船型和多条航线分配多种船型两种情况。对于异构船队来说,其航线配船的情况为一条航线分配多种船型。

一、同构船队航线配船问题

(一)单航线单船型

单航线船舶配船问题,以最小化运营成本为目标,决策船舶的船期表(到港、离港时间)、船舶部署数量、船舶速度以及集装箱运输量。通过建立非线性混合整数规划模型,可以刻画单航线船舶配船问题。

1.问题描述和基本假设

对于单一特定的航线,可以通过以下公式描述:

$$p_1 \rightarrow p_2 \rightarrow p_3 \rightarrow \cdots \rightarrow p_{n-1} \rightarrow p_n \rightarrow p_0 \tag{5-13}$$

用图 5-1 来表示单航线的船舶网络运输示意图,p_1 是航线上船舶访问的第一个港口,p_4 是航线上船舶访问的最后一个港口,p_1 到 p_2 的航程称为此单航线上的航段 1,p_2 到 p_3 的航程称为此单一航线上的航段 2,p_3 到 p_4 的航程称为此单一航线上的航段 3,即从 p_i 到 p_{i+1} 的航程,被定义为航线上的航段 i($\forall i \in I$)。

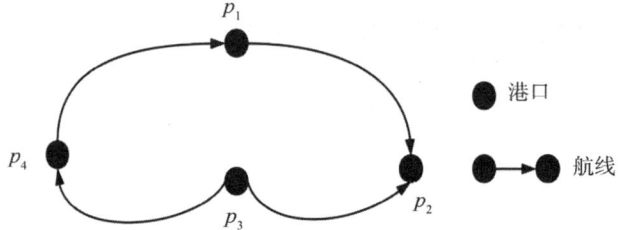

图 5-1 单航线的船舶网络运输示意图

此外,在不失一般性的前提下,本节考虑了船舶调度问题中的航速优化问题。一般来说,燃油消耗对船舶航行速度非常敏感,关于速度和每海里油耗的关系,定义如下:

$$G_i(v_i) = a_i(v_i)^{b_i}, \forall i \in I \tag{5-14}$$

其中,G_i——船舶在航段 i($\forall i \in I$)上的油耗(吨/海里);

v_i——船舶在航段 i($\forall i \in I$)上的航行速度;

a_i 和 b_i——油耗系数。

为了更好地表述相关问题,问题的基本假设如下:

(1)集装箱运输需求是固定的。

(2)在成本结构方面,本节考虑了固定船舶运营成本、燃油成本和港口费用。

(3)本节考虑每条航线的每周服务频率。

2.参数符号

为了刻画模型,本节定义的主要集合、参数和决策变量如下所示:

(1)集合

I:单一航线上的航段集合, $\forall i \in I$。

Q:OD 对集合。

（2）参数

q^{od}：单一航线上的起始港 o 到达目的港 d 的集装箱运输需求量（每周）。

L_i：单一航线上第 i（$\forall i \in I$）个航段的距离（海里）。

Cap：单一航线上的装载能力。

C^{fix}：一艘集装箱船的固定运营费用（USD/每周）。

C^{fuel}：船用燃料的价格（每吨）。

$C_i^{container}$：在港口 i（$\forall i \in I$）处理（装载或卸载）一个集装箱的费用（USD）。

β_i：在第 i（$\forall i \in I$）个挂靠港处理单位集装箱所需的时间（小时）。

（3）决策变量

n：单一航线上部署船舶的数量。

t_i^{arr}：船舶到达目的港口 i（$\forall i \in I$）的时间。

t_i^{dep}：船舶离开港口 i（$\forall i \in I$）的时间。

t_i^{port}：船舶在港口 i（$\forall i \in I$）停靠的时间。

f_i：航段 i（$\forall i \in I$）上运输的集装箱数量。

x_i^{od}：在航线 i（$\forall i \in I$）从起始港 o 到达目的港 d 的集装箱数量。

v_i：船舶在航段 i（$\forall i \in I$）的速度。

3.模型建立

非线性混合整数规划模型构建如下：

$$\min \ C^{fix} \times n + \sum_{i \in I} C^{fuel} \times L_i \times G_i(v_i) + \sum_{i=1}^{N} \sum_{(o,d) \in Q} C_i^{container} \times (x_i^{od}) \tag{5-15}$$

约束：

$$f_i \leqslant Cap, \quad \forall i \in I \tag{5-16}$$

$$f_{i-1} + \sum_{(o,d) \in Q} x_i^{id} - \sum_{(o,d) \in Q} x_i^{oi} - f_i = 0, \quad i = 2,3,\cdots,N \tag{5-17}$$

$$f_N + \sum_{(1,d) \in Q} x_1^{1d} - \sum_{(o,1) \in Q} x_1^{o1} - f_1 = 0 \tag{5-18}$$

$$\sum_{(o,d) \in Q} (x_i^{od} \times \beta_i) \leqslant t_i^{port}, \quad i = 1,2,3,\cdots,N \tag{5-19}$$

$$x_o^{od} = q^{od}, \quad \forall (o,d) \in Q \tag{5-20}$$

$$x_d^{od} = q^{od}, \quad \forall (o,d) \in Q \tag{5-21}$$

$$t_i^{dep} - (t_i^{arr} + t_i^{port}) = 0, \quad i = 1,2,\cdots,N-1 \tag{5-22}$$

$$t_{i+1}^{arr} - (t_i^{dep} + L_i/v_i) = 0, \quad i = 1,2,\cdots,N-2 \tag{5-23}$$

$$t_{i+1}^{arr} - (t_i^{dep} + L_i/v_i) = 0, \quad i = 1,2,\cdots,N-2 \tag{5-24}$$

$$0 \leqslant t_1^{arr} \leqslant 168 \tag{5-25}$$

$$\sum_{i=1}^{N} \sum_{(o,d) \in Q} (x_i^{od} \times \beta_i) + \sum_{i \in I} L_i/v_i \leqslant 168 \times n \tag{5-26}$$

$$v_{\min} \leqslant v_i \leqslant v_{\max}, \quad \forall i \in I \tag{5-27}$$

$$f_i \geqslant 0, \quad i = 1,2,\cdots,n \tag{5-28}$$

$$x_i^{od} \geqslant 0, \quad \forall (o,d) \in Q \tag{5-29}$$

$$t_i^{arr}, \ t_i^{dep}, \ t_i^{port}, \quad n \in Z^+ \cup \{0\}, \forall i \in I \tag{5-30}$$

上述模型中,168 为一周总的小时数。目标函数（5-15）表示集装箱船舶运输每周总的运营成本最小,其中运营成本由三部分组成,第一部分是船舶固定成本,第二部分是船舶整个运输过程中的燃油成本,第三部分是集装箱在挂靠港口处理(装载或装卸)集装箱的成本。约束(5-16)表示在任何一个航段行驶的船舶的载货量不能超过船舶载货能力。约束(5-17)、约束(5-18)为流量守恒约束。约束(5-19)约束了船舶在港口的停靠时间。约束(5-20)和约束(5-21)分别约束了集装箱在起始港一定被装载、在卸货港一定被卸载。约束(5-22)~约束(5-25)约束了船舶到港时间与船舶离港时间。约束(5-26)表示对周服务频率进行了约束。约束(5-27)约束船舶的行驶速度。约束(5-28)~约束(5-30)规定了决策变量的取值范围。

(二)多航线多船型

多航线多船型船舶配船问题是指航运公司在固定航线上部署不同类型和航速的船舶,以满足各港口的货运需求,并提供固定航线、港口、船期和相对固定费用率的航运服务。其核心在于通过对多条航线调配不同规格的集装箱船舶来实现最小总成本的目标。

1.问题描述和基本假设

船舶航线网络中存在多条航线交叉的情况,不同的航线间存在公共港口,此时集装箱运输路径存在一条集装箱航线,集装箱航线既可以是一条特定的船舶航线的一部分,也可以是几条船舶航线的组合。相应地,集装箱业务就是参与一条涵盖了几条航线航段的路径的组合。

以具体的集装箱航运公司举例,如图 5-2 所示,该公司在航运网络中经营了三条船舶航线,分别是:新加坡→香港→悉尼→新加坡、科伦坡→新加坡→香港→宁波→新加坡→科伦坡、鹿特丹→巴伦西亚→科伦坡→鹿特丹,三条航线间有部分重合停靠,可完成货物转运。因此,可以设计出三条集装箱航线,即:

$$h_1 = p_{1,1}(新加坡) \rightarrow p_{1,2}(香港)$$
$$h_2 = p_{2,2}(新加坡) \rightarrow p_{2,4}(宁波)$$
$$h_3 = p_{2,4}(宁波) \rightarrow p_{2,6}(科伦坡) \rightarrow p_{3,3}(科伦坡) \rightarrow p_{3,4}(鹿特丹)$$

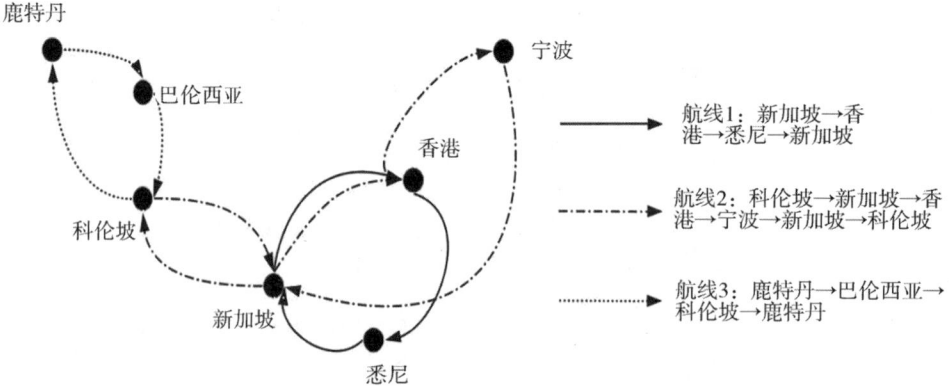

图 5-2　包含三条航线的班轮网络运输示意图

集装箱航线 h_1 可直接从航线 1 的第 1 个停靠港新加坡将集装箱货物运到航线 1 的第 2 个停靠港香港完成装卸货。集装箱航线 h_2 则可由船舶航线 2 进行运输。集装箱航线 h_3 涉及了集装箱转运业务,可以将货物在航线 2 的第 4 个挂靠港宁波进行装货,运输到航线 2 的第 6 个挂靠港科伦坡进行卸货,并在原港口重新装载到航线 3 上的班轮船舶进行运输,到达最终目的地鹿特丹。

此外,在不失一般性的前提下,与上一部分相同,本部分依旧考虑了船舶调度问题中的航速优化问题。对速度和每海里油耗的关系,做出以下定义:

$$G_i(v_i) = a_i(v_i)^{b_i}, \qquad \forall i \in I \tag{5-31}$$

其中,G_i——船舶在航段 i($\forall i \in I$)上的油耗(吨/海里);

$\qquad v_i$——船舶在航段 i($\forall i \in I$)上的航行速度;

$\qquad a_i$ 和 b_i——油耗系数。

为了更好地表述相关问题,问题的基本假设如下:

(1)港口的周集装箱需求量已知;

(2)在成本结构方面,本部分考虑了固定船舶运营成本、燃油成本和港口费用;

(3)本部分考虑每条航线的每周服务频率。

2.参数符号

为了刻画模型,本部分定义的主要集合、参数和决策变量如下所示:

(1)集合

S:船舶类型的集合,$\forall s \in S$。

R:航线集合,$\forall r \in R$。

I_r:航线 r($\forall r \in R$)上的航段集合,$\forall i \in I_r$。

K_r:航线 r($\forall r \in R$)上的港口集合,$\forall k \in K_r$。

Q:OD 对集合,$\forall q \in Q$。

H_{od}:OD 需求对集装箱路径集合。

(2)参数

d_{ri}:在航线 r($\forall r \in R$)上航段 i($\forall i \in I$)的距离。

q^{od}:OD 需求对的集装箱运输需求(每周)。

Cap_s:船舶 s($\forall s \in S$)的装载能力。

C_s^{fix}:船舶 s($\forall s \in S$)的固定运营费用(USD/每周)。

C^{fuel}:船用燃料的价格(每吨)。

δ_{ri}^h:0-1 参数,当 h 路径包含在航线 r($\forall r \in R$)内,且走过了航段 i($\forall i \in I_r$)时,则 δ_{ri}^h 取值为1,否则为0。

β_{ri}:航线 r($\forall r \in R$)上,在第 k($\forall k \in K_r$)个挂靠港处理单位集装箱所需的时间(小时)。

V_{max}:船舶的最大设计航速。

V_{min}:船舶的最小设计航速。

M:无穷大。

(3)决策变量

v_{rs}:s 型($\forall s \in S$)船舶在航线 r($\forall r \in R$)的航行速度。

n_{rs}:航线 r($\forall r \in R$)上部署船舶的数量。

f_h:集装箱路径 h 上运输的集装箱数量。

x_{rs}:0-1 变量;航线 r($\forall r \in R$)上使用了船舶 s 为1,否则为0。

t_{rk}^{port}:船舶停留在班轮航线 r($\forall r \in R$)上的第 k($\forall k \in K_r$)个港口装卸集装箱所需要的时间。

t_{ris}^{sail}：s 型船舶在航线 r（$\forall r \in R$）的航段 i（$\forall i \in I_r$）上的航行时间。

3.模型建立

本部分建立的非线性混合整数规划模型如下：

$$\min R = \sum_{\forall s \in S}\sum_{\forall r \in R} C_v^{fix} \times n_{rs} + \sum_{\forall i \in I_r}\sum_{\forall s \in S}\sum_{\forall r \in R}\sum_{\forall v \in V} a_s (v_{rs})^{b_s} \times x_{rs} \times C^{fuel} \times d_{ri} \qquad (5\text{-}32)$$

约束：

$$\sum_{\forall v \in V} x_{rv} = 1, \forall r \in R \qquad (5\text{-}33)$$

$$n_{rs} \leq M x_{rs}, \forall r \in R, s \in S \qquad (5\text{-}34)$$

$$t_{rk}^{port} \leq M x_{rs}, \forall r \in R, k \in K_r \qquad (5\text{-}35)$$

$$t_{ris}^{sail} \leq M x_{rs}, \forall r \in R, i \in I_r, s \in S \qquad (5\text{-}36)$$

$$\sum_{h \in H_{od}} f_h = q^{od}, \forall (o,d) \in W \qquad (5\text{-}37)$$

$$\sum_{h \in H_{od}} \delta_{ri}^h f_h \leq \sum_{s \in S} Cap_s x_{rs}, \forall i \in I_r, r \in R \qquad (5\text{-}38)$$

$$\sum_{s \in S} t_{ris}^{port} = \sum_{h \in H_{od}} f_h \times \beta_{ri} \times \delta_{ri}^h, \forall r \in R, i \in I_r, h \in H_{od}, (o,d) \in W \qquad (5\text{-}39)$$

$$v_{\min} \leq v_{ris} \leq v_{\max} \qquad (5\text{-}40)$$

$$t_{ris}^{sail} = d_{rk}/v_{rs} \qquad (5\text{-}41)$$

$$\sum_{i \in I_r}\sum_{k \in K} t_{rk}^{port} + \sum_{i \in I_r}\sum_{s \in S} t_{ris}^{sail} \leq 168 \times \sum_{s \in S} n_{rs}, \forall r \in R \qquad (5\text{-}42)$$

$$v_{rs} \geq 0, \forall r \in R, s \in S \qquad (5\text{-}43)$$

$$n_{rs} \geq 0, \forall r \in R, s \in S \qquad (5\text{-}44)$$

$$f_h \geq 0, \forall h \in H_{od}, od \in W \qquad (5\text{-}45)$$

$$x_{rs} \in \{0,1\}, \forall r \in R, s \in S \qquad (5\text{-}46)$$

$$t_{rk}^{port}, t_{ris}^{sail} \geq 0, \forall i \in I_r, k \in K_r \qquad (5\text{-}47)$$

上述模型中,168 为一周总的小时数。目标函数(5-32)表示集装箱船舶运输每周总的运营成本最小,其中运营成本由两部分组成,第一部分是船舶固定成本,第二部分是船舶整个运输过程中的燃油成本。

约束(5-33)保证在航线网络中任一条航线上只能配同一种船舶类型的船。约束(5-34)保证当航线 r 上不配置船舶 s 时,则该种船在航线 r 上的配船数量也为 0。约束(5-35)保证当航线 r 上不配置船舶 s 时,则该种船在航线 r 上航行时间也为 0。约束(5-36)保证当航线 r 上不配置船舶 s 时,则该种船在港口 k 上的停留时间也为 0。约束(5-37)保证所有 OD 需求对的货运需求被满足。约束(5-38)保证船舶实际载货量小于船舶容量限制。约束(5-39)计算船舶 s 的在港时间。约束(5-40)表示船舶的航行速度要在船舶设计的最大航速与最小航速之间。约束(5-42)保证船舶在实际配船中服从周服务频率。约束(5-43)~约束(5-47)规定了决策变量的取值范围。

二、异构船队航线配船问题

(一)问题描述和假设

为了简化建模过程及问题求解,当前关于航线配船的研究普遍假设同一条航线上的集装箱船具有同质性。然而,现实运营中,不同船舶在运力大小、成本构成及船龄等方面存在差异,这导致实际运营与理论研究之间存在偏差。因此,本部分通过以下三个重要因素来区分这些船舶。

首先,同一航线上的船舶运力可能会有所不同。这可能是因为这些船舶的建造时间不同,或者来自联盟中不同的航运公司。以中国远洋海运集团有限公司运营的航线 AEU1 为例。在 2020 年 11~48 周,该航线部署了 10 艘船,运力范围为 13 300 标准箱(TEU)到 21 413 标准箱(TEU),变化幅度为 37.9%。一般而言,较大的船舶能够运输更多的集装箱,但其运营成本也更高。相反,部署较小的船舶则会导致较低的运营成本,但可能会导致一部分运输需求未被满足。因此,在一组运力和运营成本不同的集装箱船中,合理地选择在航线中部署的船舶,对航线的运营成本和货运收入有显著影响。

其次,在同一航线的船舶之间,这些船舶在燃油消耗率上也存在差异。燃油消耗受多种因素影响。第一,这些船舶的运力可能不同,一般而言船舶尺寸越大,燃油消耗越高。第二,船舶的建造技术不同,因此机械性能和燃油消耗率也会有所不同。第三,即使是同一艘船的燃油消耗率在实际运营中也可能会有所变化。随着时间的推移,船舶可能会磨损,从而提高了燃油消耗率。相反,定期进行船舶维护可以提高燃油消耗率并降低燃油成本。由于燃油消耗成本占船舶总运营成本的最大部分,航行速度的变化会显著影响船舶的运营成本,从而影响船舶的选择。因此,对于航运公司来说,在部署异构船队时,考虑最佳航行速度和船舶调度以降低航线的运营成本是至关重要的。

最后,现有研究通常在船队部署和调度问题中考虑固定的集装箱运输需求。然而实际上,由于全球经济、制造商的生产计划以及季节性因素(如圣诞节和春节)等因素,运输需求量在整个规划期内存在显著波动。从图 5-3 可以看出,四个 OD 对的集装箱运输需求在一整年内存在明显的波动。鉴于每周依赖的运输需求,有必要优化航线中不同容量船舶的调度顺序。这是因为在某些周需求高时,大型船舶更为合适;而在其他周需求低时,小型船舶更为适用。因此,合理安排这些不同容量的船舶以匹配每周依赖的需求,可以提高船舶的利用率和航运公司的盈利能力。

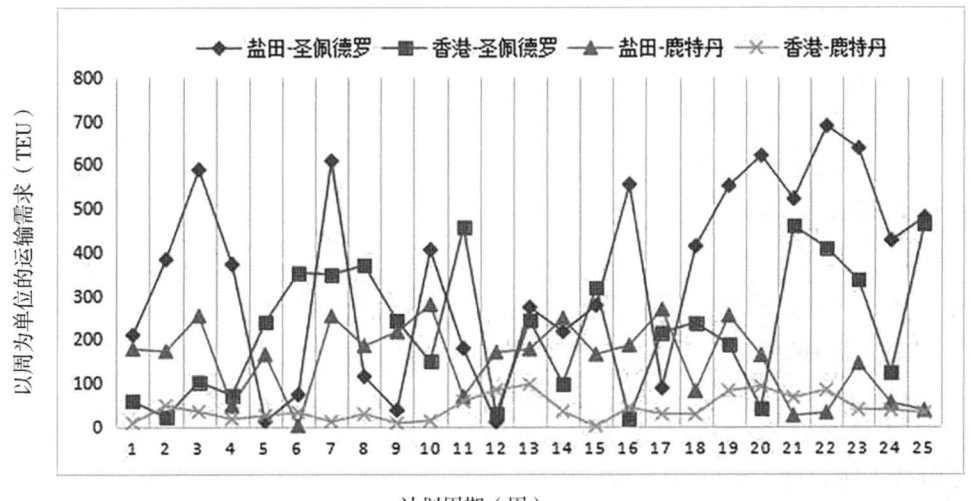

图 5-3 四个 OD 对的集装箱运输需求变化

基于上述考虑,本部分考虑了如何在每周运输需求波动下部署、调度和排序一支异构船队以达到最小化总成本。总成本包括船舶运营成本、燃油成本和未满足运输需求的惩罚成本。该问题可称为异构定期航运船舶的部署、调度与排序(DSS)问题。DSS 问题同时涉及以下三个方面:

(1)DSS 问题针对一组在船舶容量、运营成本和燃油成本上存在差异的候选船舶,通过平衡船舶的容量与相应的运营成本,在航线中部署最佳船舶。

(2)DSS 问题需要确定所有航段的最佳航行速度以及在航线中的各个港口的最佳到访时间表。对于具有固定服务频率的稳定服务,部署在航线上的所有船舶在每个航段的航行速度应保持一致。

(3)考虑到规划期内集装箱运输需求的变化,DSS 问题需要确定在航线中部署的这些异构船队的最佳顺序,以使船舶的容量能够匹配每周的集装箱运输需求。

上述三个问题是相互关联的。也就是说,船舶调度与航行速度和燃油成本的优化有关,这进一步影响从候选船舶中选择和部署船舶到航线中的决策。此外,异构船队的部署需要确定这些船舶顺序,以适应每周依赖的运输需求。

此外,为了表述本问题,本部分考虑以下假设:

(1)航线的港口挂靠是预先确定的,该航线是所有停靠港口的一个循环。

(2)可提供运输服务的一组船舶是异构的,在运营固定费用、运力和燃油消耗函数的参数上存在差异。

(3)在成本结构方面,本问题考虑了固定船舶运营成本、燃油成本和未满足运输需求的损失成本。

(4)本问题考虑单条航线的每周服务频率。

(5)运输需求按 OD 对分类,每种运输需求在不同的周内是不同的。

(二)参数符号

为了刻画模型,本节定义了的主要集合、参数和决策变量如下所示:

1.集合

Q:OD 对集合。

I:航线上的航段集合。

I_{ij}:从港口 i 到港口 j 所有航段和港口的集合。

S:所有可提供服务的船舶。

2.参数

Cap_s:第 $s(\forall s \in S)$ 艘船的运力。

C^{fuel}:船用燃料的价格。

C_s^{fix}:第 $s(\forall s \in S)$ 艘船的固定运营费用。

C^{od}:未满足运输需求时每单位集装箱的惩罚成本。

L_i:航线上第 $i(\forall i \in I)$ 个航段的距离(海里)。

T:以周为单位的总计划运营周期。

t_i^p:在第 $i(\forall i \in I)$ 个挂靠港停留的时间。

V_i^{max},V_i^{min}:在第 $i(\forall i \in I)$ 个航段航行时的最大速度和最小速度。

α_i^s, β_i^s：第 s（$\forall s \in S$）艘船在第 i（$\forall i \in I$）个航段航行时燃油消耗函数的参数。

q_k^{od}：在第 k 周从起始港 o 到达目的港 d 的集装箱运输需求量。

3.决策变量

n：航线上部署船舶的数量。

t_i：在第 i（$\forall i \in I$）个航段的航行时间。

v_i：在第 i（$\forall i \in I$）个航段的航行速度。

x_s：是否选择第 s（$\forall s \in S$）艘船在航线上进行部署。

x_s^k：第 s（$\forall s \in S$）艘船是否在第 k 周进行部署，$k = 1, 2, \cdots, T, \cdots, T+n$。

y_k^{od}：在第 k 周从起始港 o 到达目的港 d 装载的集装箱数量。

z_k^{od}：在第 k 周从起始港 o 到达目的港 d 由第三方运输的集装箱数量。

θ_τ^{ji}：船舶是否在 τ 周内从 j 港挂靠到 i 港。

（三）模型建立

考虑一家运营航线的集装箱航运公司，该公司拥有一组可以在该航线上部署的候选集装箱船舶。该航运公司需要确定在规划期内选择哪些船舶进行部署，以及它们的调度和顺序。本部分为该问题建立一个非线性混合整数规划模型。

$$\min \sum_{s \in S} C_s^{fix} x_s + TC^{fuel} \sum_{s \in S} \sum_{i \in I} \alpha_i^s L_i^{\beta_i^s} t_i^{1-\beta_i^s} x_s / (24n) + \sum_{(o,d \in Q)} \sum_{k=1}^{T} C^{od} z_k^{od} \tag{5-48}$$

约束：

$$t_i \in \left[L_i / V_{i\max}, L_i / V_{i\min} \right], \forall i \in I \tag{5-49}$$

$$\sum_{i \in I} \left(t_i^p + t_i \right) = 168n \tag{5-50}$$

$$x_s = \sum_{k=1}^{n} x_s^k, \forall s \in S \tag{5-51}$$

$$\sum_{s \in S} x_s^k = 1, \forall k \in \{1, \cdots, T\} \tag{5-52}$$

$$x_s^k = x_s^{(k-1)\bmod n+1}, \forall k = 1, \cdots, T+n, s \in S \tag{5-53}$$

$$y_k^{od} + z_k^{od} \geq \xi_k^{od}, \forall (o,d) \in Q, k \in \{1, \cdots, T\} \tag{5-54}$$

$$\sum_{\substack{(o,d) \in Q \\ i \in I_{od}}} \sum_{\tau=0}^{\min(n,k-1)} y_{k-\tau}^{od} \theta_\tau^{0i} \leq \sum_{s \in S} \sum_{\tau=0}^{n} x_s^{a(k,\tau)} \theta_\tau^{1i} Cap_s, \forall i \in I, k \in \{1, \cdots, T+n\} \tag{5-55}$$

$$\sum_{\tau=0}^{n} \tau \theta_i^{ji} = \begin{cases} \left\lfloor \sum_{h \in I_{1i}} (t_h + t_h^p)/168 \right\rfloor - \left\lfloor \sum_{h \in I_{1j}} (t_h + t_h^p)/168 \right\rfloor, \forall i \geq j \\ \left\lfloor \sum_{h \in I_{1i}} (t_h + t_h^p)/168 \right\rfloor - \left\lfloor \sum_{h \in I_{1j}} (t_h + t_h^p)/168 \right\rfloor + n, \forall i < j \end{cases} \quad \forall i, j \in I \tag{5-56}$$

$$\sum_{\tau=0}^{n} \theta_\tau^{ji} = 1, \forall i, j \in I \tag{5-57}$$

$$t_i, y_k^{od}, z_k^{od} \geq 0, \forall i \in I, (o,d) \in Q, k \in \{1, \cdots, T\} \tag{5-58}$$

$$x_s, x_s^k, \theta_\tau^{ji} \in \{0,1\}, \forall s \in S, k \in \{1, \cdots, T\}, \tau \in \{0, \cdots, n\}, i, j \in I \tag{5-59}$$

$$n \in Z_+ \qquad\qquad (5\text{-}60)$$

其中目标函数(5-48)表示在规划期内集装箱船舶运输的运营成本最小,其中运营成本由三部分组成,第一部分是船舶固定成本,第二部分是船舶整个运输过程中的燃油成本,第三部分是惩罚成本,C^{od} 表示库存和存储成本、机会成本、商誉损失,以及通过该航运公司自身或其他公司其他航线运输集装箱的边际成本之和。约束(5-49)表示船舶航行时间应该在合理的区间内。约束(5-50)表示部署在该航线上的船舶应保证所有停靠港口的每周服务频率。约束(5-51)表示如果在该航线上部署船舶 s,则该船舶必须在第 1 周到第 n 周之间开始航行。约束(5-52)表示每 k 周只有一艘船开始航行。由于整个航行时间为 n 周,因此约束(5-53)保证每 n 周有一艘船开始新的航行。约束(5-54)保证了未满足的航运需求将由航运公司自己或其他公司通过其他航线运输,而不是只通过部署运力大的船舶来满足需求。约束(5-55)是对每个 (i,k) 的运力约束,其中 (i,k) 表示每 k 周内,有且只有一艘船挂靠港口 i 并通过航段 i。可以观察到,变量 θ_τ^{ji} 存在于约束(5-55)的两侧。如果 i 大于或等于 j,如图 5-4(a)所示,从 j 到 i 的航程不包含第一个停靠港 1,即 $j \to j+1 \to \cdots \to i$。若如图 5-4(b)所示,当 $i < j$ 时,则从 j 到 i 的航程为 $j \to \cdots \to 1 \to \cdots \to i$,即船舶必须先停靠 i 的港口 1。由此就可以引出决策变量 θ_τ^{ji} 的约束,即约束(5-56)和约束(5-57)。约束(5-58)~约束(5-60)是对决策变量的约束。

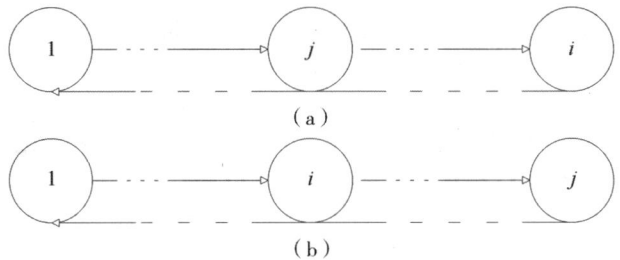

图 5-4　航线港口挂靠

第六章

船舶调度与航线设计问题

第一节　相关概念与理论基础

一、问题分类

　　船舶调度与航线设计问题的研究具有重要意义,其直接关系到航运公司的运营效率、成本控制和服务质量。合理的船舶调度和航线设计能够最大限度地提高船舶运输能力、缩短货物运输时间,从而提升客户满意度。同时,这也有助于降低燃油消耗和污染物排放,符合可持续发展目标。在全球贸易日益增长的背景下,优化船舶调度与航线设计成为提升竞争力和应对市场的重要手段。在航运领域,船舶调度与航线设计问题是一个复杂的任务,涉及多种变量和约束。本节从航线运营模式出发,将海上运输方式划分为班轮运输、不定期船运输、工业船运输以及半班轮运输四类,对班轮及半班轮运输的航线设计问题以及不定期船运输、工业船运输的调度问题的相关概念及其模型构建进行介绍。

(一)班轮航线设计问题

　　班轮大多按照几个月前公布的定期时间表沿着既定航线运营,虽然班次、频率可能会随着季节变化,但航线本身在几年内不会改变。因此,航线设计是一项重要的战略决策。基于上述情况,班轮航线设计主要包括以下三项决策内容:挂靠港口的选择以及港口挂靠顺序的决策;

访问港口的频率的确定;使用的船舶大小和航行速度的确定。此外,在许多情况下,一家公司或一组合作公司具有多条互相关联的航线,对航线进行构建以及选择哪些航线来满足航运需求,共同构成了班轮航线网络设计问题。为了能够有效解决此问题,航运公司需要对其可能吸引到的货运需求量进行合理估计。因此,在建立航线网络设计问题的模型时,通常从航运公司的视角出发,以运输成本最小化或货运收益最大化为目标,同时对部署在航线上的船舶类型和数量、船舶挂靠方案、船舶航行速度、船舶船期设计进行共同优化。

图 6-1 所示为中远海运集装箱运输有限公司运营的一条跨太平洋航线 AWE1(远东—美东/美湾)航线示意图,该示意图中展示了船舶在该航线运行过程中所挂靠的方向及航行的顺序。图 6-2 所示为 AWE1 班轮航线船期表,该船期表中包含了港口、码头、预计到港时间、预计离港时间。通过对两个图的解读,我们可以获得以下信息:该航线从青岛港出发,依次挂靠上海、宁波、釜山、科隆、萨凡纳、查尔斯顿、波士顿、纽约、科隆,最终返回青岛港。本航线的总航程时间为 77 天,已知该航线上运行的船舶符合周服务频率,则该航线上部署着一组包含着 11 艘集装箱船的船队。我们也可获得每个港口的预计到离港时间。预计到离港时间即到达某港口时,船舶从初始港口出发后已经过的航程时间。

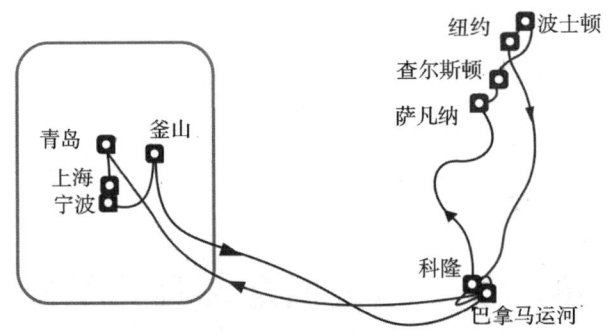

图 6-1　AWE1 班轮航线示意图

PORT	ETA	Time	ETD	Time
青岛	FRI.	0	SAT.	1
上海	MON.	3	TUE.	4
宁波	WED.	5	THU.	6
釜山	SAT.	8	SUN.	9
科隆	SAT.	29	SUN.	30
萨凡纳	FRI.	35	SUN	37
查尔斯顿	SUN.	37	MON.	38
波士顿	THU.	41	FRI.	42
纽约	SAT.	43	TUE.	46
科隆	SUN.	51	TUE.	53
青岛	FRI.	77		

图 6-2　AWE1 班轮航线船期表

(二)工业船调度问题

工业船经营者通常拥有所运输的货物,并控制运输这些货物的船舶,这些船舶既可能属于工业船经营者,也可能是定期租船。表 6-1 所示为某工业船经营者所需要运输的货物及其货物装卸港信息。以货物 1 为例,货物 1 需在 A 港完成货物装载,在 C 港完成货物卸载,货物 A 的运输量为 1/2 船。该工业船经营者需要使用一组船舶在合同所约定的时间范围内实现货物装卸港的转移。图 6-3 所示为不考虑货物运输时间窗时的满载货物的工业船航线示意图。图 6-3 所示的最上层为港口的地理分布;中层为不考虑货物运输时间窗时的最优航线,即使用一艘船,依次挂靠 A→C→B→D→E 港口(当考虑货物运输时间窗时,最优解可能会发生变化);最下层为计划航线的各个港口出发时船上的载货量。

表 6-1 各种货物及其装卸港信息

	装货港	卸货港	载货量
货物 1	A	C	1/2 船
货物 2	D	E	满载
货物 3	B	D	1/2 船

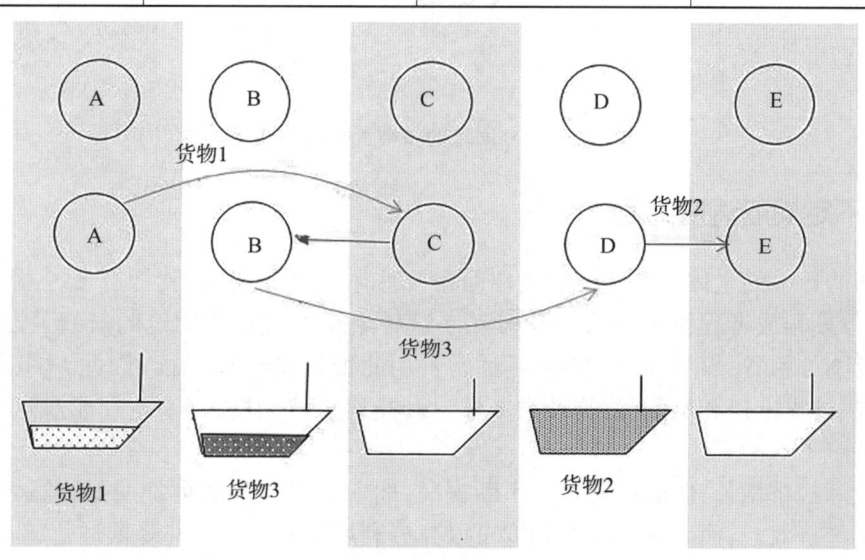

图 6-3 满载货物的工业船航线示意图

基于上述示例,我们可以明确,工业船调度问题指的是,在保证所有货物能够从装货港调运到相应卸货港的情况下,使船队中所有船舶的成本之和最小。相较于班轮航线设计问题,工业船调度问题属于短期规划问题,其停靠港由货物需求过程中的装卸港决定,无须进行决策。因此,工业船调度问题应根据货运需求,同时对航线靠港顺序、船队部署、船舶航速、船舶载运货物进行优化。在上述示例中,对船舶每次只能装载一种货物进行了限制,在模型构建中,根据工业船运输的货物种类和数量,可将工业船调度问题划分为满载货物(Full Shiploads)工业船调度问题、货物尺寸固定的多种货物工业船调度问题、货物尺寸灵活的多种货物工业船调度问题,以及复杂产品工业船调度问题等。

图 6-3 所示为满载货物的工业船调度问题,在此问题中,货物装载后不再进行装货,直至卸货完成,船舶每次只运输一种货物。图 6-4 所示为货物尺寸固定的多种货物船舶调度问题,在此问题中,船舶可同时运输多种货物,但货物运输量是固定的。货物尺寸灵活的多种货物工业船调度问题,顾名思义,在上述问题的基础上增加了对货物运输量的决策,并为每种货物运输量设定一定的范围。上述三种问题均假设对可以混合储存的货物进行运输,复杂产品工业船调度问题对不可以共同储存的货物运输进行了考虑,将货物存储空间划分为多个储罐,对每种货物所使用的储罐数量进行决策。

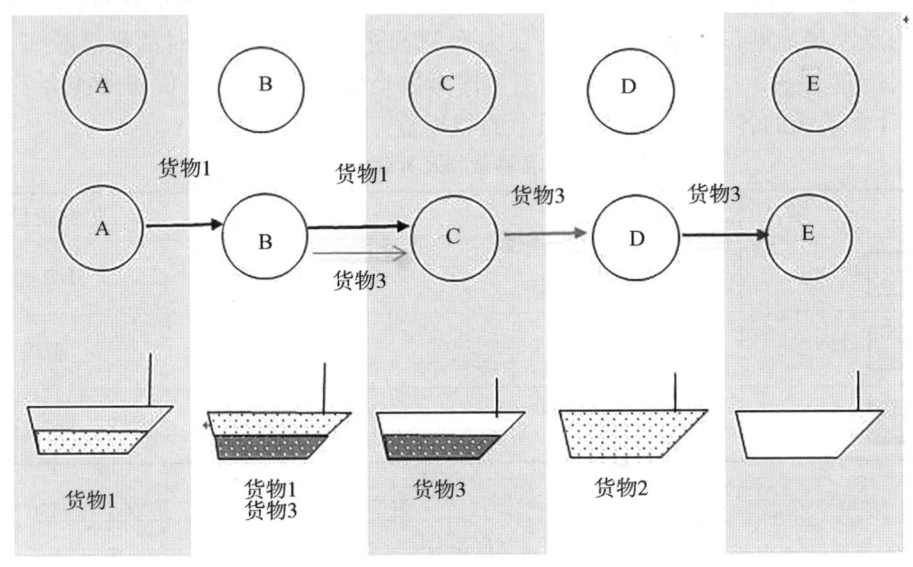

图 6-4　货物尺寸固定的多种货物船舶调度航线

(三)不定期船调度问题

不定期船运输的主体为各类干散货船船东及液体散货船船东,其拥有或控制着大规模船队,在市场以期租或者程租的形式运营船舶。这种组织方式没有固定的航线、挂靠港口和班期。大宗货物如粮谷、煤炭、矿石、石油等通常都用此种方式组织运输。因此,不定期船具有没有固定航线、挂靠港口和班期,货物种类多样,货源、运价波动性大,不定期船航运市场较为开放自由等特点。

随着全球经济增长,船舶运输能力不断提高,船舶大型化趋势愈加明显,航运公司不断寻求实现规模经济效益,而合理的船舶调度可以充分利用船舶的舱容并降低运营成本,对提高航运公司竞争力尤为重要。不定期船运输在海上运输中市场广泛,考虑其多个港口、多种货物、船期短的运营特点,研究科学的不定期船调度方法是当前的热点问题。不定期船没有固定航线和船期表,而影响航运公司盈利的一个关键因素就是航运周期,航运周期包括海上航行时间和船舶在港时间。由于港口要为很多航运公司和船舶提供服务,而泊位数量有限,故不能保证在船舶到达时能立即提供服务,因此航运公司制订船舶调度计划时需考虑泊位时间限制,使船舶在泊位可用时间窗到达,以缩短船舶等待泊位的时间。

在固定计划期内的不定期船调度问题,不仅需要满足货运需求以及在调度过程中不超过船舶载重限制的要求,还需考虑在同一港口装、卸货的服务时间限制要求和泊位时间限制,其中港口对货物的服务时间限制可能包含不同的泊位空闲时间段,符合不定期船运输的实际情况。

此外,工业运输船的运营者必须运输所有货物并最小化成本,不定期船的运营者则关注利润最大化。不定期船运营计划优化中通常包含一些强制运输的合同货物,并且大多数运营者在完成合同货物运输的基础上会尽力承揽非强制运输的市场货物以增加其运输收入。合同货盘源于与航运公司签订远期协议的货主。不定期船运输公司面临的挑战是如何选择现货,并组织安排最大化利润路线和时间表的构建。这里,利润定义为所有运输货物的收入减去航行所耗费的成本(主要包括燃料、港口费用及运营船舶的固定成本)。

综上所述,目前不定期船调度问题集中在考虑货运需求、船舶容量和港口对货物的服务期限,以运营成本最低或收益最大为优化目标这些问题上:

1.优化船队运营成本

在考虑即期货物、季节性需求波动、天气等不确定因素影响时,优化不定期船运营成本需要考虑航次运营成本、延误成本(主要受恶劣天气的影响)及闲置成本(主要因为航线规划不合理)。在需求变动条件下的航线规划方案中,承运人在规划初期只掌握部分静态货物的信息,并根据这部分信息,优化航线、选择货物、签订运输合同、安排运输,随着不定期船市场上即期货物的出现,承运人会进行适当的航线调整,必要时会抛弃部分合同货物。

2.以船队运营收益最大为目标

不定期船调度问题的目标是,帮助船舶运营者合理运营调度现有的船舶,使企业在规划期内获得高额利润。这就需要我们为不定期船调度考虑以下任务,主要包括:(1)从不定期船市场中选出适合运输的货物;(2)为货物安排船舶;(3)为船舶安排航线。

(四)半班轮航线设计问题

随着近年来海运行业的持续发展和航运需求的日益多样化,货主们越来越倾向于寻求更为灵活和定制化的服务。因此,除了传统的班轮与不定期船运输方式外,半班轮运输逐渐在市场中崭露头角,成为行业内的热点。半班轮运输的经营模式居于班轮与不定期船之间,具备独特的运营特点。与班轮类似,半班轮仍然会公布一些重要港口的航线和船期信息供客户参考选择,但它不会严格遵守固定的路线和时间表,从而在一定程度上近似于不定期船的运营特性。航运公司根据市场需求和货物状况以及船舶自身的运力,对停靠港口和航行时间进行灵活的调整。例如,可能根据需求增加某个特定港口的停靠次数,以满足当地的运输需求。这种灵活的运作方式使半班轮能够更好地适应市场变化,满足各种客户的需求。

如图 6-5 所示,圆形港口代表的是强制挂靠港(作为合同货的起点或终点),方形港口为可选择挂靠港(无合同货)。其中以大连至新加坡的半班轮航线为例,此航线的常规港口访问序列为大连→青岛→釜山→上海→宁波→香港→马尼拉→新加坡。然而,假定在某次航行开始时,航运公司发现东京港以及林查班港出现了较大的航运需求,在强制挂靠港完成合同货的运输后,船舶依然有剩余的运载能力。为了实现更高的运输收益,船舶可以选择改道前往东京港和林查班港,并将其加入航线中。因此,调整后的航线变更为大连→青岛→釜山→东京→上海→宁波→香港→马尼拉→林查班港→新加坡。

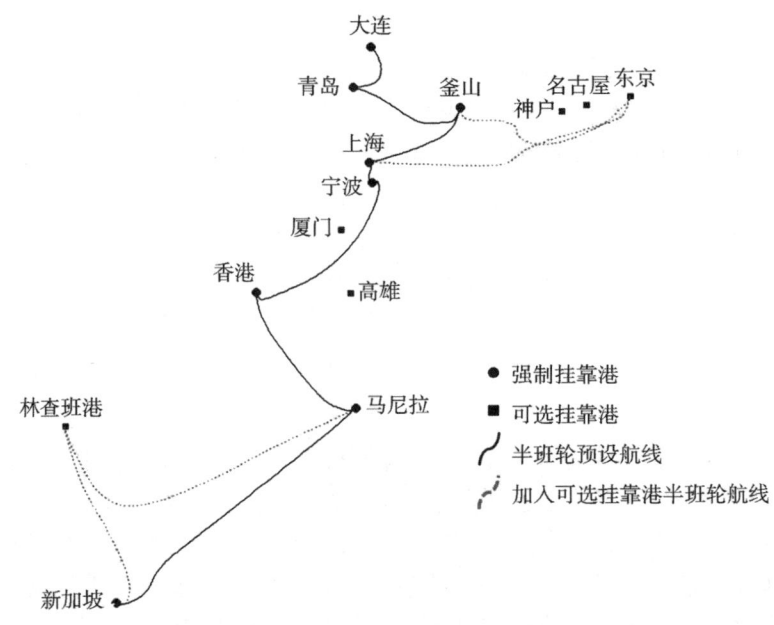

图 6-5　大连至新加坡半班轮航线图

另一种区别半班轮运输与班轮与不定期船运输的方式是,半班轮运输通常采用多功能船,而班轮与不定期船运输分别主要使用集装箱船和散货船。这意味着半班轮运输能够运输多种类型的货物,包括集装箱货物以及无法集装箱化的杂货,如钢铁制品、工程机械、特种货物甚至散装矿物。这独特的运输方式是其优势所在。半班轮运输与班轮与不定期船运输的特点对比如表 6-2 所示。

表 6-2　半班轮运输与班轮与不定期船运输的特点对比

	班轮运输	半班轮运输	不定期船运输
船舶航线	固定航线	根据实际情况进行调整航线	不固定航线
港口挂靠频率	定期挂靠固定港口	定期挂靠部分港口(无严格时间窗),实际航行中会临时增加/减少部分挂靠港	不固定挂靠港
船舶类型	集装箱船	多用途船	散货船
船舶容量	20 000TEU	40 000DWT	500 000DWT
货物类型	集装箱	各种货物,如集装箱、散货、杂货等	主要是散货
运输需求	数量和运费相对稳定	金额和运费是浮动的	金额和运费是浮动的

半班轮运输结合了班轮运输和不定期船运输的特点,形成了一种具有独特优势的运输方式。其主要优点包括:

(1)灵活性增强

半班轮运输在船期、航线、挂靠港口等方面具有较强的灵活性,可以根据货主的实际需求进行调整,满足不同类型货物的运输要求。

(2)运输成本可控

与班轮运输相比,半班轮运输在运价上具有一定的商谈空间,货主可以根据市场情况和自身需求与航运公司协商运价,从而更好地控制运输成本。

（3）运输效率提高

半班轮运输通常具有较快的装卸速度和较短的港口停留时间,这有助于缩短货物的在途时间,提高整体运输效率。

二、影响因素与优化策略

(一)影响因素

船舶调度与航线设计问题是多种因素共同作用的结果,其中主要影响因素包括以下几个方面:

1.市场需求与货物特性

市场需求是船舶调度和航线设计的核心驱动力。具体来说,全球贸易的需求、地区经济的发展水平和特定货物的运输需求,都会直接影响航线的繁忙程度和船舶调度的频率。同时,货物的类型和尺寸也会对航线设计产生影响。不同类型的货物,如散货、液体货物或危险品,可能需要不同类型的船舶和特定的运输条件。因此,在设计航线时,必须考虑到船舶适载能力和货物的特性,以确保运输的安全和效率。

2.航运成本

成本是航运公司在进行船舶调度和航线设计时必须重点考虑的因素。其中,燃油消耗是一个重要的成本项。航线的长短、船舶的航速和航行过程中的风浪条件等都会影响燃油的消耗量。因此,在选择航线时,需要综合考虑航程、航行条件和燃料效率,以降低燃油成本。此外,港口费用也是航运成本的重要组成部分,包括停泊费、装卸费以及与港口设施使用相关的其他费用。不同港口的费用标准可能有所不同,因此在航线设计时,需要选择费用相对较低的港口,以降低整体运输成本。

3.环境政策

在全球环保意识日益增强的背景下,航运业也面临着越来越严格的环保要求。碳排放政策的实施旨在减少船舶运营过程中的温室气体排放并推动航运业向绿色、低碳方向发展。因此在进行航线设计和船舶调度时需要充分考虑环保因素,选择更加环保的航线和船舶类型以降低对环境的影响。例如,选择低碳排放的船舶或使用更清洁的能源如液化天然气(LNG)等以减少碳排放量。

4.安全因素

安全是航运业的首要任务。天气和海况是影响航行安全的重要因素。恶劣的天气条件,如大风、巨浪或海冰等,都可能对船舶的航行安全构成威胁。因此,在航线设计时,需要充分考虑天气和海况的影响,选择相对安全的航线。此外,海盗活动和地区冲突等安全隐患也是必须考虑的因素。在某些地区,海盗活动频繁或存在政治冲突的风险,这就要求船舶在调度或进行航线设计时避开这些危险区域,以确保船舶和货物的安全。

5.技术因素与发展趋势

随着科技的不断进步,新型船舶技术和信息技术的应用为航运业带来了许多创新机遇。例如,新型节能型船舶和自动化船舶的出现,使得航运更加高效和环保。同时,航运管理系统和实时监控系统等信息技术的发展也提高了船舶调度的效率和准确性。这些技术的进步为航线设计和船舶调度提供了更多的可能性和优化空间。精确的航行数据分析和预测,可以优化航线选择以降低燃油成本和缩短航行时间;而自动化的船舶调度系统可以减少人为错误并提高运营效率。

6.市场竞争态势与合作机会

航运市场是一个充满竞争的市场,各大航运公司为了争夺市场份额和客户资源纷纷推出各具特色的航线服务和船舶调度策略,竞争对手的航线布局、船舶规模和服务质量等因素都会影响航运公司的决策和市场份额。为了在竞争中脱颖而出,航运公司需要密切关注市场动态和竞争对手的策略变化并及时调整自身的运营策略以应对市场挑战,同时也可以通过与其他航运公司或相关产业进行合作与联盟以降低成本、提高效率并共同应对市场变化。

综上所述,在船舶调度与航线设计问题中,市场需求是核心驱动力,货物特性与航运成本需进行重点考虑,环境政策、安全因素、技术因素及市场竞争态势等方面也需进行综合考虑,多种因素在船舶调度与航线设计中共同发挥作用。

(二)优化策略

结合上述影响因素,船舶调度与航线设计的优化策略可概括为以下几个方面:

1.航线挂靠方案优化

船舶挂靠方案优化指的是航线挂靠港口的确定以及挂靠港口顺序的优化,两者共同确定了船舶的航行路径。班轮航线网络设计包括每条航线的挂靠港规划以及满足货运服务的航线选择;不定期船及工业船调度问题主要涉及挂靠顺序的决策;半班轮航线设计侧重点则为"可选访问港口"的挂靠港规划。对航线进行合理规划,运用先进的算法和实时数据反馈机制,确保为船舶规划出最经济、最高效且最安全的航线。这不仅能够显著缩短航行时间,降低燃油消耗,还能有效规避潜在的海上风险,从而提升整体航运的效率和安全性。

2.船队配置规划

船队配置规划是船舶调度和航线设计优化策略中的关键环节。通过全面的市场需求分析和航线特性评估,科学配置船舶数量与类型,合理安排维修保养,并与港口建立良好合作关系,能够最大化船舶利用率,提升航运效率,降低运营成本,提升市场竞争力和客户满意度,为企业的可持续发展和高效运作提供坚实保障。

3.航速优化

船舶的燃油消耗对航速极为敏感,因此航速是燃油成本的关键决定因素,并对船舶的经营成本产生重要影响。在航运公司的运营中,航速受到客观因素(如船舶主机功率和技术状况)的影响,也受到主观因素(如船用燃油价格、市场需求、航运政策和客户要求)的影响。在特定的经济条件和运营环境下,船舶选择不同航速的经济效益差异明显。虽然提高航速可以提升船舶的周转率和运营收入,但这同时可能导致燃油成本的显著增加,从而产生经济损失。相对而言,降低航速可以节省燃油开支,但船舶周转速度减慢可能导致需要增加航线的配船数量,从而损失一部分收益。因此,航速的选择需要慎重考虑,以实现经济效益的最大化。

航运公司在确定航速时,应充分考虑运营经济性,结合市场现状、燃油价格和航运政策等因素,研究出最佳航速,以降低经营成本或提高收益。

4.提高货物装载率

有效的货物配载是提高货物运输效率的重要环节,采用运筹优化技术及其智能化算法制订精确的货物配载计划,利用动态集装箱追踪系统实时监控货物状态,确保每个航次的载货空间得到最大化利用。这一策略不仅减少了空运的产生,提高了运输效率,同时还增强了客户的信任和合作关系,提高了客户满意度,从而促进了企业的长远发展。

5.船期设计

船期设计的成功与否,不仅直接关系到航线的正常运行和经营成本,还会影响到航运公司的运输服务质量和信誉。卓越的船期设计能显著提升航行的经济性、安全性和运营效率,从而在竞争激烈的航运市场中占据优势地位。通过合理的设计与优化,航运公司不仅可以有效控制运营成本,还能提升客户满意度,增强品牌信誉。采取对船期进行有效设计、灵活调整航速与航行计划,以及与港口建立合作等方法,可以提升运营收益和客户服务水平。

6.加强国际合作与联盟

为拓展市场和提升运营效率,主动寻求与国际同行的战略合作与联盟。通过共享资源、互通有无与协同作业,航运公司不仅可以扩大市场覆盖范围,还可以实现运营模式的优化。例如,航运公司可以通过共同开发新航线、合作承运客户货物和共用港口设施等方式,提高整体竞争力。此外,国际合作可以使航运公司接触不同的市场需求,获得更新的运营经验,提高企业的灵活性与适应性。

7.推进绿色航运

面对日益严峻的环保挑战,坚定不移地推进绿色航运的发展。航运公司通过采用节能减排技术和推广使用清洁能源(如液化天然气、电动推动系统等),可以大幅减少航运活动对环境的影响。此外,与绿色港口进行合作,以降低装卸过程中产生的碳排放。践行绿色航运,不仅提升了企业的社会责任感,还有助于提高公司在市场中的品牌形象,为实现可持续发展贡献力量。

总之,船舶调度与航线设计问题是一个复杂的优化过程,上述优化策略之间相互配合,共同实现船舶调度与航线设计。

三、规划原则

在规划(优化)航线设计和船舶调度时,需要遵守以下规划原则:

1.航线网络系统化原则

在进行船舶调度和航线设计时,需要深入研究市场特点、未来发展趋势、竞争对手情况、运力运量变化、货物流向及客户需求等多个相关因素,以制定综合决策方案。此外,应立足企业全局,确保优化方案能够促进整体运力调配、提升企业效益及实现发展目标。例如,将集装箱班轮运输作为一个整体网络来优化,而非孤立地调整各条单一航线,能有效实现规模经济,扩大服务覆盖面,提高市场占有率,并实现箱体流转平衡。对于客户而言,特别是全球化经营的大企业,航线网络的优化与扩展已成为评估和选择航运公司的重要标准。

2.效益最大化原则

在进行船舶调度和航线设计中,追求效益最大化是核心目标之一。这不仅包括降低运输成本、提高运载率,还涉及优化资源配置,提高整体运营效率。通过精细化分析航线的利润来源,企业可以在高需求的航段增加运力投放,而在需求不足的航段进行适度缩减。同时,利用现代信息技术,及时获取市场动态和客户需求变化,能够灵活调整运力,进一步提高经济效益。整体设计时,需要综合考虑不同航线的收益潜力,以确保资源的最佳利用,从而实现企业利润的最大化。

3.合适的船舶匹配在合适的航线原则

在船舶调度和航线设计中,选择合适的船舶并将其匹配到相应的航线至关重要。不同类型的航线需求不同,例如,某些航线可能需要高运载能力的大型船舶,而其他航线可能更适合灵活性更强的小型船舶。通过分析航线的特点与货物特性,航运公司可以实现船舶的最优配备,以提高航线的服务效率和竞争力。此外,船舶的选择还需考虑燃料效率与环保因素,以推动可持续发展。

4.时间效率原则

时间效率原则强调在船舶调度和航线设计中,尽可能缩短航行和港口作业的时间,以提升运输效率。通过合理的航线规划和实时监控,船舶能够按照预定时间表快速到达目的地,减少意外延误的影响。此外,优化装卸流程和安排,可以进一步缩短船舶在港口的滞留时间。这不仅提高了船舶的周转效率,也增强了客户对服务的信任,提升了整体市场竞争力。

5.充分运用合作手段原则

合作是实现船舶调度和航线设计的重要手段。航运公司、物流公司及港口等航运主体之间建立战略联盟,共同开发高效的航线网络。共享资源、信息及市场经验,可以帮助各方降低运营成本、缩短运输时间,提高市场竞争力,也可以拓展服务范围、增强客户吸引力。实施联合运营和代码共享等策略,可以有效提升航线服务的灵活性与整体效益。

6.灵活性原则

灵活性原则强调在船舶调度与航线设计中应对不断变化的环境与市场条件的能力。随着航运业面临的挑战和客户需求的变化,船舶调度策略必须保持适应性。运用现代技术和数据分析,实时监测市场行情和天气变化,可以帮助调度员快速做出反应,调整航行计划和策略,从而降低风险并优化资源利用。这种灵活性不仅在应对突发事件中显示出价值,同时也将提高企业的竞争力。

7.环保性原则

环保性原则意在促进航运的可持续发展,尽量减少船舶运营对环境的影响。随着全球对环境保护要求日益提高,航运公司应积极采用节能减排技术和替代性清洁能源,减少碳排放和海洋污染。同时,与绿色港口合作,确保装卸过程中的环保措施到位,提高整体环保水平。遵循环保性原则不仅是对社会责任的体现,也是提升企业形象、增强客户信任和市场竞争力的重要途径。

第二节 班轮航线设计问题

一、问题描述与基本假设

本节提出的班轮航线设计问题考虑了一个包含多个港口的班轮服务网络。以最小化成本为目标,在预先给出备选航线的情况下,通过航线配船计划的决策来表示航线是否被开通。同时根据被选择的航线配船计划,确定不同航线、航段以及集装箱路径上的集装箱运输量以满足所有港口的集装箱需求。

为了简化问题,本节提供问题假设如下:集装箱不能转运两次以上;集装箱只可在为支线始发港和目的港提供服务的枢纽港转运;两个枢纽港之间只有直达航运服务。

对于任意备选的航线,可以通过以下公式描述:

$$p_{r1} \rightarrow p_{r2} \rightarrow p_{r3} \rightarrow \cdots \rightarrow p_{rN_r} \rightarrow p_{r1} \tag{6-1}$$

其中,p_{r1} 是航线上船舶访问的第一个港口,p_{rN_r} 是航线上船舶访问的最后一个港口。其中 $\langle p_{ri}, p_{r(i+1,N_r)} \rangle$ 表示港口 p_{ri} 与港口 $p_{r(i+1,N_r)}$ 之间的航段。

二、参数符号

为了刻画模型,本节定义的主要集合、参数和决策变量如下所示:

1.集合

R：备选航线的集合。

V：备选船舶的集合。

P：港口的集合。

S：航行区间的集合。

S_r：备选航线 r 上航行区间的集合。

H_{pq}：港口 p 和港口 q 之间的集装箱路径。

2.参数

c_{rvm}^{fix}：在备选航线 r 上部署 m 艘 v 型船的固定运营成本。

c_v^p：v 型船在港口 p 装货或卸货、占用泊位所产生的可变成本(美元/TEU)。

n_{pq}：港口 p 和港口 q 之间的集装箱需求。

δ_{ri}^{kl}：0-1 变量,当航线区间 $\langle k, l \rangle$ 包含航段 $\langle p_{ri}, p_{r(i+1,N_r)} \rangle$ 时值为 1,否则为 0。

Cap_v：v 型船的运载能力(TEU)。

t_v^p：v 型船在港口 p 装货或卸货、占用泊位所产生的运营时间(小时/TEU)。

τ_{rv}^{fix}：v 型船在备选航线 r 上的巡航时间(小时)。

3. 决策变量

n_{rvm}：航线配船计划$\langle r,v,m \rangle$被选择的数量。航线配船计划$\langle r,v,m \rangle$表示在备选航线r上部署m艘v型船。

x_h^{pq}：港口p和港口q之间每周经由集装箱路径h运输的载货集装箱量。

y_{rvm}^{kl}：港口k和港口l之间每周经由航线配船计划$\langle r,v,m \rangle$运输的载货集装箱量。

三、模型构建

本问题构建了一个混合整数线性规划模型，该模型可以被线性规划求解器（例如 CPLEX）有效求解。

$$\min \sum_{r \in R} \sum_{v \in V_r} \sum_{m \in M_{rv}} \left\{ c_{rvm}^{fix} \times n_{rvm} + \sum_{(k,l) \in S_r} y_{rvm}^{kl} \times (c_v^k + c_v^l) \right\} \tag{6-2}$$

约束：

$$\sum_{h \in H_{pq}(R)} x_h^{pq} = n_{pq}, \forall p \in P, \forall q \in P \tag{6-3}$$

$$\sum_{p \in P} \sum_{q \in P} \sum_{h \in H_{pq}^{kl}(R)} x_h^{pq} = \sum_{r \in R_{kl}} \sum_{v \in V_r} \sum_{m \in M_{rv}} y_{rvm}^{kl}, \forall \langle k,l \rangle \in S \tag{6-4}$$

$$\sum_{(k,l) \in S_r} \delta_{ri}^{kl} \times y_{rvm}^{kl} \leqslant Cap_v \times n_{rvm}, \forall r \in R, \forall v \in V_r, \forall m \in M_{rv}, \forall i = 1,2,\cdots,N_r \tag{6-5}$$

$$\sum_{(k,l) \in S_r} y_{rvm}^{kl} \times (t_v^k + t_v^l) \leqslant (168m - \tau_{rv}^{fix}) \times n_{rvm}, \forall r \in R, \forall v \in V_r, \forall m \in M_{rv} \tag{6-6}$$

$$\sum_{r \in R_p} \sum_{v \in V_r} \sum_{m \in M_{rv}} n_{rvm} \geqslant 1, \forall p \in P \tag{6-7}$$

$$x_h^{pq} \geqslant 0, \forall p \in P, \forall q \in P, \forall h \in H_{pq}(R) \tag{6-8}$$

$$y_{rvm}^{kl} \geqslant 0, \forall r \in R, \forall v \in V_r, \forall m \in M_{rv}$$
$$\forall \langle k,l \rangle \in S_r \tag{6-9}$$

$$n_{rvm} \in Z^+ \cup \{0\}, \forall r \in R, \forall v \in V_r, \forall m \in M_{rv} \tag{6-10}$$

目标函数（6-2）使总运营成本最小化。约束（6-3）保证了所有集装箱需求都被满足。约束（6-4）规定，在每个航段上，使用该航段所有集装箱路径上的集装箱总流量等于所有配船计划在该航段上运输的集装箱数量之和。约束（6-5）保证了所有集装箱流量不超过船舶运载能力。约束（6-6）确定了每个配船计划的最大泊位占用时间。约束（6-7）规定了每个港口均须有船舶经过。约束（6-8）~约束（6-10）约束了决策变量。

第三节　工业船调度问题

一、满载货物工业船调度问题

工业船通常是指用于特定工业目的的船舶,如油船、散货船、集装箱船等,它们在货物类型、运输路线、港口停靠等方面具有特定的要求和特点。与常规船舶调度相比,工业船调度具有以下特点:

(1)货物类型特定:工业船通常运输特定类型的货物,如石油、矿石、煤炭等,这要求调度时必须考虑到货物的特性和装卸要求。

(2)运输路线固定:工业船的运输路线往往比较固定,主要服务于特定的工业企业或港口,这使得调度计划相对稳定,但同时也需要更高的计划性和协调性。

(3)港口停靠要求高:工业船的货物装卸量较大,对港口的设施和作业能力有较高要求,调度时需要考虑港口的接纳能力和作业效率。

(4)调度计划性强:工业船调度通常需要根据生产计划和运输需求提前制订详细的调度计划,并严格按照计划执行,以确保供应链的稳定和高效。

(5)协调性要求高:工业船调度涉及与港口、货主、物流企业等多个环节的协调,需要建立有效的沟通和协调机制,以确保调度的顺利进行。

(6)安全性要求高:工业船运输的货物往往具有危险性或高价值,调度过程中必须严格遵守安全规定,确保运输的安全和可靠。

(7)环境影响考虑:工业船在运输过程中可能会对环境造成影响,如油污、废气排放等,调度时需要考虑环保要求,采取相应的减排措施。

工业船调度是一个复杂而精细的过程,需要综合考虑货物特性、运输路线、港口条件、计划性、协调性、安全性和环境影响等多个因素,以实现高效、安全、环保的运输目标。

(一)问题描述与基本假设

在一些细分市场中,船舶在装货港装载到其容量,并将货物直接运输到其卸货港(如原油运输)。对于满载货物工业船调度问题,其目标为保证所有货物都能从装货港调运至卸货港的情况下,使船队中所有船舶的成本之和最小。应考虑货物装卸时的时间窗限制。在这样的操作中,工业航运公司通常运营具有特定船舶的异构船队(包括不同的成本结构和负载能力)。

为了简化问题,本模型做出以下假设:从短期规划来看,改变船队规模是不切实际的,仅考虑规划期内一定数量船舶的运营情况;船队的固定成本忽略不计,因为其对最佳航线和船期表的规划没有影响;假设船队有足够的能力,服务于所承诺货物的规划水平;可变航行成本均取决于船舶大小,包括港口和航道费、燃油成本等。基于上述描述,本问题刻画为一个弧流模型,该弧流模型的具体描述如下:

设 N 为以 i 为索引的货物集合,任意货物 $i(i \in N)$ 由网络的一个节点表示,该节点包括货物 i 的一个装货港和一个卸货港。设 V 为船队中以 v 为索引的船舶的集合。集合 $\{N_v, A_v\}$ 是与特定船舶 v 相关联的网络,N_v 和 A_v 分别代表节点和弧的集。并非所有的船舶都可以访问所有的港口并装载所有的货物,因此,为船舶设置人工起始货物节点 $o(v)$ 和人工目的地货物节点 $d(v)$,则 $N_v = \{$船舶 v 的可行节点$\} \cup \{o(v), d(v)\}$,如果船舶没有被使用,则 $d(v)$ 将在 $o(v)$ 之后立即被服务。集合 A_v 包含船舶 v 的所有可行弧,船舶 v 是 $\{i \in N_v\} \times \{i \in N_v\}$ 的子集。这个集合将根据时间限制和其他限制来计算。弧线 (i,j) 连接货物 i 和货物 j,如果使用弧线,货物 i 将在货物 j 之前服务。

图 6-6 显示了在底层网络上绘制的前文第一节的示例的航线(用粗线进行标记)。船舶在其航线起点离开人工起始货物节点,并装载货物 1,然后依次经过节点货物 3 和节点货物 2,最后到达人工目的地货物节点。其他弧为货物之间可能的优先组合。

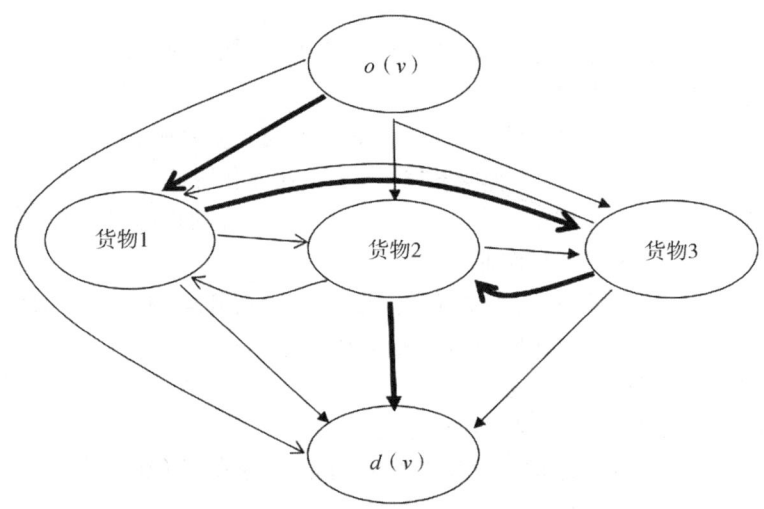

图 6-6　满载货物工业船航线图

对于每一个弧,T_{siv} 表示船舶 v 从货物 i 到达装货港到货物 j 到达装货港的计算时间,它包括货物 i 装卸时间、货物 i 相关港口之间的航行时间以及货物 i 卸货港到货物 j 装货港的航行时间之和。令 $[T_{MNiv}, T_{MXiv}]$ 表示与货物 i 的装货港相关联的船舶 v 的时间窗,其中 T_{MNiv} 是开始服务的最早时间,而 T_{MXiv} 是开始服务的最晚时间。在潜在的真实的问题中,这些数据很少为每艘船舶 v 指定,但由于预处理阶段,这些数据在数学模型中是合适的。

(二)参数符号

1.集合

N:以货物 i 为索引的货物集合。货物 i 由网络中的一个节点表示,该节点包括货物 i 的一个装货港和一个卸货港。

V:由 v 索引的船舶的集合。

N_v:包括了船舶 v 的人工起点 $o(v)$ 和人工目的地 $d(v)$,$N_v = \{$船舶 v 的可行节点$\} \cup \{o(v), d(v)\}$,如果船舶未被使用 $d(v)$ 将在 $o(v)$ 后立即被服务。

A_v:包含船舶 v 的所有可行弧的集合。

(i,j)：货物 i 将在货物 j 之前被服务。

2. 参数

T_{Sijv}：船舶 v 从节点 i 航行到节点 j 的计算时间与节点 i 的服务时间之和。

$[T_{MNiv}, T_{MXiv}]$：节点 i 和船舶 v 相关联的时间窗口，T_{MNiv} 表示开始服务的最早时间，T_{MXiv} 表示开始服务的最晚时间。

C_{ijv}：船舶 v 在港口 i 和港口 j 之间进行货物运输的成本。

3. 决策变量

x_{ijv}：0-1 变量，如果船舶 v 在货物 j 之前服务货物 i 则等于 1，否则为 0。

t_{iv}：货物 i 由船舶 v 进行服务时装货港的开始时间。

(三)模型构建

本问题构建的线性规划模型如下：

$$\min \sum_{v \in V} \sum_{(i,j) \in A_v} C_{ijv} x_{ijv} \tag{6-11}$$

约束：

$$\sum_{v \in V} \sum_{j \in N_v} x_{ijv} = 1, \forall i \in N \tag{6-12}$$

$$\sum_{j \in N_v} x_{o(v)jv} = 1, \forall v \in V \tag{6-13}$$

$$\sum_{i \in N_v} x_{ijv} - \sum_{i \in N_v} x_{ijv} = 0, \forall v \in V, \forall j \in N_v \setminus \{o(v), d(v)\} \tag{6-14}$$

$$\sum_{i \in N_v} x_{id(v)v} = 1, \forall v \in V \tag{6-15}$$

$$x_{ijv}(t_{iv} + T_{Sijv} - t_{jv}) \leq 0, \forall v \in V, \forall (i,j) \in A_v \tag{6-16}$$

$$T_{MNiv} \leq t_{iv} \leq T_{MNiv}, \forall v \in V, \forall i \in N_v \tag{6-17}$$

$$x_{ijv} \in \{0,1\}, \forall v \in V, \forall (i,j) \in A_v \tag{6-18}$$

目标函数 (6-11) 为最小化船队的运营成本。约束 (6-12) 确保航运公司承诺承运的所有货物都得到服务。约束 (6-13)~约束 (6-15) 描述了船舶 v 使用的航行路线上的货流。约束 (6-13) 和约束 (6-15) 确保船舶 v 分别服务于人工起点货物和人工目的地货物一次。约束 (6-16) 将航行时的船期表同航线相结合。如果船舶 v 在两个港口之间航行，则船舶在港口 j 的起始时间不能小于在港口 i 的起始时间和装载时间以及船舶 v 从港口 i 到港口 j 的航行时间之和。约束 (6-16) 包含一个不等号，因为在港口开始服务之前允许有等待时间。约束 (6-17) 为时间窗约束。约束 (6-18) 为对决策变量进行约束。

二、固定尺寸多种货物工业船调度

(一)问题描述与基本假设

本部分提出允许多个货物同时装船的工业船航线与调度问题。本问题在上述满载工业船航线与调度问题的基础上，新增船舶容量、货物类型和数量，并且可同时运载几种货物，在船上仍有一些货物的情况下访问下一个装货港。假定货物可以相互混合存储。新增假设：航行成本不取决于船舶负载。

每个货物仍然用索引 i 来表示。与货物 i 的装货港相关联的为节点 i，与相应的卸货港相关联的节点为 $N+i$，其中 N 为规划期内需要服务的货物数量。注意不同的节点可能对应相同的港口。设 $N_p = \{1,\cdots,N\}$ 为装货节点的集合，$N_d = \{N+1,\cdots,2N\}$ 为卸货节点的集合，定义 $N = N_p \cup N_d$。同上述满载货物工业船调度不同，A_v 包含船舶 v 的所有可行弧的集合，它是 $\{i \in N_v\} \times \{i \in N_v\}$ 的子集。该集合将根据容量和时间约束以及其他限制（例如基于同一货物的装货节点优先级）来计算。从这些计算中，可以分别提取出 $N_{pv} = N_p \cap N_v$ 和 $N_{dv} = N_d \cap N_v$ 集合，这两个集合分别由船舶 v 可能访问的装货节点组成。

（二）参数符号

1. 集合

N_p：装货港或者货物的集合 $\{1,2,\cdots,n\}$。

N_d：卸货港的集合：$\{1,2,\cdots,n\}$。

V：由 v 索引的船舶的集合。

V_{CAPv}：船舶 v 的容量。

N_v：包括了船舶 v 的人工起点 $o(v)$ 和人工目的地 $d(v)$，$N_v = \{$船舶 v 的可行节点$\} \cup \{o(v),d(v)\}$，如果船舶未被使用 $d(v)$ 将在 $o(v)$ 后立即被服务。

A_v：包含船舶 v 的所有可行弧的集合。

(i,j)：货物 i 将在货物 j 之前被服务。

2. 参数

T_{Sijv}：v 船从节点 i 航行到节点 j 的计算时间与节点 i 的服务时间之和。

$[T_{MNiv},T_{MXiv}]$：节点 i 和船舶 v 相关联的时间窗口，T_{MNiv} 表示开始服务的最早时间，T_{MXiv} 表示开始服务的最晚时间。

T_{ijv}：船舶 v 在港口 i 和港口 j 之间计算的航行时间和港口工作时间之和。

C_{ijv}：船舶 v 在港口 i 和港口 j 之间进行货物运输的成本。

3. 决策变量

x_{ijv}：0-1 变量，如果船舶 v 在货物 j 之前服务货物 i 则等于 1，否则为 0。

t_{iv}：货物 i 由船舶 v 进行服务时装货港的开始时间。

l_{iv}：$v \in V, i \in N_v \setminus \{d(v)\}$ 表示在节点 i 完成服务后船舶 v 总负载。

（三）模型构建

具有固定货物尺寸的工业船调度问题的线性规划模型如下：

$$\min \sum_{v \in V} \sum_{(i,j) \in A_v} C_{ijv} x_{ijv} \tag{6-19}$$

约束：

$$\sum_{v \in V} \sum_{j \in N_v} x_{ijv} = 1, \forall i \in N_p \tag{6-20}$$

$$\sum_{j \in N_{pv} \cup \{d(v)\}} x_{o(v)jv} = 1, \forall v \in V \tag{6-21}$$

$$\sum_{i \in N_v} x_{ijv} - \sum_{i \in N_v} x_{ijv} = 0, \forall v \in V, j \in N_v \setminus \{o(v), d(v)\} \tag{6-22}$$

$$\sum_{i \in N_{dv} \cup \{o(v)\}} x_{id(v)v} = 1, \forall v \in V \tag{6-23}$$

$$x_{ijv}(t_{iv} + T_{Sijv} - t_{jv}) \le 0, \forall v \in V, (i,j) \in A_v \tag{6-24}$$

$$T_{MNiv} \le t_{iv} \le T_{MNiv}, \forall v \in V, i \in N_v \tag{6-25}$$

$$x_{ijv}(l_{iv} + Q_j - l_{jv}) = 0, \forall v \in V, (i,j) \in A_v \mid j \in N_{pv} \tag{6-26}$$

$$x_{i,N+j,v}(l_{iv} - Q_j - l_{N+j,v}) = 0, \forall v \in V, (i, N+j) \in A_v \mid j \in N_{pv} \tag{6-27}$$

$$l_{o(v)v} = 0, \forall v \in V \tag{6-28}$$

$$\sum_{j \in N_v} Q_i x_{ijv} \le l_{iv} \le \sum_{j \in N_v} V_{CAPv} x_{ijv}, \forall v \in V, i \in N_{pv} \tag{6-29}$$

$$0 \le l_{N+i,v} \le \sum_{j \in N_v} (V_{CAPv} - Q_i) x_{N+i,jv}, \forall v \in V, i \in N_{pv} \tag{6-30}$$

$$t_{iv} + T_{Si,N+i,v} - t_{N+i,v} = 0, \forall v \in V, i \in N_{pv} \tag{6-31}$$

$$\sum_{j \in N_v} x_{ijv} - \sum_j x_{j,N+i}, v = 0, \forall v \in V, i \in N_{pv} \tag{6-32}$$

$$x_{ijv} \in \{0,1\}, \forall v \in V, (i,j) \in A_v \tag{6-33}$$

目标函数(6-19)使船队运营成本最小化。约束(6-20)确保航运公司承诺运输的所有货物都得到服务。约束(6-21)~约束(6-23)对船舶在航线上航行的运输流量进行约束。约束(6-24)约束航线上的船期表,如果船舶 v 在两个港口之间航行,则船舶在港口 j 的起始时间不能小于在港口 i 的起始时间和装载时间以及船舶 v 从港口 i 到港口 j 的航行时间之和。约束(6-25)为船舶航行的时间窗。如果船舶 v 没有访问港口 j,将得到 (i,j) 组合的时间窗口内的人工起始时间。约束(6-26)及约束(6-27)分别给出 0-1 变量和各装卸港载荷之间的关系。约束(6-28)对每艘船的初始装载条件进行约束。约束(6-29)和约束(6-30)分别表示船舶在装卸节点的容量间隔。由于存在约束(6-29)、约束(6-31)和约束(6-32)上限永远不会被超越,约束(6-30)可以从模型中省略。约束(6-31)给出了节点 i 在节点 $N+i$ 之前被访问的优先约束。对于约束(6-30)和约束(6-31),约束只有在节点 j 和节点 $N+i$ 的时间窗口的开始时间分别小于节点计算的最早到达时间时才会出现。与耦合约束(6-32)一起,约束(6-31)确保同一艘船舶 v 同时访问节点 i 和 $N+i$, $i \in N_{Pv}$。约束(6-33)为该模型所涉及的决策变量取值约束。

三、可变尺寸多种货物工业船调度

(一)问题描述与基本假设

对于许多真实的船舶调度问题,货物的装载量是在一个区间内给定的,航运公司可以选择最适合其船队和计划的实际装载量。对于这类问题,最小费用问题转化为最大利润问题。

(二)参数符号

本模型的符号表示与固定尺寸多种货物工业船调度模型的参数符号表示类似,在上述基础上新增以下符号。

1.参数

$[Q_{MNi}, Q_{MXi}]$：变量变化区间，Q_{MNi} 为货物 i 的最小起吊数量，Q_{MXi} 为货物 i 的最大起吊数量。

T_{Qi}：节点 i 装卸一单位货物所需的时间。

T_{Sijv}：两个港口之间的航行时间，不包括在任何一个港口的服务时间。

2.决策变量

q_{iv}：连续型变量，货物数量。

P_i：每单位货物的收益。

(三)模型构建

可变尺寸多种货物工业船调度模型如下：

$$\max\left[\sum_{v \in V}\sum_{i \in N_{pv}} P_i q_{iv} - \sum_{v \in V}\sum_{(i,j) \in A_v} C_{ijv} x_{ijv}\right] \tag{6-34}$$

约束：

$$\sum_{v \in V}\sum_{j \in N_v} x_{ijv} = 1, \forall i \in N_p \tag{6-35}$$

$$\sum_{j \in N_{pv} \cup |d(v)|} x_{o(v)jv} = 1, \forall v \in V \tag{6-36}$$

$$\sum_{i \in N_v} x_{ijv} - \sum_{i \in N_v} x_{ijv} = 0, \forall v \in V, j \in N_v \setminus \{o(v), d(v)\} \tag{6-37}$$

$$\sum_{i \in N_{dv} \cup |o(v)|} x_{id(v)v} = 1, \forall v \in V \tag{6-38}$$

$$x_{ijv}(t_{iv} + T_{Qi}q_{iv} + T_{Sijv} - t_{jv}) \leq 0, \forall v \in V, (i,j) \in A_v \mid i \in N_{pv} \cup o(v) \tag{6-39}$$

$$x_{N+i,jv}(t_{N+i} + T_{QN+i}q_{iv} + T_{SN+i,jv} - t_{jv}) \leq 0, \forall v \in V, (N+i,j) \in A_v \mid i \in N_{pv} \tag{6-40}$$

$$T_{MNiv} \leq t_{iv} \leq T_{MXiv}, \forall v \in V, i \in N_v \tag{6-41}$$

$$x_{ijv}(l_{iv} + q_{jv} - l_{jv}) = 0, \forall v \in V, (i,j) \in A_v \mid j \in N_{pv} \tag{6-42}$$

$$x_{i,N+i,v}(l_{iv} - q_{jv} - l_{N+j,v}) = 0, \forall v \in V, (i,N+j) \in A_v \mid j \in N_{pv} \tag{6-43}$$

$$\sum_{j \in N_v} Q_{MNi} x_{ijv} \leq q_{iv} \leq \sum_{j \in N_v} Q_{MXi} x_{ijv}, \forall v \in V, i \in N_{pv} \tag{6-44}$$

$$l_{o(v)v} = 0, \forall v \in V \tag{6-45}$$

$$q_{iv} \leq l_{iv} \leq \sum_{j \in N_v} V_{CAPv} x_{ijv}, \forall v \in V, i \in N_{pv} \tag{6-46}$$

$$0 \leq l_{N+i,v} \leq \sum_{j \in N_v} V_{CAPv} x_{N+i,jv} - q_{iv}, \forall v \in V, i \in N_{pv} \tag{6-47}$$

$$t_{iv} + T_{Qi}q_{iv} + T_{Si,N+i,v} - t_{N+i},v \leq 0, \forall v \in V, i \in N_{pv} \tag{6-48}$$

$$\sum_{j \in N_v} x_{ijv} - \sum_{j \in N_v} x_{j,N+i,v} = 0, \forall v \in V, i \in N_{pv} \tag{6-49}$$

$$x_{ijv} \in \{0,1\}, \forall v \in V, (i,j) \in A_v \tag{6-50}$$

目标函数(6-34)使经营船队所获得的利润最大化。约束(6-35)~约束(6-50)等价于约束(6-20)~约束(6-33)。确保可行时间计划的约束分为 i 港装货约束(6-39)和 $N+i$ 港卸货约束(6-40)。这些约束是根据 i 的可变加载时间进行调整的。变量 q_{iv} 在 $i = o(v)$ 时没有定义，因此约束(6-39)中 $i = o(v)$ 时不存在 $T_{Qi}q_{iv}$ 项。在这里，约束(6-42)和约束(6-43)包含了一个可变的负荷量,而不是约束(6-26)和约束(6-27)中的固定负荷量。在约束(6-34)中,为每一种货物 i 定义了装载量区间。如果货物 i 没有被船舶 v 吊起,则装载变量 q_{iv} 被约束(6-44)强制限制为 0。约束(6-46)~约束(6-48)根据可变负载量进行调整。

第四节 不定期船调度问题

一、问题描述与基本假设

在不定期船的航线设计和调度问题的数学描述中,在预知规划期内参与调度的船舶数量、船舶容量、经济航速和区域网络上的港口距离以及货运需求等相关信息后,重点考虑泊位可用时间窗和在港口可装可卸的实际情况,并且需要兼顾货物在港口的服务时间限制和航行过程中要始终满足船舶容量等现实约束等。

二、参数符号

i:货物 i,对应的装货港为关联节点 i,卸货港为 $n + i$。

n:在不定期船调度范围内可运输的货物数量。

N^P:装货港或者货物的集合 $\{1, 2, \cdots, n\}$。

N^D:卸货港的集合 $\{1, 2, \cdots, n\}$。

N^C、N^O:分别对应合同货物和可选货物的装货港。

V:不定期船的集合,$v \in V$。

N_v:包括了船舶 v 的人工起点 $o(v)$ 和人工目的地 $d(v)$。

K_v:船舶 v 对应的容量。

T_{ij}:船舶 v 在港口 i 和港口 j 之间计算的航行时间和港口工作时间之和。

C_{ij}:船舶 v 在港口 i 和港口 j 之间计算的运输成本和港口成本之和。

x_{ijv}:如果船舶从装货港直接航行到卸货港,二进制 x_{ijv} 等于 1,否则等于 0。

y_i:如果货物 i 是通过租船运输的,那么值等于 1,否则等于 0。

C_i^s:租船运输的相关成本。

三、模型构建

本问题构建的线性规划模型如下:

$$\max \sum_{v \in V} \sum_{j \in A_v} (R_i - C_{ijv}) x_{ijv} - \sum_{i \in N^C} C_i^s y_i \tag{6-51}$$

约束:

$$\sum_{v \in V} \sum_{j \in A_v} x_{ijv} + y_i = 1, i \in N^C \tag{6-52}$$

$$\sum_{v \in V} \sum_{j \in A_v} x_{ijv} = 0, v \in V, i \in N^O \tag{6-53}$$

$$\sum_{j \in N_v} x_{o(v)jv} = 1, v \in V \tag{6-54}$$

$$\sum_{j \in N_v} x_{ijv} - \sum_{j \in N_v} x_{ijv} = 0, v \in V, i \in N_v \tag{6-55}$$

$$\sum_{i \in N_v} x_{id(v)v} = 1, v \in V \tag{6-56}$$

$$x_{ijv}(l_{iv} + Q_j - l_{jv}) = 0, v \in V, j \in N_v^P, (i,j) \in A_v \tag{6-57}$$

$$x_{i(n+j)v}(l_{iv} - Q_j - l_{(n+j)v}) = 0, v \in V, j \in N_v^P, (i, n+j) \in A_v \tag{6-58}$$

$$0 \leqslant l_{iv} \leqslant K_v, v \leqslant V, j \in N_v^P \tag{6-59}$$

$$x_{ijv}(t_{iv} - T_{ijv} - t_{iv}) \leqslant 0, v \in V \tag{6-60}$$

$$t_{iv} + T_{i(n+i)v} - t_{(n+i)v} \leqslant 0, v \in V, i \in N_v^P \tag{6-61}$$

$$\underline{T_i} \leqslant t_{iv} \leqslant \bar{T_i}, v \in V, i \in N_v \tag{6-62}$$

$$y_i \in \{0,1\}, i \in N^C \tag{6-63}$$

$$x_{ijv} \in \{0,1\}, v \in V, (i,j) \in A_v \tag{6-64}$$

在上述模型中,目标函数(6-51)的目标在于使不定期船的利润最大化,约束(6-52)则表明,所有合同中涉及的货物都在不定期船的航线设计和调度中得到运输保障。约束(6-53)~约束(6-57)对航行路线上的交通流量调度问题进行描述,约束(6-58)和约束(6-59)则是对装货港和卸货港上的船舶装载量进行跟踪,并在约束(6-60)中保证船舶的负载不超过船舶的容量,描述了船期表和路径之间的兼容性。而约束(6-61)和约束(6-62)分别在船舶路径规划和路径优先级方面有要求。

第五节　半班轮航线设计问题

一、问题描述与基本假设

半班轮运输则结合了班轮运输及不定期船运输的特点;类似班轮运输,发布关键港口的固定航线和时间表;但同时也类似不定期船运输,允许根据需求变化调整每次航行的港口顺序。因此,每艘船的航线可能不同,半班轮运输具有较强的灵活性。这一灵活性要求在设计半班轮运输服务时,既要确保满足大客户和关键港口的稳定需求,又能够根据市场的临时需求调整航线,以充分利用船舶运力并提高利润。这种服务模式的复杂性给航线设计带来了挑战,它需要在固定航线与临时需求之间进行权衡。因此,半班轮运输服务的设计问题旨在解决如何在不确定的需求下设计最优的航线和货物运输计划。

为了便于对半班轮航线设计问题建立模型,做出以下基本假设:

(1)船舶必须从起始港出发,最终到达目的港,且单向航行(由起始港向目的港的方向),不允许反向航行;

（2）船舶在（i,j）航段航行速度均匀,不考虑风浪等因素对于船舶速度的影响;

（3）船舶通常都是在起始港加满油出发;

（4）不考虑船舶港口使用费用;

（5）从同一起始港向同一目的港运输的货物,会按合同货物与可选货物进行整合。

本问题以船舶从起点到终点的航次总收益最大化为目标,同时考虑可选货物对预定航线以及航速的影响。船舶的总收益为船舶运输的货物收益减去燃油成本及固定运营成本。

船用燃料在一次航行中燃油消耗率取决于航速 s,每日燃油成本与航速的三次方成正比。其中在航段（i,j）以航速 s 的航行时间 T_{ijs}（天）可以表示为:

$$T_{ijs} = \frac{Dis_{ij}}{s} \tag{6-65}$$

当船舶在航段（i,j）上以航速 s 航行时,每日的燃油消耗率为:

$$k_1 \times s^a \tag{6-66}$$

其中,k_1——常数;

　　　s——船舶在航段（i,j）上的航行速度。

那么,船舶在（i,j）航段上以航速 s 航行时每小时燃油消耗量 Q_{ij} 为:

$$Q_{ij} = k_1 \times s^a \times \frac{Dis_{ij}}{s}/24 = k_1 \times s^{a-1} \times Dis_{ij}/24 \tag{6-67}$$

另外,货物在港口之间的运输收益与货物重量和单位重量的货物的运输收益有关,其中从任意的港口 i 向任意的港口 j 运输单位重量的货物的收益用 R_{ij} 表示。运输货物 d 的运输收益可以表示为:

$$R_d = \sum_{i \in N} \sum_{j \in N} O_{di} \times D_{dj}^T \times R_{ij} \times M_d, d \in D \tag{6-68}$$

其中,O_{di}——货物 d 运输的起始点;

　　　D_{dj}——货物 d 运输的目的地;

　　　M_d——货物 d 的重量。

本小节提出两阶段混合整数规划模型,在第一阶段,考虑合同货的半班轮运输,航运公司需要在不确定的运输需求下,决定船舶的航线。此阶段的主要工作是针对强制性港口,考虑可能的调整,并根据预计的运输需求确定船舶的初始航线。在第二阶段,运输需求变得明确,模型通过动态调整可选港口的访问与货物运输量来最大化航运公司的利润。该阶段的任务是在实际航程开始后,根据实际需求灵活调整船舶的航线。

二、参数符号

1.集合

N:挂靠港集合。

N_1:强制挂靠港集合。

N_2:可选择挂靠港集合。

D_1:合同货物集合。

D_2:可选货物集合。

S:可选航速集合。

2.参数

D_d：0-1 参数，货物 d 是否为合同货，货物为合同货时为 0，否则为 1，其中 $d \in D_1 \cup D_2$。

O_d：0-1 参数，若货物 d 的起点为 i 港，则 O_d 为 1，否则为 0，其中 $d \in D_1 \cup D_2$，$i \in N$。

D_{di}：0-1 参数，若货物 d 的终点为 i 港，则 O_{di} 为 1，否则为 0，其中 $d \in D_1 \cup D_2$，$i \in N$。

V_d：货物 d 的体积（立方米），其中 $d \in D_1 \cup D_2$。

M_d：货物 d 的重量（吨），其中 $d \in D_1 \cup D_2$。

R_{ij}：从 i 港将单位货物运输到 j 港的货运收益（美元/TEU）。

DWT：船舶的载重吨（吨）。

V_{ship}：船舶货舱的载货体积（立方米）。

t：船舶在港停留时间（天）。

P：船舶每消耗 1 吨燃油需要付出的成本。

T_{ijs}：船舶以航速 s 从 i 港到 j 港的航行时间（天），其中，$s \in S$，$i,j \in N$。

Q_{ijs}：船舶以航速 s 从 i 港到 j 港的航行消耗燃油（吨），其中，$s \in S$，$i,j \in N$。

Dis_{ij}：从港口 i 到港口 j 的距离（海里），其中 $i,j \in N$。

L_{ij}：船舶到达目的港口 i 时，前 i 个港口的 L_{ij} 为 1，后 $N-i$ 个港口的 L_{ij} 为 0。

$Cost_{daily}$：船舶在航行中每日的固定运营成本。

$Cost_{penalty}$：船舶延迟到达成本。

3.决策变量

X_{ijs}：0-1 变量，船舶以航速 s 从港口 i 航行至目的港口 j 时为 1，否则为 0，其中，$s \in S$，$i,j \in N$。

Y_i：0-1 变量，船舶挂靠港口 i 时为 1，否则为 0，其中 $i \in N$。

$Carry_d$：0-1 变量，船舶运输货物 d 时为 1，否则为 0，其中 $d \in D_1 \cup D_2$。

T_{1i}：船舶计划到达 i 港的时间，其中 $i \in N$。

T_{2i}：船舶实际到达 i 港的时间，其中 $i \in N$。

Fm_{dij}：船舶在 (i,j) 航段，装载第 d 种货物的流量（重量），其中 $d \in D_1 \cup D_2$，$i,j \in N$。

Fv_{dij}：船舶在 (i,j) 航段，装载第 d 种货物的流量（体积），其中 $d \in D_1 \cup D_2$，$i,j \in N$。

三、模型构建

将半班轮运输分为两个阶段：第一阶段是半班轮运营者会根据已经签订运输合同的货物情况，预先设计并公布合同货中所涉及的港口的航线，制定航速等决策；第二阶段是随后在一个具体的航次中，实际执行半班轮运输任务的船舶会在完成合同货运输的前提下，考虑自身是否仍有剩余运力以及潜在的其他需求（本文中称之为可选货物），对预先公布的航线进行调整，进而对航速等 系列航行决策进行调整，以争取最大的运输利益。

第一阶段：

$$\max z = \sum_{d \in D_1} R_d - \sum_{i \in N} \sum_{j \in N} \sum_{s \in S} Q_{ijs} \times X_{ijs} \times P - T_n \times Cost_{daily} \qquad (6\text{-}69)$$

约束：

$$\sum_{s \in S} X_{ijs} \le 1, \ \forall i,j \in N \qquad (6\text{-}70)$$

$$\sum_{i \in N} \sum_{s \in S} X_{ijs} = \sum_{i \in N} \sum_{s \in S} X_{ijs} = y_j, \forall j \in N \tag{6-71}$$

$$\sum_{s \in S} \sum_{j \in N/\{1\}} X_{1js} = 1 \tag{6-72}$$

$$\sum_{s \in S} \sum_{i \in N/\{n\}} X_{ins} = 1 \tag{6-73}$$

$$y_1 = y_n = 1 \tag{6-74}$$

$$1 - L_{ij} \leq X_{ijs}, \forall i, j \in N, \forall s \in S \tag{6-75}$$

$$T_{1i} + t + T_{ijs} - (1 - X_{ijs})M \leq T_{1j} \leq \bar{T}, \forall i, j \in N, \forall s \in S \tag{6-76}$$

$$\sum_{(i,j) \in E} \sum_{s \in S} T_{ijs} \times X_{ijs} \leq \bar{T}, \forall s \in S, \forall (i,j) \in E \tag{6-77}$$

$$Carry_d = 1, \forall d \in D_1 \tag{6-78}$$

$$Carry_d \leq y_i \times O_{di}, \forall i \in N, \forall d \in D_1 \tag{6-79}$$

$$Carry_d \times D_{di} \leq y_i, \forall i \in N, \forall d \in D_1 \tag{6-80}$$

$$T_{1i} \times O_{di} - (1 - Carry_d)M < T_{1j} \times D_{dj}, \forall d \in D_1, \forall i, j \in N \tag{6-81}$$

$$\sum_{i \in N} Fm_{dij} - \sum_{i \in N} Fm_{dij} = [O_{di} \times (-M_d) + D_{di} \times M_d] \times Carry_d, \forall j \in N, \forall d \in D_1$$
$$\tag{6-82}$$

$$\sum_{d \in D_1} Fm_{dij} \leq DWT \times \sum_{s \in S} X_{ijs}, \forall i, j \in N \tag{6-83}$$

$$\sum_{i \in N} Fv_{dij} - \sum_{i \in N} Fv_{dji} = [O_{di} \times (-V_d) + D_{di} \times V_d] \times Carry_d, \forall i, j \in N, \forall d \in D_1 \tag{6-84}$$

$$X_{ijs}, Y_i, Carry_d \in \{0,1\}, T_{1i}, Fm_{dij}, Fv_{dij} \geq 0, \forall i, j \in N, \forall d \in D_1, \forall s \in S \tag{6-85}$$

目标函数(6-69)表示半班轮运输总收益最大,即运输收益减去船舶运营成本。约束(6-70)表示船舶在航段(i,j)只能选择的一个航速航行;约束(6-71)表示船舶需要挂靠港口i并驶离港口,才视其成为挂靠港口i;约束(6-72)~约束(6-74)表示船舶必须挂靠起始港,并最终到达最终目的港才算完成运输服务。约束(6-75)表示船舶不能反向航行;约束(6-76)与约束(6-77)表示船舶进行运输服务时到达各港口的时间递推关系以及不能超过服务时间上限;约束(6-78)~约束(6-81)表示合同货必须运输,并且只有先挂靠货物的起始港,后挂靠货物的目的港,才视作对该货物的运输成功;约束(6-82)~约束(6-84)规定了船舶在航段(i,j)上运载的货物的重量、体积的流量平衡,以及装载货物不能超过船舶容量、载重限制约束。约束(6-85)规定了各决策变量的取值范围。

第二阶段:

$$\max z = \sum_{d \in D_1 \cup D_2} Carry_d \times R_d - \sum_{i \in N} \sum_{j \in N} \sum_{s \in Q} Q_{ijs} \times X_{ijs} \times P -$$
$$T_{2n} \times Cost_{daily} - (T_{1n} - T_{2n}) \times Cost_{penalty} \tag{6-86}$$

约束:

$$T_{2i} + t + T_{ijs} - (1 - X_{ijs})M \leq T_{2j} \leq \bar{T}, \forall i, j \in N, \forall s \in S \tag{6-87}$$

$$1 - Carry_d \leq D_d, \forall d \in D_1 \cup D_2 \tag{6-88}$$

$$Carry_d \leq y_i \times O_{di}, \forall i \in N, \forall d \in D_1 \cup D_2 \tag{6-89}$$

$$Carry_d \times D_{di} \leq y_i, \forall i \in N, \forall d \in D_1 \cup D_2 \tag{6-90}$$

$$T_{2i} \times O_{di} - (1 - Carry_d)M < T_{2j} \times D_{dj}, \forall d \in D_1 \cup D_2, \forall i, j \in N \tag{6-91}$$

$$\sum_{i \in N} Fm_{dij} - \sum_{i \in N} Fm_{dji} = \left[O_{di} \times (-M_d) + D_{di} \times M_d \right] \times Carry_d, \forall j \in N, \forall d \in D_1 \cup D_2$$

$$(6\text{-}92)$$

$$\sum_{d \in D} Fm_{dij} \leqslant DWT \times \sum_{s \in S} X_{ijs}, \forall i,j \in N \tag{6-93}$$

$$\sum_{i \in N} Fv_{dij} - \sum_{i \in N} Fv_{dji} = \left[O_{di} \times (-V_d) + D_{di} \times V_d \right] \times Carry_d, \forall j \in N, \forall d \in D_1 \cup D_2$$

$$(6\text{-}94)$$

$$\sum_{d \in D_1 \cup D_2} Fv_{dij} \leqslant V_{\text{ship}} \times \sum_{s \in S} X_{ijs}, \forall i,j \in N \tag{6-95}$$

$$X_{ijs}, Y_i, Carry_d \in \{0,1\}, T_{2i}, Fm_{dij}, Fv_{dij} \geqslant 0, \forall i,j \in N, \forall d \in D_1 \cup D_2, \forall s \in S$$

$$(6\text{-}96)$$

目标函数(6-86)表示半班轮运输总收益最大,即收益减去船舶的运营成本。约束(6-87)表示船舶从港口 i 到港口 j 之间的时间约束。约束(6-88)确保只有货物 d 有运输需求时,才能选择是否运输。约束(6-89)确保只有当船舶访问货物的出发港口时,才能将该货物装载到船上进行运输。约束(6-90)确保只有在船舶访问货物 d 所在的港口 i 时,货物 d 才能被装载运输。如果船舶不访问该港口,即使货物有装载需求,也无法进行装载。约束(6-91)确保货物 d 的装载和到达顺序合理。约束(6-92)确保货物 d 的流量在装载港口和卸载港口之间保持平衡。约束(6-93)确保在任何航程上,船舶运输的货物总量不会超过其最大载重吨 DWT。约束(6-94)确保货物 d 在各个港口之间的流量平衡。约束(6-95)表示在船舶从港口 i 到港口 j 的运输过程中,总的货物体积不能超过船舶的最大运输容量 V_{ship}。约束(6-96)规定了各决策变量的取值范围。

第七章

数学规划求解器

第一节　数学规划求解器的功能与分类

一、数学规划求解器功能介绍

数学规划求解器是一种用于求解数学规划问题的软件工具或库。求解器的主要任务是根据提供的数学规划模型(包括目标函数和约束条件)来寻找最优解。较人力求解而言,使用求解器更能达到自动化、高效性、通用性的效果,并为减少人工干预、提高效率、处理大规模数据和复杂模型,广泛应用于多个领域而提供完备方案。

运筹学作为一门用以解决实际问题的学科,与各种数学规划模型被应用于交通、金融、通信、能源、国防等更多更广泛的领域。相应地,在面对各种情景的问题时,构建的模型也会更加复杂和难解,人力求解在面对这些问题的时候通常会花费非常多的时间和精力。

求解器从诞生之初一直沿革至今,其功能亦在长时间的迭代中不断强大和完善。现代的求解器通常支持多种算法(包括单纯性法、内点法、分支定界法等),使得用户面对具体问题时可以采用多种算法设计。同样,这些求解器大多对用户比较友好,用户只需在提供的图形用户界面或编程接口上调用即可输入数据。最后,求解器不仅能给出优化结果,还能在此基础上提供敏感性分析、可行域图示等辅助信息,帮助用户理解和解决方案。

二、常见的求解器

求解器根据其算法的不同可以分为多种类型,包括线性规划求解器、整数规划求解器、混合整数规划求解器、非线性规划求解器等。下面将介绍一些广泛使用的求解器。

1.IBM ILOG CPLEX Optimization

CPLEX 是 IBM 公司开发的一款优化问题求解器,主要用于求解线性规划、混合整数规划和二次规划等问题,具备自动求解和基于启发式算法的自适应求解策略,兼容多种编程语言,并可通过多种接口调用。

2.Gurobi

Gurobi 是由美国 Gurobi Optimization 公司开发的新一代大规模求解器。它的优势在于能解决较复杂和庞大的问题,同样可以用于解决线性规划、二次规划、混合整数线性规划和二次型问题,提供清晰的 API 接口,支持多种编程语言,如 Python、C++、Java 和 MATLAB。

3.MATLAB Optimization Toolbox

MATLAB Optimization Toolbox 是内置在 MATLAB 中的一个用于数值优化问题的模块。对熟悉 MATLAB 的用户来说,MATLAB Optimization Toolbox 将是一个更加快捷方便的选择。同样地,MATLAB Optimization Toolbox 可以解决线性规划、二次规划、最小二乘、平滑非线性、非平滑等问题。具体操作中,用户可以选择使用优化变量建立目标函数与约束的 Problem-based 方法,也可以选择使用矩阵、向量和函数定义的 Solver-based 的方法,但用户需要预先选择求解器。MATLAB Optimization Toolbox 还提供了功能强大的实时编辑器,以供熟悉优化算法的用户进行任务求解的优化。

4.SciPy Optimize

SciPy Optimize 是 Python 科学计算库中的优化求解模块,可以在 Python 开发环境中解决各种数学规划问题。与 CPLEX 和 Gurobi 这种付费优化软件不同,SciPy Optimize 是开源免费的,这意味着它可以自动使用和修改。另外,它也能与 NumPy 和 SciPy 等其他模块紧密结合,使得整个数据处理流程非常方便。SciPy Optimize 同样支持多种算法,包括线性、非线性最小化、多项式拟合等方法。

5.Solving Constraint Integer Program

SCIP(Solving Constraint Integer Program)是一款开源的优化求解器,专门用于求解整数规划和组合优化问题。其主要特点包括强大的分支限界算法、启发式方法以及约束处理能力,能够有效解决大规模和复杂的优化问题。SCIP 支持多种输入格式,灵活性强,用户可以根据需求自定义和扩展其功能。它广泛应用于运营研究、调度、资源分配、网络设计和图论等领域,适合学术研究和工业应用。

6.Mathematical Optimization Software Efficient Kernel

MOSEK(Mathematical Optimization Software Efficient Kernel)是一款高性能的优化求解器,专注于线性规划、混合整数规划和非线性规划问题。其主要特点包括快速的求解速度、强大的数学模型支持以及对大型稀疏问题的处理能力。MOSEK 使用现代优化技术,如内点法和自适应求解算法,确保在各种应用场景中都能提供高效的解决方案。该求解器广泛应用于金融优化、供应链管理、工程设计和机器学习等领域,适合学术研究和工业界的复杂优化任务。

优化求解器还有许多,这里只对部分常见的优化求解器进行简单介绍。此外,在选择求解器时,应根据问题的性质、规模以及可用的计算资源来决定合适的工具。每种求解器都有其优缺点,用户可以根据具体的应用需求和技术栈来进行选择。通过合理利用这些求解器,企业和研究机构能够更高效地解决复杂的优化问题,推动决策的科学化和高效化。

第二节　CPLEX 求解器

一、CPLEX 简介

CPLEX 是 IBM 公司开发的一种高性能数学规划求解器,广泛用于线性规划、整数规划、混合整数规划等问题。自 1988 年首次发布以来,CPLEX 因其高效的求解算法和强大的建模能力,成为学术界和工业界解决优化问题的首选工具。

CPLEX 是一款高效的优化求解器,采用了多种先进的算法和技术,如单纯形法、内点法和分支界限法,能够迅速处理大规模的优化问题。此外,用户可以利用多种编程语言(如 C++、Java、Python)和建模语言(如 OPL、AMPL、GAMS)灵活地定义和求解优化模型。CPLEX 还具备并行计算的能力,支持多线程和分布式计算,从而在多核和集群环境中有效运行,进一步提升求解效率。

CPLEX 在多个领域中得到广泛应用,航运业中包括船运调度、货物装载优化、船舶运营成本管理、航线网络优化等。例如船运调度 CPLEX 可以优化船舶的调度安排,包括航线规划、停靠时间等,以最大限度地提高效率和降低运营成本。通过求解复杂的调度问题,CPLEX 帮助航运公司缩短船舶的闲置时间,优化船舶的航行路径;在货物装载方面,CPLEX 可以帮助航运公司决定如何最佳分配货物到船舶上,以确保空间的最大化利用;在船舶运营成本管理中,CPLEX 能够分析和优化航运公司的运营成本,包括燃油成本、港口费用、船员工资等;通过建立数学模型,CPLEX 帮助决策者识别节约成本的机会,优化资源分配;在航线网络优化中,对其航线网络进行优化,以确保覆盖更多市场,同时降低运输成本,这包括选择最佳航线、确定停靠港口及其顺序。此外,CPLEX 在供应链管理、金融投资、制造业、交通运输和电力系统等领域也得到了广泛的应用。

二、CPLEX 配置与使用

安装 CPLEX 软件后,CPLEX 提供了多种接口供用户使用,主要包括以下三类:

(1)CPLEX C++/Java/.NET API:为高级用户提供了灵活的编程接口,适合处理大型工业应用。

(2)OPL(Optimization Programming Language):适合建模与求解的集成环境,用户可以通过 OPL 编写优化模型。

（3）CPLEX Python API：适用于 Python 开发者，提供了一个高层次的 Python 库，方便用户进行模型构建和求解。

本书中以 C++语言使用 CPLEX API 为例，给出简单配置与使用说明，并在 Visual Studio 2017（简称 VS2017）编译平台编写模型代码。

首先，安装 VS2017 软件，在 VS2017 软件新建 C++控制台应用，如图 7-1 和图 7-2 所示。

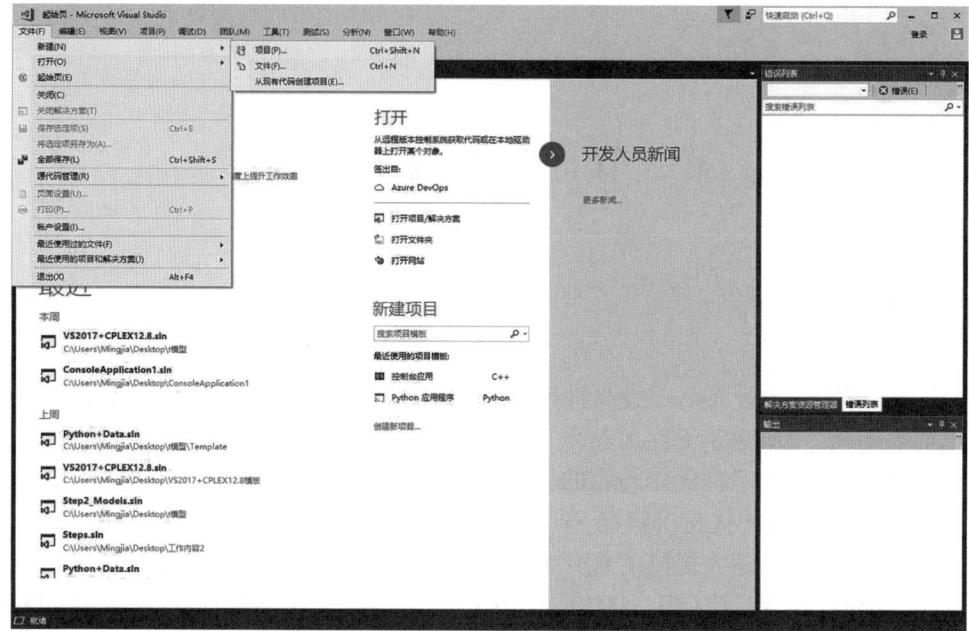

图 7-1　VS2017 界面

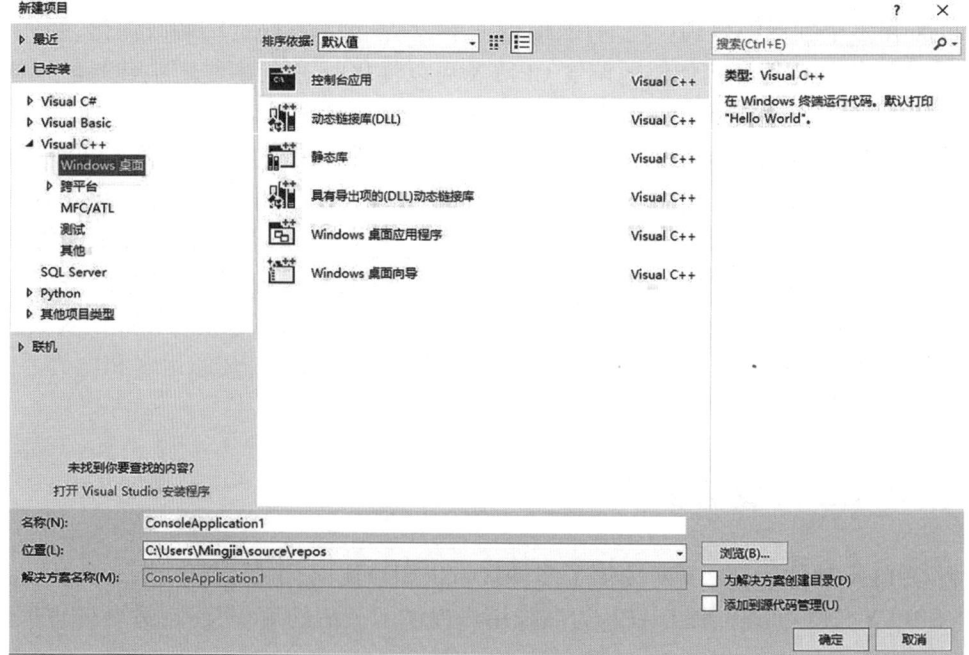

图 7-2　新建 C++控制台应用

其次，更改工程属性，配置工程的 CPLEX 环境，如图 7-3 和图 7-4 所示。

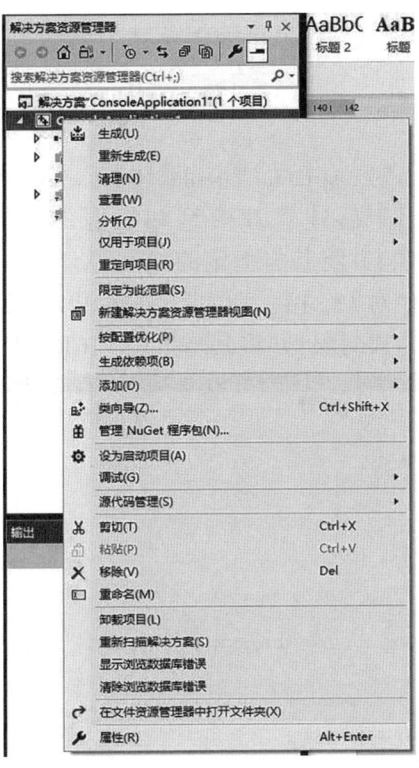

图 7-3　更改工程属性

具体配置过程较为烦琐,读者可自行搜索相关内容。

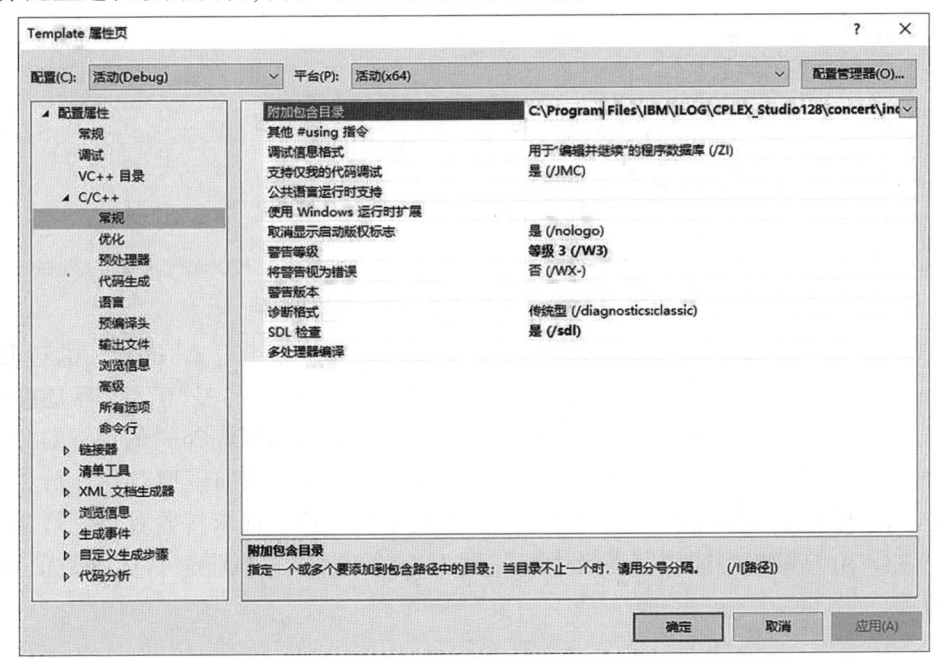

图 7-4　配置 CPLEX 环境

在环境配置完成后,在代码编辑界面,将优化模型[例如模型(7-1)~模型(7-3)]以代码形式输入,并编辑相关参数和相应过程,最后调试运行代码,获得模型计算结果。为便于读者理解,本书给出模型的代码过程,如图 7-5 所示。

$$\max \sum_{i=1,2} x_i \tag{7-1}$$

$$x_1 + 10x_2 \leqslant 10 \tag{7-2}$$

$$x_1, x_2 \in \mathrm{N}^+ \tag{7-3}$$

在图 7-5 中,使用了"vector""iostream""ilcplex/ilocplex.h"头文件。行 7 创建了一个名为"env"的 CPLEX 环境对象,用于后续管理模型和资源的环境类。行 8 创建了一个名为"ACplex"的 CPLEX 求解器对象,并将其与指定的 CPLEX 环境 env 相关联。行 9 创建了一个名为"AModel"的 CPLEX 模型对象,并将其与指定的 CPLEX 环境 env 相关联。行 10 创建了一个名为"expr"的 CPLEX 表达式对象,并将其与指定的 CPLEX 环境 env 相关联。

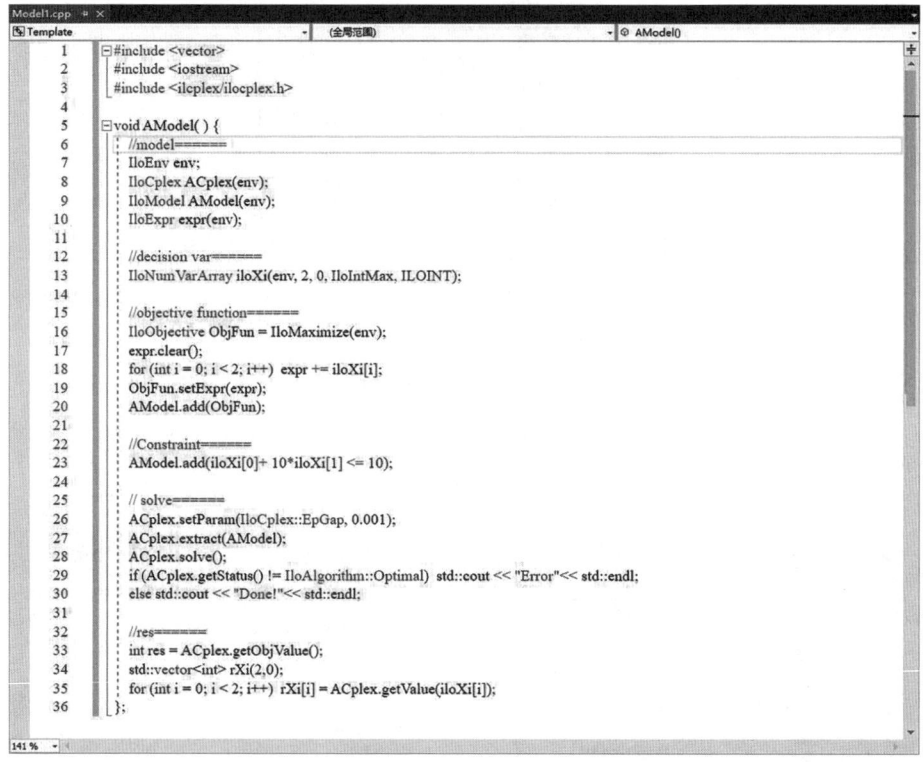

```cpp
1    #include <vector>
2    #include <iostream>
3    #include <ilcplex/ilocplex.h>
4
5    void AModel( ) {
6      //model======
7      IloEnv env;
8      IloCplex ACplex(env);
9      IloModel AModel(env);
10     IloExpr expr(env);
11
12     //decision var======
13     IloNumVarArray iloXi(env, 2, 0, IloIntMax, ILOINT);
14
15     //objective function======
16     IloObjective ObjFun = IloMaximize(env);
17     expr.clear();
18     for (int i = 0; i < 2; i++)  expr += iloXi[i];
19     ObjFun.setExpr(expr);
20     AModel.add(ObjFun);
21
22     //Constraint======
23     AModel.add(iloXi[0]+ 10*iloXi[1] <= 10);
24
25     // solve======
26     ACplex.setParam(IloCplex::EpGap, 0.001);
27     ACplex.extract(AModel);
28     ACplex.solve();
29     if (ACplex.getStatus() != IloAlgorithm::Optimal) std::cout << "Error"<< std::endl;
30     else std::cout << "Done!"<< std::endl;
31
32     //res======
33     int res = ACplex.getObjValue();
34     std::vector<int> rXi(2,0);
35     for (int i = 0; i < 2; i++)  rXi[i] = ACplex.getValue(iloXi[i]);
36   };
```

图 7-5 C++调用 CPLEX API 过程及伪代码

行 13 通过类"IloNumVarArray"创建了一个一维决策变量数组对象"iloXi",通过参数将其与环境 env 关联,数组的大小是"2",数组中每一个决策变量的下界是"0",上界是极大值"IloIntMax",类型是 CPLEX 整型"ILOINT"。行 16 创建了一个名为"ObjFun"的目标对象,并指定该目标为最小化问题。行 17~行 20 设置了目标函数,并将目标添加模型对象。行 23 设置了约束条件。行 26 设置求解精度为"0.001"。行 27 将模型对象添加求解器对象。行 28 求解模型。行 29~行 30 判断模型能否获得最优解。行 33~行 35 获得最优解、目标函数值和最优决策变量结果。

第三节　Gurobi 求解器

一、Gurobi 简介

Gurobi Optimizer 是一个强大的数学优化软件,与 CPLEX 类似,同样可用于求解线性规划、整数规划和混合整数规划问题,2008 年由 Gurobi Optimization,LLC 开发。自发布以来,Gurobi Optimizer 凭借其卓越的性能和用户友好的界面迅速成为业界的领先优化工具之一。它采用了先进的求解算法,包括内点法、单纯形法和分支定界法,能够高效处理大规模和复杂的优化问题。此外,Gurobi 还持续进行更新,以支持新的技术和功能,例如并行计算、模型分析和敏感性分析,使其在众多优化软件中脱颖而出。

Gurobi 以其卓越的求解速度著称,能够高效处理大规模的线性规划、整数规划和混合整数规划等问题。它支持多线程计算,充分利用现代多核处理器的性能,从而显著提高求解效率。此外,Gurobi 具备广泛的建模能力,能够解决多种类型的优化问题,并有灵活的建模接口,提供 Python、C、C++、Java 等多种编程语言的 API,便于用户灵活建模。其强大的求解算法包括单纯形法和内点法(用户可以根据问题特性选择最优算法),同时还采用多种启发式方法加速求解过程,尤其是在处理整数规划问题时。Gurobi 还具备丰富的功能,包括灵活的约束处理,支持线性、非线性和逻辑约束等,并提供高级特性如切割平面、列生成和分支限界法等,增强了求解器的性能和灵活性。为方便用户可视化优化模型和分析求解结果,Gurobi Optimizer 提供图形用户界面,支持生成求解日志和详细统计信息,帮助用户深入理解模型和求解过程。

Gurobi 的应用领域与 CPLEX 类似,应用领域包括航运业、供应链管理、物流和运输优化、生产计划、资源分配、金融风险管理、电力系统调度等。强大的优化能力和灵活的应用方式,使其成为企业和组织优化决策过程、提高效率并降低成本的重要工具。

然而,值得注意的是,在使用这些优化求解器时,需要根据具体问题的特点和需求进行定制和开发,以确保优化结果的准确性和可行性。

二、Gurobi 安装步骤

本部分主要介绍 Gurobi 的 Python 接口在安装、使用过程中可能出现的问题及解决方法,其中大部分内容参考了 Gurobi 官方用户手册和官方教程资料。

(一)安装步骤

首先打开 Gurobi 官网下载界面,选择 Gurobi Optimizer(如图 7-6 所示)并找到与自己电脑相匹配的版本进行下载,如图 7-7 所示。下载完安装包 msi 文件后双击,然后一直点击 Next,就能成功安装,此时桌面上就出现了 Gurobi 的快捷方式,本步骤完成。

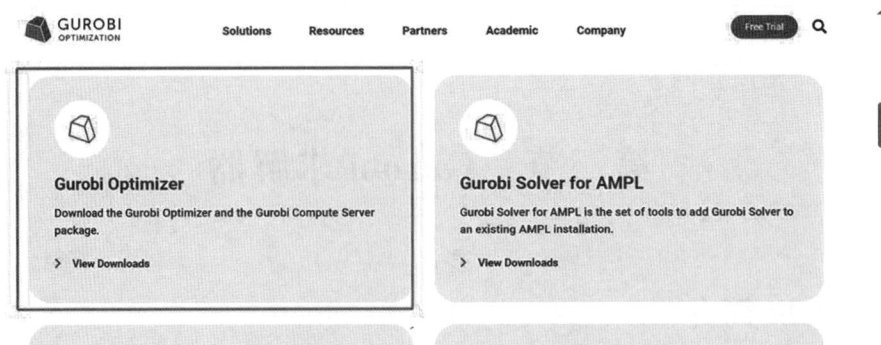

图 7-6　Gurobi Optimizer **下载界面**

v11.0.3	Installer	md5 Checksum
x64 Windows	Gurobi-11.0.3-win64.msi	Gurobi-11.0.3-win64.msi.md5
x64 Linux	gurobi11.0.3_linux64.tar.gz	gurobi11.0.3_linux64.tar.gz.md5
macOS Universal2	gurobi11.0.3_macos_universal2.pkg	gurobi11.0.3_macos_universal2.pkg.md5
x64 AIX	gurobi11.0.3_power64.tar.gz	gurobi11.0.3_power64.tar.gz.md5
arm64 Linux	gurobi11.0.3_armlinux64.tar.gz	gurobi11.0.3_armlinux64.tar.gz.md5

图 7-7　Gurobi **版本**

　　然后将 Gurobi 设置到使用的 Python 环境中,按照安装目录找到对应的语言文件。将 gurobi\win64\python311\lib 中的 gurobipy 文件(如图 7-8 所示)复制到 Python 安装位置的 lib 中即可。(注意:读者需查看自己的安装目录。)

下载软件 › gurobi › win64 › python311 › lib ›	
名称	修改日期
__pycache__	2024/3/23 10:37
collections	2024/3/23 10:37
encodings	2024/3/23 10:37
gurobipy	2024/3/23 10:37
importlib	2024/3/23 10:37
json	2024/3/23 10:30
logging	2024/3/23 10:37
re	2024/3/23 10:37
sqlite3	2024/3/23 10:30
urllib	2024/3/23 10:30
xlrd	2024/3/23 10:30
__future__ .py	2024/2/28 2:45
__hello__ .py	2024/2/28 2:45
_aix_support.py	2024/2/28 2:45

图 7-8　gurobipy **文件夹位置**

（二）Licenses 的获取及激活

首先要注意安装学术许可的计算机账户名称不能是 root、admin、administrator 等用户名，否则无法激活成功。出现这种情况的话，需要重新创建一个用户账户，安装并激活 Gurobi。

1.个人许可申请步骤（适合学生和教师）

（1）打开许可申请界面，下载个人许可申请表（如图 7-9 所示）。

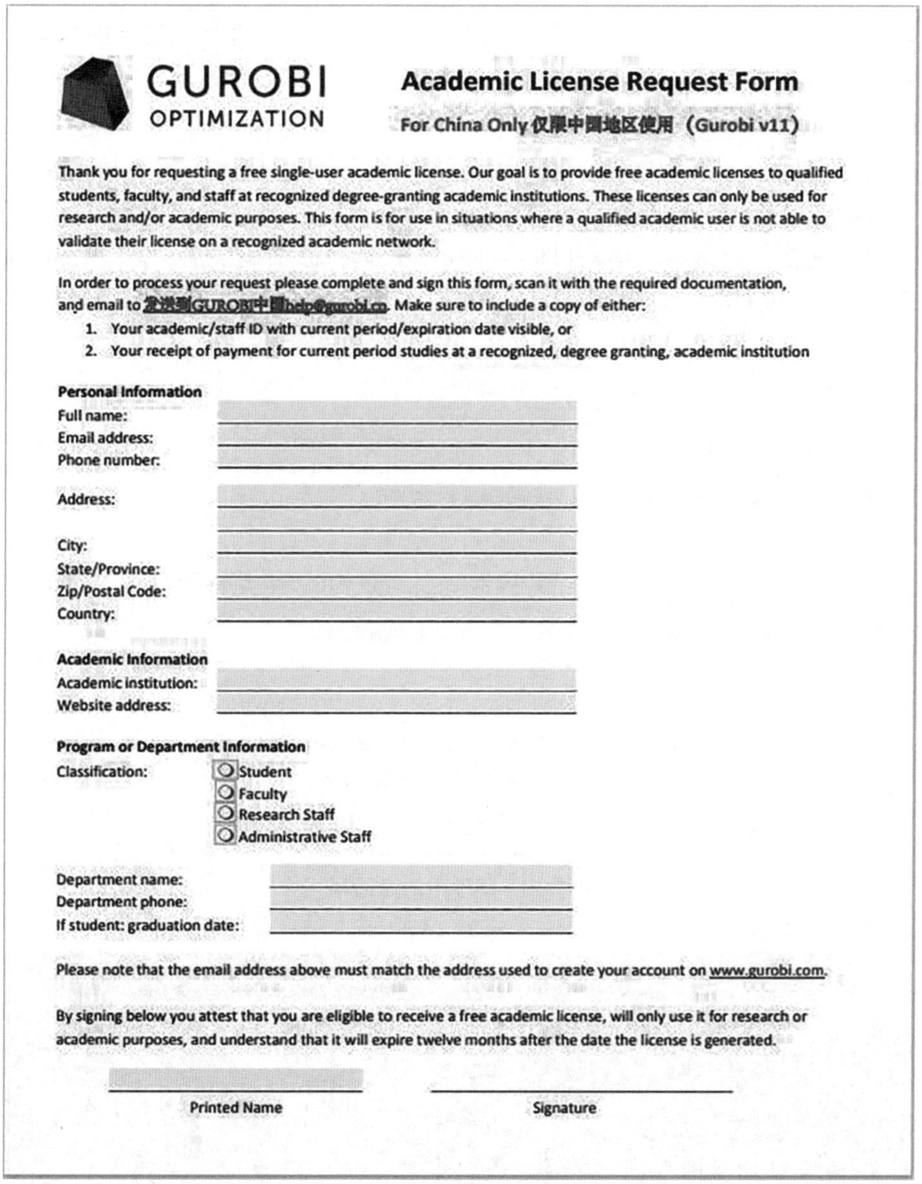

GUROBI OPTIMIZATION

Academic License Request Form

For China Only 仅限中国地区使用（Gurobi v11）

Thank you for requesting a free single-user academic license. Our goal is to provide free academic licenses to qualified students, faculty, and staff at recognized degree-granting academic institutions. These licenses can only be used for research and/or academic purposes. This form is for use in situations where a qualified academic user is not able to validate their license on a recognized academic network.

In order to process your request please complete and sign this form, scan it with the required documentation, and email to 发送到GUROBI中国help@gurobi.cn. Make sure to include a copy of either:

1. Your academic/staff ID with current period/expiration date visible, or
2. Your receipt of payment for current period studies at a recognized, degree granting, academic institution

Personal Information

Full name:

Email address:

Phone number:

Address:

City:

State/Province:

Zip/Postal Code:

Country:

Academic Information

Academic institution:

Website address:

Program or Department Information

Classification: Student / Faculty / Research Staff / Administrative Staff

Department name:

Department phone:

If student: graduation date:

Please note that the email address above must match the address used to create your account on www.gurobi.com.

By signing below you attest that you are eligible to receive a free academic license, will only use it for research or academic purposes, and understand that it will expire twelve months after the date the license is generated.

Printed Name　　Signature

图 7-9　个人许可申请表

（2）申请表请用中文或英文填写，签字后以 PDF 格式或照片格式保存。右下角签名不能为空，可以打印后手写签名再扫描或拍照，也可以添加数字证书签名。

（3）在校学生申请：提交一份申请表[要求见（2）]；提交一份完整的带二维码的可在线验

证的教育部《学籍在线验证报告》(PDF 格式);将资料发送到 help@ gurobi.cn,不限发送邮箱。为了防止潜在病毒,申请表和证件资料请不要打包压缩;已经毕业,即将进入下一个学位,同时也提交一份录取通知书。

(4)教师申请:提交一份申请表[要求见(2)];提供教师证 PDF 格式或照片格式;将资料发送到 help@ gurobi.cn,需要通过带有学校域名后缀的邮箱发送。

(5)需要由本人提出申请。

(6)工作日早九点到晚六点收到的申请一般情况下当天就可以获得许可,最长不超过两个工作日。教师更换为非学校邮箱时,请说明原因或者附上学校邮箱被退信的截图。

院系许可申请步骤详情可在许可申请界面查看,这里不再进行叙述。

2.Licenses 激活步骤

收到邮件后会得到一个激活码(如图 7-10 所示),在计算机连接互联网的情况下,输入 cmd 进入命令提示符窗口。在命令行下使用 cd 命令进入 Gurobi 安装目录/win64/bin 目录下,然后使用邮件中的激活码进行激活(如图 7-11 所示),运行激活码之后,产生的 gurobi.lic 许可文件保存在 C:\gurobi 目录下即可。

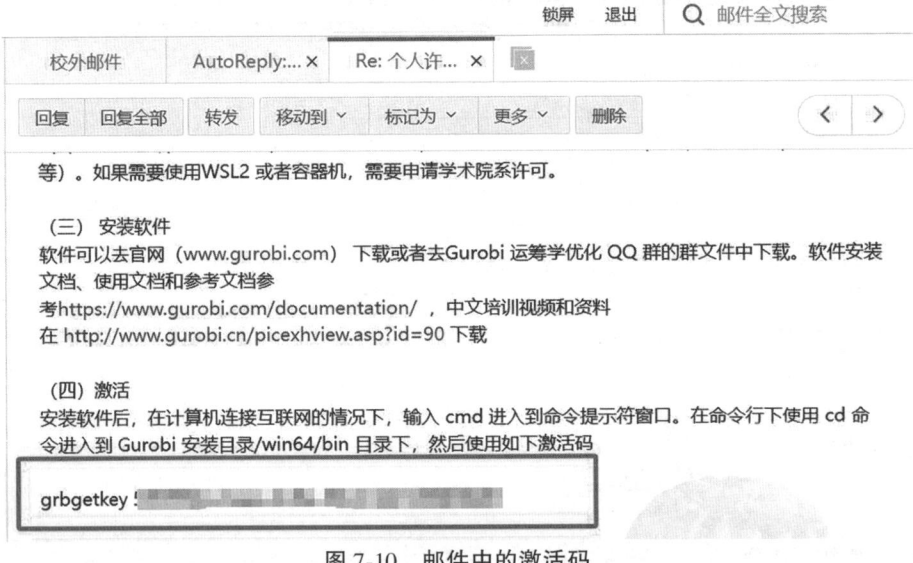

图 7-10 邮件中的激活码

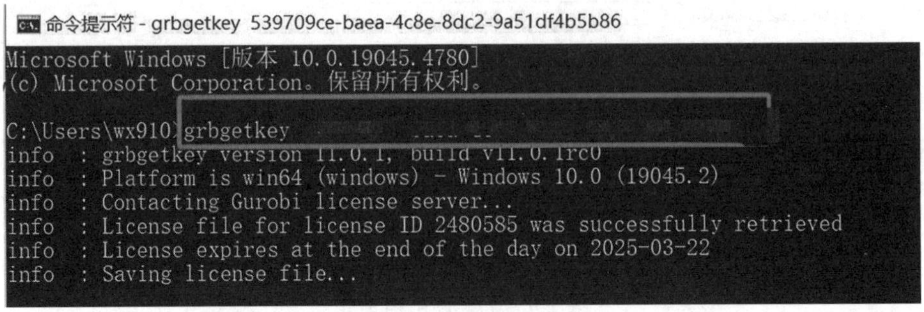

图 7-11 许可激活窗口

如果保存到其他位置,需要创建 GRB_LICENSE_FILE 系统环境变量(不是用户环境变量),指向保存的目录和文件名(例如 GRB_LICENSE_FILE = C:\myfolder\gurobi.lic),然后重启电脑使之生效。如果既放置在了上面的默认搜索目录,又设置了 GRB_LICENSE_FILE 系统环境变量指向不同的目录和文件,Gurobi 会以 GRB_LICENSE_FILE 的设置为准。每台机器上只需要保存一个 gurobi.lic 文件。高版本产生的许可文件兼容低版本。

(三)Gurobi 的更新

如需更新版本,须先把原来的软件卸载重新安装,然后重新运行 Licenses 口令,生成新的 gurobi.lic 文件。

(四)Licenses 到期及其解决方法

在使用过程中出现问题,可能是 Licenses 到期导致的。由于 Licenses 只有一年的使用期限,若 Licenses 到期,须重新申请,申请步骤与"Licenses 的获取及激活"中的步骤相同。需要注意的是,高校教师或者在校学生每次可以申请一年的免费使用权,到期后仍需重新申请,但是免费使用权仅对高校教师和在校学生开放且不可用于商业用途。

(五)环境变量或者版本问题

在使用过程中出现问题,还有可能是环境变量或者版本不对导致的,需要卸载当前的 Gurobi 并重新安装,将 Gurobi 的安装目录 gurobi\win64\python311\lib 中的 gurobipy 文件复制到 Python 安装位置的 lib 中,然后重启即可。

三、Gurobi 使用

与 CPLEX 类似,Gurobi 软件提供了多种接口供用户使用。由于 Gurobi 软件在安装过程中通常会自动修改用户电脑系统变量,在 Python 中配置 Gurobi 环境较为方便。下文给出 Python 调用 Gurobi 的代码模型与伪代码,使用的编译软件为 VS2017。

在如图 7-12 所示的算例代码中,行 1 引入包"gurobipy"。行 4 创建了一个 Gurobi 模型对象"AModel",用于后续内容。行 7 创建了决策变量对象数组"ilox_i",大小是"2",每个决策变量下界为"0",上界为极大值"GRB.INFINITY",类型为整型"GRB.INTEGER",名称为"varx"。行 10~行 13 创建并添加了目标函数,行 16 创建并添加了约束条件。行 19~行 21 求解模型,如果不能获得最优解则显示"error"。行 24~行 25 保存求解结果,包括目标函数值和最优决策变量结果。

```
1    from gurobipy import *
2
3    #AModel===
4    AModel = Model()
5
6    #decision var===
7    ilox_i = AModel.addVars(2, lb = 0, ub = GRB.INFINITY, vtype=GRB.INTEGER, name='varx')
8
9    #ObjFun===
10   ObjFun = LinExpr()
11   for r in range(2):
12       ObjFun.addTerms( 1 , ilox_i[r])
13   AModel.setObjective(ObjFun, GRB.MAXIMIZE)
14
15   #con==
16   AModel.addConstr(ilox_i[0]+ilox_i[1] <= 10 ,name='con1')
17
18   #solve===
19   AModel.optimize()
20   if AModel.status == GRB.OPTIMAL:   print(f"error")
21   else:   print("Done.")
22
23   #res===
24   res=AModel.objVal
25   rx= [int(ilox_i[r].X) for r in range(2)]
```

图 7-12　算例代码

第八章

地理信息系统软件及其应用

第一节　基本介绍

地理信息系统软件(Geographic Information System, GIS)是一种集成了计算机硬件、软件和地理数据的系统,用于捕捉、存储、检索、分析和显示与地理位置相关的数据。GIS 软件的核心在于其数据采集与管理能力,能够高效地集成和处理来自多种渠道的地理数据,如卫星遥感图像、地形图、气象数据等。这些数据在 GIS 软件中得到了统一的管理和高效的访问,使用户能够轻松地获取所需信息,为后续的空间分析和决策支持提供了坚实的基础。

在空间分析与模拟方面,GIS 软件更是展现出了强大的能力。通过内置的各种空间分析工具和算法,用户可以对地理数据进行深入的挖掘和解析,揭示出隐藏在数据背后的规律和趋势。同时,GIS 软件还支持对地理现象进行模拟和预测,为城市规划、环境保护、资源管理等领域提供了科学的依据和决策支持。

数据可视化是 GIS 软件的又一重要特性。它能够将复杂的地理数据以直观、生动的方式呈现出来,使用户更容易地理解和分析数据。无论是二维的地图展示还是三维的立体模型,GIS 软件都能够为用户提供丰富的可视化手段,帮助他们更好地把握地理空间信息的本质和特征。

在应用领域方面,GIS 软件更是展现出了广泛的应用前景。从城市规划到环境保护,从资源管理到应急管理,GIS 软件都在发挥着重要的作用。它不仅能够提高工作效率和准确性,还能够推动相关领域的发展和创新。

第二节　常见 GIS 软件

GIS 软件根据其功能、数据处理方式、应用领域等分为多种类型,包括桌面 GIS,服务器 GIS,网页 GIS,移动端 GIS,矢量 GIS 和混合 GIS 等。下面是一些广泛使用的 GIS 软件。

一、MapInfo

MapInfo 是 Pitney Bowes 公司推出的 GIS 软件,主要面向商业和市场应用。它具备强大的空间数据可视化和分析功能,能帮助用户在地图上进行数据展示、分析与决策,主要处理点、线、面等几何对象的地理信息,适合表示地理特征的边界和位置,如道路、河流、建筑物等,属于矢量 GIS 软件。MapInfo 以其操作简便、灵活性强和应用领域广泛著称,常用于电信、交通规划、零售等行业。

二、ArcGIS

ArcGIS 是由 Esri 公司开发的功能强大的 GIS 软件套件,是全球最为广泛使用的 GIS 平台之一。它提供了丰富的工具用于空间数据的收集、管理、分析、可视化和共享。ArcGIS 拥有多种模块和应用程序,如 ArcMap、ArcGIS Pro 和 ArcGIS Online,能满足不同层次的用户需求。它支持复杂的空间分析、制图和数据管理,广泛应用于政府、企业、教育和科研领域。

三、QGIS(Quantum GIS)

QGIS 是一个开源的 GIS 软件,具有强大的功能并且可以免费使用。它支持多种格式的地理数据,具有与 ArcGIS 类似的分析和制图功能。由于其开源特性,QGIS 社区非常活跃,不断推出插件和扩展功能。QGIS 在学术研究、非政府组织和中小企业中应用广泛,并且作为 ArcGIS 的低成本替代方案逐渐被更多用户所接受。

四、Google Earth Engine

Google Earth Engine 是由 Google 提供的一个基于云计算的 GIS 平台,专门用于处理和分析全球范围的卫星影像和地理空间数据。用户可以在云端使用其庞大的卫星图像库进行复杂的地理分析与数据可视化。Google Earth Engine 广泛应用于环境监测、灾害管理和可持续发展领域。

五、SuperMap

SuperMap 是一家中国公司开发的 GIS 软件,主要应用于亚洲市场。SuperMap 支持二维和三维的 GIS 数据处理,能提供丰富的空间数据分析、制图和可视化工具。它广泛应用于智慧城市、国土资源管理、环保和应急响应等领域。

第三节　MapInfo 软件

一、软件介绍

MapInfo 软件是美国 Pitney Bowes 公司推出的桌面地图信息系统,提供基础的数据可视化平台和二次开发平台。它具有强大的功能,能帮助用户进行数据可视化、地理数据管理和空间分析等。

MapInfo 软件强调地理数据的可视化,帮助用户将复杂的数据直观地呈现出来,支持多种形式的图表和地图展示。软件提供丰富的制图工具,允许用户自定义地图的符号、颜色、图例、比例尺等。用户可以创建高质量的地图,用于展示和报告。此外,软件支持简单的三维地形可视化,用户可以通过视角旋转、放大缩小等操作直观地查看地理对象的空间分布。此外,软件支持创建多种地图类型,包括分区地图、点密度图、分类地图、主题地图等,能够根据用户的需求进行灵活配置,帮助用户展示空间数据的多样性。

除基础可视化功能之外,MapInfo 还提供了一系列工具,用于管理和组织不同类型的地理数据,帮助用户有效存储和处理信息。软件支持多种地理数据格式,如点、线、面、栅格数据等,能够与其他 GIS 软件(如 ArcGIS、QGIS 等)兼容。它还支持常见的数据文件格式,如 SHP、TAB、KML、DXF、CSV、GeoTIFF 等,便于用户导入和导出数据。此外,软件支持全球多种投影系统和坐标参考系,能够灵活地进行坐标转换和投影校正,确保数据的准确性和一致性。

软件提供了广泛的空间分析工具,用户可以基于地理数据进行深入的分析和挖掘,帮助揭示空间模式和关系。允许用户在特定的点、线或面周围创建缓冲区,用于分析周围区域的影响范围。缓冲区分析常用于规划、环境评估和市场分析。支持生成热力图,通过颜色深浅来展示某个地理区域的数据密度分布,帮助用户快速识别热点区域。此功能常用于市场分析、犯罪热点定位和环境监测。

MapInfo 提供了一个内置的编程语言——MapBasic,允许用户编写脚本和创建自定义应用程序,以实现自动化任务和扩展软件功能。通过编程,用户可以根据自己的需求设计高度个性化的工作流。

二、基本功能

MapInfo 软件为各种地图信息及数据提供了强大的处理功能，通过提供一个系统开发工具 MapBasic，用户可以编写自己的应用功能插件。MapBasic 的主界面如图 8-1 所示。菜单栏中主要包含"File（文件）""Edit（编辑）""Search（搜索）""Project（工程）""Window（窗口）""Help（帮助）"菜单。

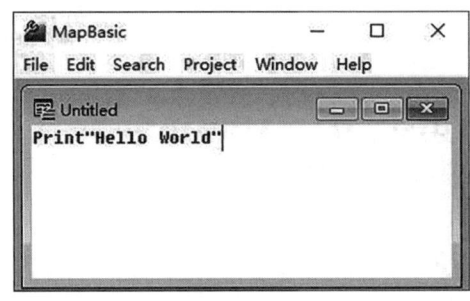

图 8-1　MapBasic 主界面

1."File（文件）"菜单

"File（文件）"菜单中包含功能："New（新建窗口）""Open（打开文件）""Close（关闭窗口）""Close All（关闭所有窗口）""Save（保存）""Save As...（另存文件）""Revert（复原文件）""Compile from File...（编译已有文件）""Link from File...（链接已有模块）""Page Setup（页面设置）""Print...（打印）""Exit（退出）"功能，如图 8-2 所示。

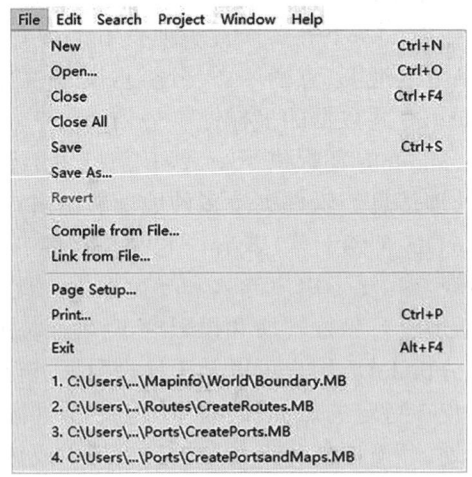

图 8-2　文件菜单

2."Edit（编辑）"菜单

"Edit（编辑）"菜单中包含功能"Undo（撤销）""Cut（剪切）""Copy（复制）""Paste（粘贴）""Clear（删除）""Select All（选中全部）"，如图 8-3 所示。

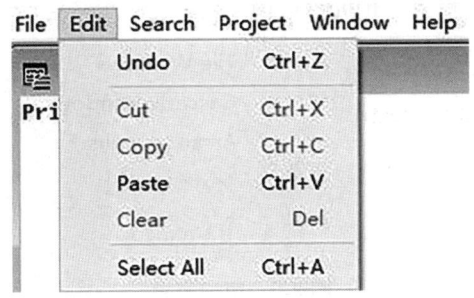

图 8-3　编辑菜单

3."Search(搜索)"菜单

"Search(搜索)"菜单中包含功能"Find(查找)""Find Again(重新查找)""Replace and Find Again(查找并替换)""Next Error(跳转下一个编译错误)""Previous Error"(跳转上一个编译错误)""Go to Line…(移动到指定行)",如图 8-4 所示。

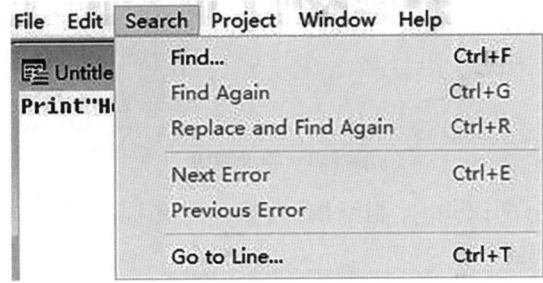

图 8-4　搜索菜单

4."Project(工程)"菜单

"Project(工程)"菜单中包含功能"Select Project File…(选择工程文件)""Compile Current File(编译文件)""Link Current Project(链接当前工程)""Run(运行编译后文件)""Get Info…(获取信息)""Show Error List(显示错误列表)",如图 8-5 所示。

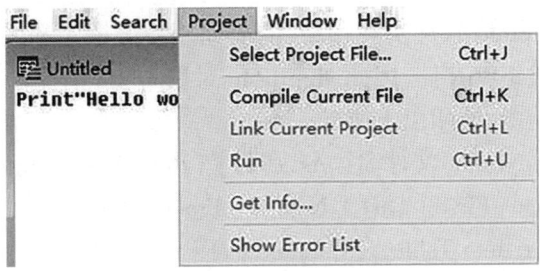

图 8-5　工程菜单

5."Window(窗口)"菜单

"Window(窗口)"菜单中包含功能"Tile Windows(层叠窗口)""Cascade Windows(平铺窗口)""Arrange Icons(排列图标)""Text Style…(窗口显示格式)",如图 8-6 所示。

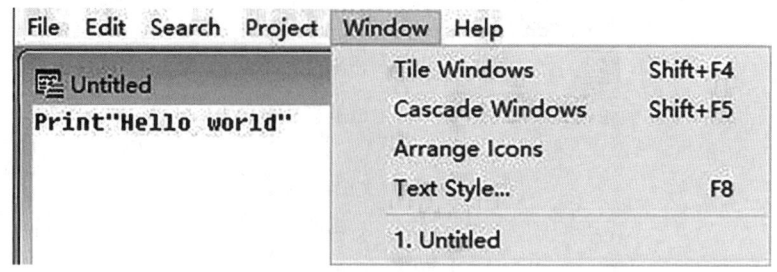

图 8-6　窗口菜单

6."Help(帮助)"菜单

"Help(帮助)"菜单中包含功能"Contents(打开帮助文档)""Search For Help On...(帮助查找)""How To Use Help(如何使用帮助)""About MapBasic...(关于软件)",如图 8-7 所示。

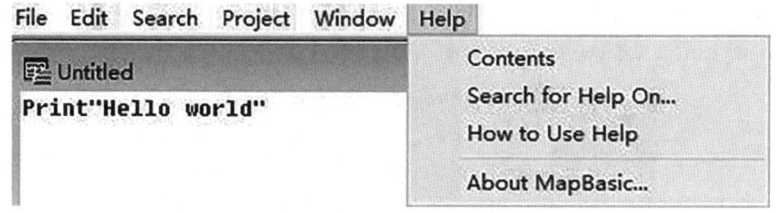

图 8-7　帮助菜单

在 MapBasic 中大部分的语句、控制结构、数据类型和标准函数与一般的 Basic 语言类似。MapBasic 的基本语法规则如下：

(1)用单引号来标记注释语句；

(2)区分字母大小写；

(3)过程均由语句行组成,过长语句可分多行书写而无须续行符。

三、表管理与地图窗口管理

用 MapBasic 控制 MapInfo 软件实现功能,需要使用特定语句和函数。在 MapInfo 中,所有的图文信息均以表的形式组织存储,因此 MapBasic 对 MapInfo 的操作就是对表的操作,主要包含打开、编辑、删除表等功能,使用以下语句。

(1)打开表语句:Open Table 文件名[As 别名][ReadOnly][Interactive]。

(2)访问表内容:Fetch [First ∣ Last ∣ Next…] From Table。

(3)添加表内容:Insert Into Table [(ColumnList)] {Values}。

(4)删除表内容:Delete [Object] From Table [Where Rowid=number]。

(5)创建新表:Create Table tablename。

(6)修改表结构:Alter Table tablename(…)。

在表管理的基础上,MapBasic 可进行进一步的地图窗口管理。通过 MapInfo 可视化界面,用户可手动编辑地图窗口信息,软件会自动将这些信息储存为表。MapBasic 中固定了许多函数,用以查询和测量这些矢量地图的信息,在此简要介绍部分函数。

(1)ChooseProjection $ () 设置投影和坐标系统。

(2)ObjectGeography() 返回对象的坐标和其他信息。

（3）ObjectInfo( ) 返回对象的线型,填充式样或其他信息。

（4）ObjectLen( ) 返回直线或折线对象的地理长度。

（5）ObjectGeography( ) 返回直线或折线对象的起/终点的 X/Y 坐标。

（6）ObjectNodeX( ) 返回区域或折线对象的 X 坐标。

（7）ObjectNodeY( ) 返回区域或折线对象的 Y 坐标。

（8）Area( ) 面积函数,返回对象的地理面积。

（9）AreaOverlap( ) 返回两个对象重叠的面积。

第四节 MicroCity 软件及其应用

一、软件介绍

MicroCity 软件是大连海事大学孙卓教授(本书作者之一) 自行开发的开源的 GIS 软件。感兴趣的读者,可以通过网站 https://github.com/microcity 访问与下载软件。MicroCity 是以 Lua 语言为脚本语言的一款免费开源软件,可实现网络规划分析、离散事件仿真、三维空间仿真、线性规划求解、图层和地理信息控制等多种功能,可应用于物流、交通、仿真等多个领域。

MicroCity 软件打开的界面如图 8-8 所示。

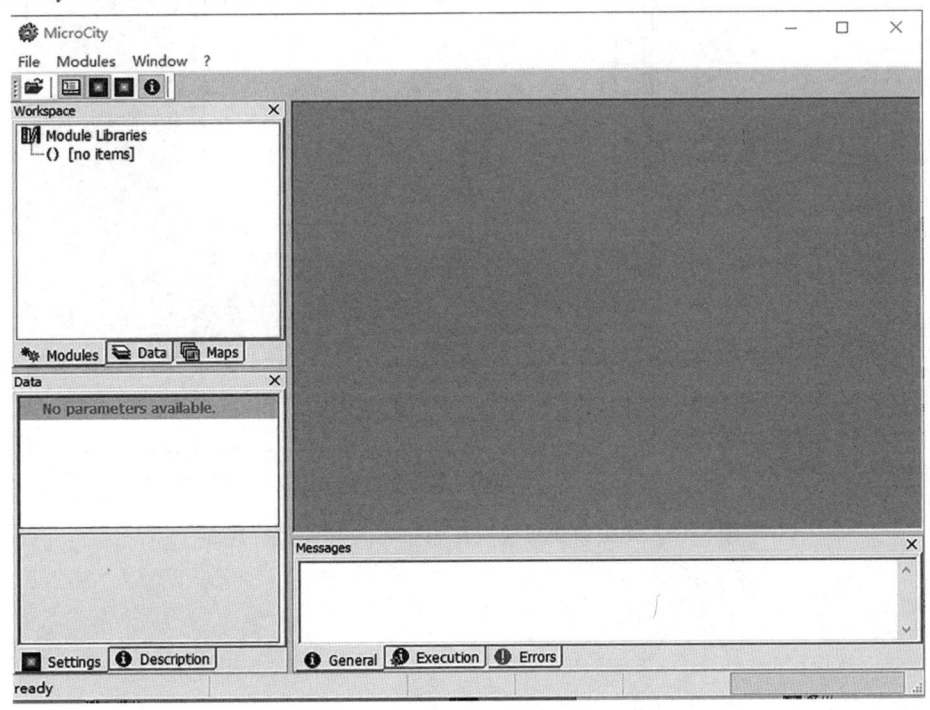

图 8-8 MicroCity 软件打开的界面

MicroCity 对应的 Lua 语言编辑器界面如图 8-9 所示。同时,基于 Lua 语言编辑器编写的元胞自动机模块在 MicroCity 中的运行界面如图 8-10 所示。

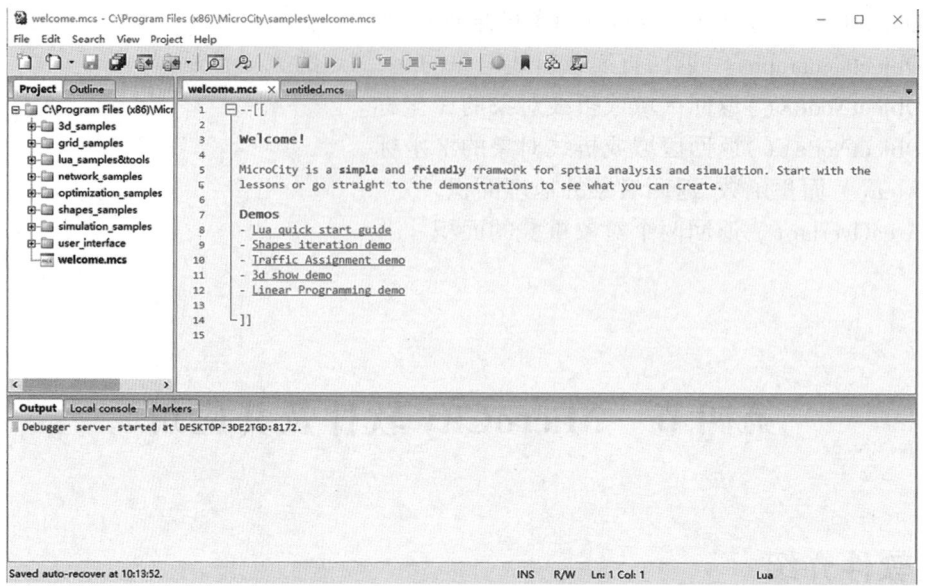

图 8-9　Lua 语言编辑器界面

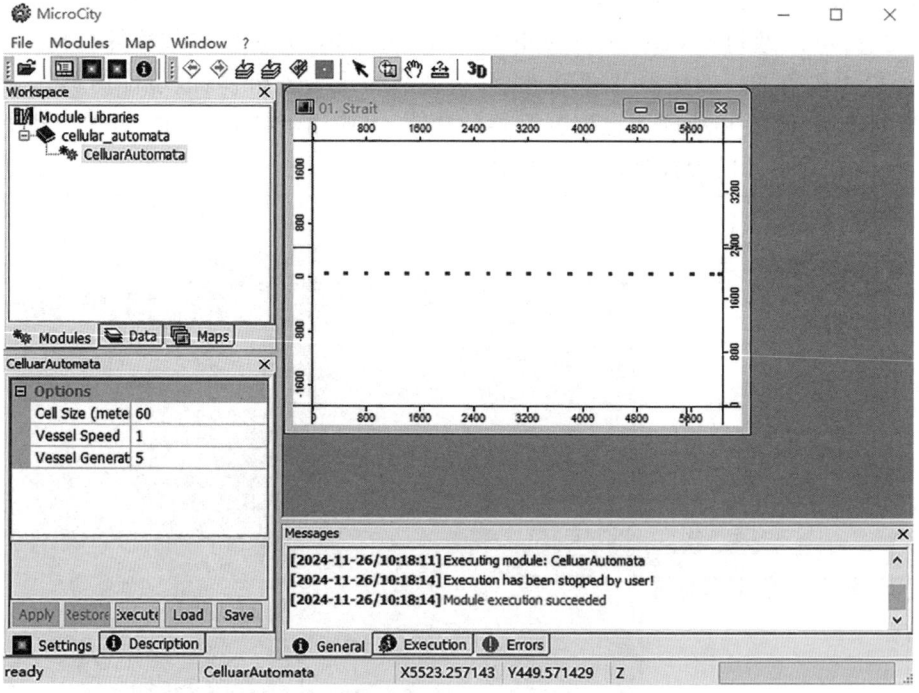

图 8-10　元胞自动机模块在 MicroCity 中的运行界面

二、软件应用

基于 MicroCity 软件,本书作者团队开发了航运规划软件 MicroCarrier,应用于航运公司 APL 的管理决策中;同时也开发了港口仿真软件 MicroPort,应用于港口仿真中。MicropPort 运行界面如图 8-11 所示。

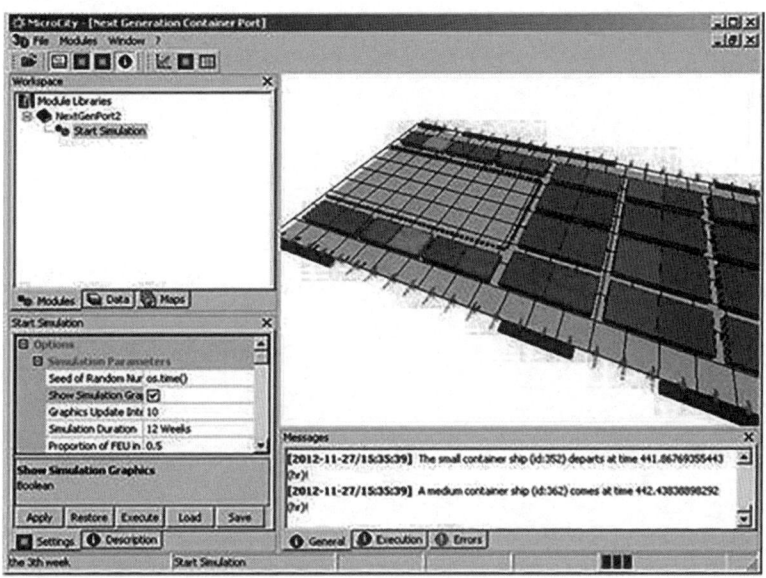

图 8-11　MicroPort 运行界面

参考文献

［1］ DREZNER Z, HAMACHER H W. Facility Location：Applications and Theory［M］. Berlin：Springer-verlag, 2002.

［2］ 李胜乐, 陆远忠, 车时. MapInfo 地理信息系统二次开发实例［M］.北京：电子工业出版社, 2004.

［3］ EILEEN J N.Getting to know ArcGIS desktop［M］.California：ESRI Press, 2004.

［4］ 王学锋.国际货运实务［M］.北京：高等教育出版社, 2006.

［5］ 真虹.港口管理［M］.北京：人民交通出版社, 2003.

［6］ STOPFORD M.Maritime Economics［M］.3rd ed.London：Routledge, 2009.

［7］ 谢新连, 杨秋平.船舶调度与船队规划方法［M］.2 版.大连：大连海事大学出版社, 2012.

［8］ ZHENG J F, MENG Q, SUN Z.Liner hub-and-spoke shipping network design［J］.Transportation Research Part E：Logistics and Transportation Review, 2015, 75：32-48.

［9］ ZHENG J F, QI J W, SUN Z, et al.Community structure based global hub location problem in liner shipping［J］.Transportation Research Part E：Logistics and Transportation Review, 2018, 118：1-19.

［10］ ZHENG J F, ZHANG W L, QI J W, et al.Canal effects on a liner hub location problem［J］. Transportation Research Part E：Logistics and Transportation Review, 2019, 130：230-247.

［11］ ZHENG J F, YANG L X, NI L, et al.Efficient models for the liner shipping hub location problem with spatial structure［J］.Computers & Industrial Engineering, 2022, 173：108725.

［12］ 刘兴禄.运筹优化常用模型、算法及案例实战：Python+Java 实现［M］.北京：清华大学出版社, 2022.